R을 이용한 웹 크롤링과 텍스트 분석

R을 이용한 웹 크롤링과 텍스트 분석

© 권상희, 2020

1판 1쇄 인쇄__2020년 8월 20일
1판 1쇄 발행__2020년 8월 30일

지은이__권상희
펴낸이__홍정표

펴낸곳__컴원미디어
　　　　등록__제25100-2007-000015호

공급처__(주)글로벌콘텐츠출판그룹
　　　　대표__홍정표　이사__김미미　편집__권군오 김수아 이상민 홍명지　기획·마케팅__노경민 이종훈
　　　　주소__서울특별시 강동구 풍성로 87-6　전화__02) 488-3280　팩스__02) 488-3281
　　　　홈페이지__http://www.gcbook.co.kr　메일__edit@gcbook.co.kr

값 22,000원
ISBN 979-11-90444-31-6 93070

R

권상희 지음

R을 이용한 웹 크롤링과 텍스트 분석

컴원미디어

머리말

이 책은 R과 R-Studio를 설치하고, 이를 활용하여 기본적인 데이터와 통계 분석, 그리고 시각화를 하는 기본능력을 배양하는 것이다. 이를 바탕으로 웹(web) 크롤링을 통해 데이터를 수집하고, R을 통한 텍스트를 분석하는 R 강의 노트이다.

1장과 2장을 통해 R과 R-Studio를 설치하고 실행을 통해 R 프로그램의 기본원리를 이해할 수 있도록 구성하였다. 3장은 R프로그램을 기초사용법 방안을 익히고 4장을 통해 기본적인 객체지향형의 데이터 구조를 이해한다. 5장의 R기초통계는 통계의 이론적인 접근과 더불어 데이터에 대한 기술통계량과 중급통계를 실행할 수 있는 능력을 배양한다. 6장에서는 다양한 데이터 형태를 그래프로 표현하고, 시각화 하여 데이터에 나타난 현상과 이론적인 패턴을 찾아내는 기본적인 능력을 배양하기 위한 장으로 구성되어있다. 이 책의 핵심은 7장의 R을 이용한 웹(web) 크롤링과 8장의 R을 이용한 텍스트 분석이다. 이를 위해 다양한 장르의 문서, 텍스트를 스크랩핑 또는 크롤링하는 역량을 실습하도록 다양한 시례를 포함하여 스크립트를 실행하였다.

웹(web)을 구성하는 HTML/XML, JSON 데이터 포맷, 그리고 Xpath와 CSS 기술에 대한 이해와 더불어 데이터 포맷과 기술은 빠르게 변하고 발전한다. 이 순간에도 Web 상의 데이터와 텍스트는 새롭게 생성되고 그 위치가 이동되어 이에 대한 확인이 필요하다. 이 책에 담고 있는 함수와 스크립트에 대한 재확인이 필요할 수 있다. 실습을 통해 개념을 이해하고 적용을 통해 새로운 Web 상의 데이터를 수집할 수 있다.

마지막으로 본서의 핵심인 수집된 텍스트를 분석하는 함수와 분석 방법을 소개하고 있다. 수집된 비정형데이터인 텍스트를 의미와 특성을 이해하도록 tidy text, sentiment analysis, TF-IDF 통계량, n-gram, TM·Corpus, Topic Modeling, 그리고 LDA 방법을 구현해내는 내용을 담고 있다. 가능하면 이론적인 배경을 바탕으로 다른 프로그램과 연계하여 텍스트 분석을 통해 이론을 검증하는 R을 통한 자료수집과 텍스트 분석기초에 관한 내용을 담고자 노력하였다. 특히 프레임분석, 미디어간 의제 설정, 토픽모델링 등을 적용하여 실사구시의 학문이 되도록 R를 이용한 Web 크롤링과 텍스트 분석이 되도록 기본과 실행에 초점을 두어 구성하였다. 모든 일에는 모자라는 부분은 언어를 학습하듯이 분산되어 있는 강의 자료와 유튜브 강의 등을 통해 청출어람 하는 자세로 공부 하는 것이 필요하다.

본서를 준비하는 과정에서 강의 실습과 자료를 제공해준 SPSS 데이터 솔루션과 빅데이터 러닝센터의 우수한 강의제공에 감사드린다. 특히 Statistics 기초통계분석의 이부일 강사님, 마케터를 위한 웹 크롤링과 텍스트 분석의 나성호 강사님, 학회의 특강, 그리고 성균관대학교 동계강의 R을 활용한 통계분석에서 기본 자료를 활용할 수 있게 자료와 강의 실습을 제공해주신 것과 그리고 미디어커뮤니케이션 학과, 그리고 컴원미디어 출판사의 편집부의 노력과 협조에 감사드린다.

2020년 8월
권상희

목차

R을 이용한 웹 크롤링과 텍스트 분석

Chapter 3
R 기초 사용법

Chapter 4
데이터 종류 및 활용

Chapter 5
기초통계

Chapter 6
그래프 사용 및 데이터 시각화

Chapter 7
웹(web) 크롤링 이론과 실습

Chapter 8
텍스트 분석

Chapter 1
R 프로그램 설치 및 환경설정

R 프로그램 설치 및 환경설정

INTRODUCTION

□ 학습목표

R 프로그램의 역사, 특징에 대해서 간략히 이해한다.

R 프로그램을 설치할 수 있다.

RGUI의 환경을 설정할 수 있다.

□ 목차

□ 주요 용어

R, Open source, www.r-project.org, RGui

□ 요약

- R 프로그램의 역사 및 중요 특징을 이해.
- R 프로그램을 다운로드 받아서 설치.
- R에서 기본으로 제공하는 UX/UI/RGUI의 환경을 설정하는 내용을 학습한다.

1.1 R 소개

R는 통계 계산과 그래픽을 위한 프로그래밍 언어이자 소프트웨어 환경이다. 뉴질랜드 오클랜드 대학의 로버트 젠틀맨(Robert Gentleman)과 로스 이하카(Ross Ihaka)에 의해 시작되어 현재는 R 코어 팀이 개발하고 있다.

Ross Ihaka   Robert Gentleman

〈그림 1-1〉 두 개발자의 이름 첫글자 "R"을 붙여 이후 개발이 진행 되었다.

그 동안 개발된 통계 프로그램은 SPSS, STATA, SAS 등 소프트웨어들이 있으며 요즘엔 Python도 많이 쓴다. SPSS는 통계학용이라는 목적만 같을 뿐 실제로 사용해보면 나머지 언어들과는 좀 다르다. STATA는 R에 비해 프로그래밍 자유도가 낮다는 등의 단점이 있지만, 대신 계량경제학(특히 실증미시경제학)에 특화되고 상대적으로 배우기 쉽다는 장점이 있다. SAS는 유료 통계분석 언어 중에 가장 유명한 언어이다. 위의 언어들 중 그나마 R에 가장 가깝다고 할 수 있다. Python은 앞의 언어들보다는 좀 더 일반적이고 범용성이 큰 언어이다. 통계나 수치해석을 위한 라이브러리를 동원해 통계분석용으로 쓸 수 있다. R는 GPL 하에 배포되는 S 프로그래밍 언어의 구현으로 GNU S라고도 한다. R는 통계 소프트웨어 개발과 자료 분석에 널리 사용되고 있으며, 패키지 개발이 용이해 통계 소프트웨어 개발에 많이 쓰이고 있다. R 언어의 주요 특징을 요약하면 다음과 같다.

1. Reproducibility (재현성, 재현가능성): 이전에 했던 분석을 다시 재현할 수 있는 것
2. Automation (자동화): 데이터가 변하거나 무엇인가 잘 못 되었을 경우 분석을 다시 신속

하게 할 수 있는 것

3. Communication (소통): 프로그래밍 코드는 텍스트이기 때문에, 이미 시중에 나와 있는 여러 R과 관련된 책들은 물론, E-mail / Google / Stack overflow 등을 통해서 다른 사람들과 교류하며 도움 받을 수 있음.

4. GPL로 오픈 소스로 배포되고 있어 무료로 사용할 수 있음. SPSS, MATLAB과 같은 상용 프로그램을 구입하지 않아도 됨.

5. R에서 사용할 수 있는 수많은 통계 관련 패키지가 개발되어 있어서 인터넷을 통해 이 패키지들을 설치하는 식으로 무수한 기능 확장이 가능함. 애초에 통계학자들이 만들어 낸 언어이며 통계 전문 언어 중 가장 보편적이기 때문에 사용하고 싶은 모든 통계 기법이 이미 어딘가에 패키지 형태로 구현되어 있다고 봐도 됨.

6. 그래픽 관련 패키지를 설치하면 간단하게 다양한 그래프를 활용할 수 있으며, 구글이나 네이버 지도를 불러오거나 이를 활용해 GIS 용도로 쓰는 것도 가능함.

7. 웹 어플리케이션 개발 프레임워크인 Shiny의 고도화로 통계 또는 머신러닝 모델을 웹과 연동할 수 있음.

8. 데이터 마이닝, 빅 데이터 프로세싱, 기계학습 등에 유용하다.

9. 리스크, 재무, 마케팅 담당자 채용 시 R 능통자를 우대하기도 한다.

10. Microsoft R Open을 사용하면 인텔 MKL 라이브러리를 이용해 멀티코어 프로세싱을 사용할 수 있다.

R 프로그램의 설치를 위해서는, R 홈페이지(http://www.r-project.org)에 접속하여 메인 페이지의 'download R'을 통해 다운로드 및 설치하면 된다.

1.2 R 프로그램 설치하기

R 프로그램을 설치하기 전에 준비해야 할 사항이다. 이는 2장에서 R-Studio 프로그램 설치하기에도 같게 적용될 사항이다.

1.2.1 주의사항

• 컴퓨터 이름은 영어로 하며, 특수 문자나 공백을 사용하지 않는다.

제어판➜시스템 및 보안➜시스템➜설정 변경➜시스템
속성➜컴퓨터 이름 변경 선택

컴퓨터 이름을 변경한다.

• 사용자 계정의 이름도 영어로 하며, 특수 문자나 공백을 사용하지 않는다.

제어판 〉 사용자 계정 〉 계정 이름 변경

계정 이름을 영문으로 입력, 이름 변경 선택

- 파일, 폴더 이름도 영어로 하며, 특수 문자나 공백을 사용하지 않는다.

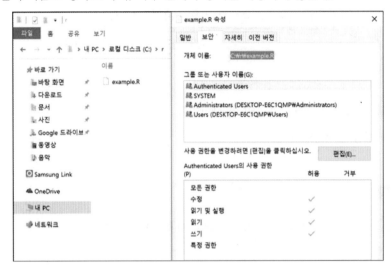

폴더 이름과 R 프로그램 파일 이름의 예시 (c:\r\example.R 특수 문자나 공백이 없다.)

1.2.2 R 프로그램 설치

1. www.r-project.org에 접속해 R 프로젝트를 확인한다.

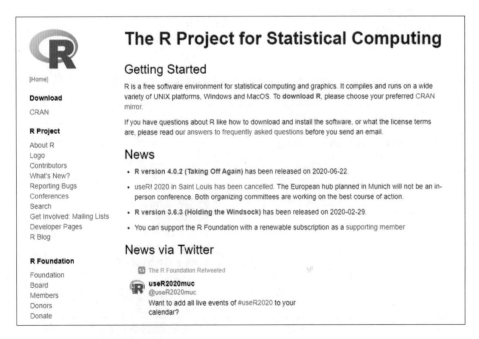

〈그림 1-2〉 R 프로그램 홈페이지의 모습

　　　　　　　　R을 이용한 웹 크롤링과 텍스트 분석

2. R홈페이지 화면의 왼쪽에 있는 Download의 CRAN을 선택한다. 그러면 아래와 같이 CRAN Mirrors가 나타난다. 총 47개 나라에서 R 관련 서비스를 제공하고 있는 98개의 서버 목록이 나타난다. 하나의 서버에 접속이 집중되는 것을 막기 위해서 서버를 분산시킨 것으로 보인다.

CRAN Mirrors

The Comprehensive R Archive Network is available at the following URLs, please choose a location close to you. Some statistics on the status of the mirrors can be found here: main page, windows release, windows old release.

If you want to host a new mirror at your institution, please have a look at the CRAN Mirror HOWTO.

0-Cloud	
https://cloud.r-project.org/	Automatic redirection to servers worldwide, currently sponsored by Rstudio
Algeria	
https://cran.usthb.dz/	University of Science and Technology Houari Boumediene
Argentina	
http://mirror.fcaglp.unlp.edu.ar/CRAN/	Universidad Nacional de La Plata
Australia	
https://cran.csiro.au/	CSIRO
https://mirror.aarnet.edu.au/pub/CRAN/	AARNET
https://cran.ms.unimelb.edu.au/	School of Mathematics and Statistics, University of Melbourne
https://cran.curtin.edu.au/	Curtin University
Austria	
https://cran.wu.ac.at/	Wirtschaftsuniversität Wien
Belgium	
https://www.freestatistics.org/cran/	Patrick Wessa
https://lib.ugent.be/CRAN/	Ghent University Library
Brazil	
https://nbcgib.uesc.br/mirrors/cran/	Computational Biology Center at Universidade Estadual de Santa Cruz
https://cran-r.c3sl.ufpr.br/	Universidade Federal do Parana
https://cran.fiocruz.br/	Oswaldo Cruz Foundation, Rio de Janeiro
https://vps.fmvz.usp.br/CRAN/	University of Sao Paulo, Sao Paulo
https://brieger.esalq.usp.br/CRAN/	University of Sao Paulo, Piracicaba

〈그림 1-3〉 Download 의 CRAN에 들어간 페이지 모습

3. CRAN Mirrors 중에 Korea가 있으며, Korea에는 부경대학교, 서울특별시, 서울대학교, 울산과학기술대학교로 총 5군데에서 R관련 서비스를 제공하고 있다. 여기서는 https://ftp.harukasan.org/CRAN/을 선택한다.

Korea	
https://ftp.harukasan.org/CRAN/	Information and Database Systems Laboratory, Pukyong National University
https://cran.yu.ac.kr/	Yeungnam University
https://cran.seoul.go.kr/	Bigdata Campus, Seoul Metropolitan Goverment
http://healthstat.snu.ac.kr/CRAN/	Graduate School of Public Health, Seoul National University, Seoul
https://cran.biodisk.org/	The Genome Institute of UNIST (Ulsan National Institute of Science and Technology)

〈그림 1-4〉 CRAN Mirrors 중 한국(Korea) 파일 서버 목록.

4. 컴퓨터의 운영체제(OS : Operating System)를 선택하는 단계이다. 서버의 운영체제로 많이 사용되는 Linux, 애플에서 만든 컴퓨터에서 사용하는 Mac OS, 마이크로소프트에서 만든 Windows가 있다. 여기서는 윈도우 버전인 Download R for Windows를 선택한다.

The Comprehensive R Archive Network

Download and Install R

Precompiled binary distributions of the base system and contributed packages, **Windows and Mac** users most likely want one of these versions of R:

- Download R for Linux
- Download R for (Mac) OS X
- Download R for Windows

R is part of many Linux distributions, you should check with your Linux package management system in addition to the link above.

Source Code for all Platforms

Windows and Mac users most likely want to download the precompiled binaries listed in the upper box, not the source code. The sources have to be compiled before you can use them. If you do not know what this means, you probably do not want to do it!

- The latest release (2020-06-22, Taking Off Again) R-4.0.2.tar.gz, read what's new in the latest version.

- Sources of R alpha and beta releases (daily snapshots, created only in time periods before a planned release).

- Daily snapshots of current patched and development versions are available here. Please read about new features and bug fixes before filing corresponding feature requests or bug reports.

CRAN
Mirrors
What's new?
Task Views
Search

About R
R Homepage
The R Journal

Software
R Sources
R Binaries
Packages
Other

Documentation
Manuals
FAQs
Contributed

〈그림 1-5〉 운영체제별(Linux, MacOS, Windows) R 다운로드 선택 페이지

5. R for Windows 화면에서 base를 선택한다.

R for Windows

Subdirectories:

base	Binaries for base distribution. This is what you want to install R for the first time.
contrib	Binaries of contributed CRAN packages (for R >= 2.13.x; managed by Uwe Ligges). There is also information on third party software available for CRAN Windows services and corresponding environment and make variables.
old contrib	Binaries of contributed CRAN packages for outdated versions of R (for R < 2.13.x; managed by Uwe Ligges).
Rtools	Tools to build R and R packages. This is what you want to build your own packages on Windows, or to build R itself.

Please do not submit binaries to CRAN. Package developers might want to contact Uwe Ligges directly in case of questions / suggestions related to Windows binaries.

You may also want to read the R FAQ and R for Windows FAQ.

Note: CRAN does some checks on these binaries for viruses, but cannot give guarantees. Use the normal precautions with downloaded executables.

CRAN
Mirrors
What's new?
Task Views
Search

About R
R Homepage
The R Journal

Software
R Sources
R Binaries
Packages
Other

〈그림 1-6〉 R 파일 버전 중 선택 목록 페이지

6. 2020년 7월 05일 기준, R의 최신 버전은 4.0.2버전이다.

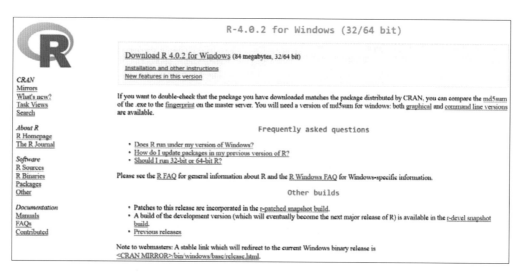

〈그림 1-7〉 R 프로그램 4.0.2 버전 다운로드 페이지

7. 화면 하단의 왼쪽을 보면 R 프로그램이 다운로드 중임을 알 수 있다. 다운로드가 다 되면 실행을 한다.

〈그림 1-8〉 다운로드 완료 메시지

8. 설치 언어 중 한국어, 또는 영어를 선택 후 확인 버튼을 선택한다.

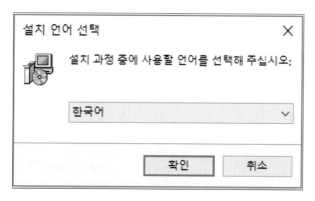

〈그림 1-9〉 설치 언어 선택

9. '설치 – R for Windows 4.0.2' 창에 있는 '다음' 버튼을 선택한다.

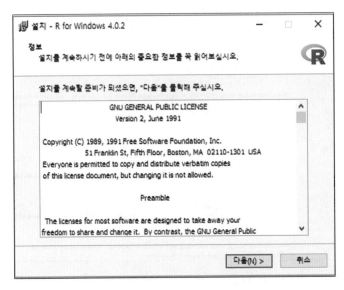

〈그림 1-10〉 설치 관련 (GNU 라이센스, 무료) 안내사항

10. R 프로그램이 설치된 위치를 'C:\Program Files\R\R-4.0.2'에서, 'C:\R\R-4.0.2'로 변경한다. 변경 이유는 폴더의 이름에 공백이 있다. 이것이 나중에 R을 사용하는 데 있어서 오류를 발생할 수 있기 때문이다.

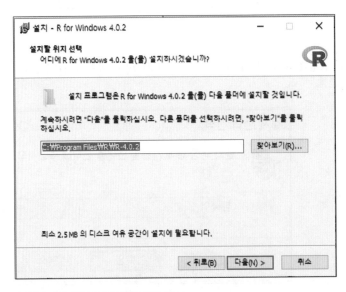

〈그림 1-11〉 기본 R 프로그램 설치 주소

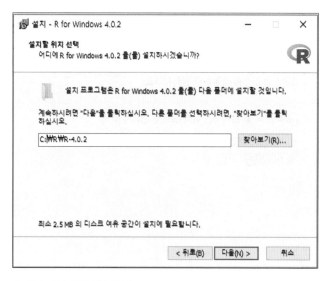

〈그림 1-12〉 설치 주소 변경

11. '구성 요소 설치'에서는 항목을 모두 체크한다. 컴퓨터의 사양에 따라 64비트가 지원되지 않을 수도 있다. Message translation은 R 프로그램 화면의 메뉴나 메시지가 기본으로는 한글로 설정되어 있다. 이것을 다른 언어로 변경할 수 있도록 지원해 주는 기능이다. '다음' 버튼을 누른다.

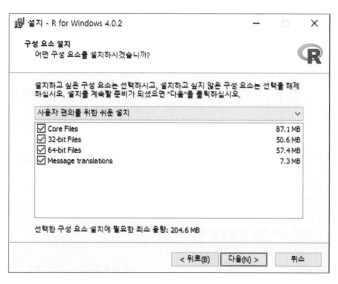

〈그림 1-13〉 구성 요소 설치 모두 체크

12. '스타트업 옵션'에서 'No (기본값 사용)'을 체크한 후 '다음' 버튼을 누른다.

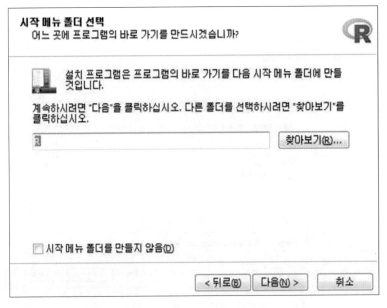

〈그림 1-14〉 스타트업 옵션 – No (기본값 사용) 선택

13. '설치 – R for Windows 4.0.2' 창이 나타나면 '다음' 버튼을 누른다.

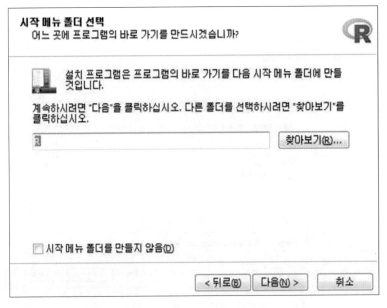

〈그림 1-15〉 시작 메뉴 폴더 선택

14. '설치 – R for Windows 4.0.2' 화면에서 '다음' 버튼을 누른다.

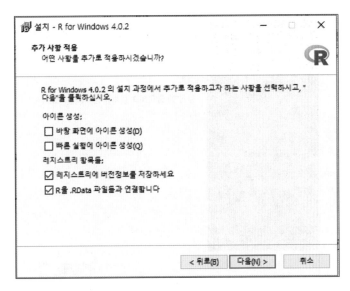

〈그림 1-16〉 추가 사항 적용 선택

바탕화면에 아이콘 생성이 필요할시, 관련 항목을 체크한다.

15. 아래와 같이 R프로그램이 설치된다.

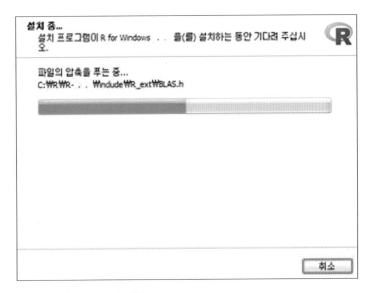

〈그림 1-17〉 R 프로그램 설치중

16. '설치 – R for Windows 4.0.2' 창이 나타나면 '완료' 버튼을 누른다.

〈그림 1-18〉 R 프로그램 설치 완료

R 프로그램의 설치가 완료되었다. 바탕화면에 R 프로그램의 아이콘이 생긴다.

1.3 R 프로그램의 구성

R은 기본적으로 R console, R editor, R graphics 화면 3개의 창으로 구성된다. R editor나 R graphics 화면은 R console과 기능이 비슷하므로 여기서는 R console에 대해서 살펴보도록 한다.

1.3.1 파일

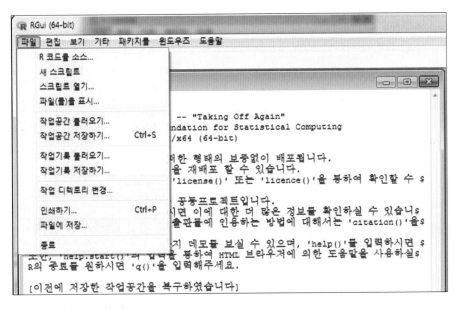

〈그림 1-19〉RGui 파일 탭

R 프로그램과 관련된 파일들을 새로이 작성한 후 저장하고 불러오는 기능과 작업 디렉토리의 변경, 인쇄, R 프로그램의 종료 기능으로 구성되어 있다. 각 부 메뉴의 기능은 다음과 같다.

1. R 코드를 소스 : 저장된 R 명령문을 R editor 창에 불러와 자동 실행한다.

2. 새 스크립트 : 새로운 R 프로그램을 입력할 R editor 창을 연다.

3. 스크립트를 열기 : 저장된 R 명령문을 R editor 창에 불러온다. (실행 안함)

4. 파일(들)을 표시 : R이나 S 파일 등을 선택하여 새 창에 연다.

5. 작업공간 불러오기 : 저장된 작업환경에 대한 객체를 불러온다. 이를 통해 이전 분석환경

에서 저장되었던 각종 객체들(데이터, 분석결과, 그래프, 옵션 등)을 그대로 연이어 사용
할 수 있다.

6. **작업공간 저장하기** : 현재 작업환경의 객체를 확장자 .RData인 텍스트 파일로 저장한다.
   한번 저장된 workspace는 다음 R 프로그램 구동 시 자동으로 저장된다.

7. **작업기록 불러오기** : R console 화면의 프로그램 이력을 불러온다.

8. **작업기록 저장하기** : R 프로그램을 구동 후 작업된 모든 프로그램 이력을 확장자 .History
   인 텍스트 파일로 저장한다.

9. **작업 디렉토리 변경** : R 프로그램의 작업 디렉토리를 변경한다.

10. **인쇄하기** : R 프로그램의 작업 내용(코드)를 인쇄한다.

11. **파일에 저장** : R console 화면의 내용을 저장하며 이때 이력과는 달리 출력결과를 포함
    한 화면에 나타난 모든 내용을 텍스트 파일로 저장한다.

12. **종료** : R 프로그램을 종료한다.

1.3.2 편집

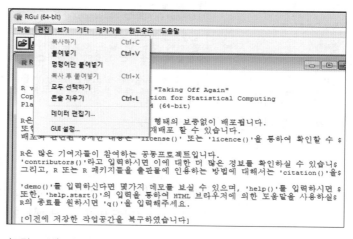

〈그림 1-20〉 RGui 편집 탭

R console 화면의 편집기능에 대한 부 메뉴들로 구성되어 있다.

1. **복사하기** : 선택된 내용을 복사한다.

2. **붙여넣기** : 복사된 내용 전체를 붙여 넣는다.

3. **명령어만 붙여넣기** : 선택된 내용 중 R 프로그램의 명령어만을 붙여 넣는다.

4. 복사 후 붙여넣기 : 선택된 내용을 복사하고 현재 커서가 위치한 곳에 붙여 넣는다.

5. 모두 선택하기 : 화면 전체를 선택한다.

6. 콘솔 지우기 : 현재 R 콘솔 창의 내용을 모두 지운다.

7. 데이터 편집기 : 기존에 정의된 데이터를 에디터로 편집한다. 에디터를 통해 에디터의 값을 수정할 수 있으며 데이터를 수정한 후 창을 닫으면 수정된 자료가 저장된다.

8. GUI 설정 : 화면의 크기와 색, 글꼴 모양 등 R 프로그램의 사용자 환경을 정의한다.

다음은 GUI 설정을 선택할 시 나타나는 Rgui 구성 편집기 화면이다.

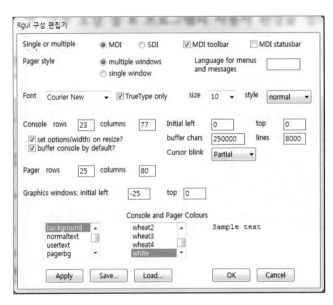

〈그림 1-21〉 Rgui 구성 편집기 화면

1. Single or multiple Windows : R 프로그램의 실행에 따라 열리는 창의 개수에 대한 선택사항이다. MDI를 선호하는 사람이 많으나 여기서는 SDI를 추천한다.

2. Pager style : R console 화면 이외에 추가로 열리는 화면에 대한 선택사항이다.

3. Console rows, columns, initial left, top : R console 화면의 크기를 지정하는 행수, 열수의 정의와 R 프로그램을 시작할 때 R console 화면의 좌우, 상하 위치를 정의하는 선택사항이다.

4. Buffer bytes, lines : R의 계산 효율성과 관련된 선택사항이다.

5. Pager rows, columns : R console 화면 이외에 추가로 열리는 화면의 크기를 지정하는 행수, 열수의 선택사항이다.

6. **Console and Pager Colours** : R console 화면과 다른 추가 화면의 색을 지정하는 것으로 화면의 바탕색, 출력 텍스트, 사용자 입력 프로그램, 추가 페이지의 제목줄의 색을 선택한다.

1.3.3 기타

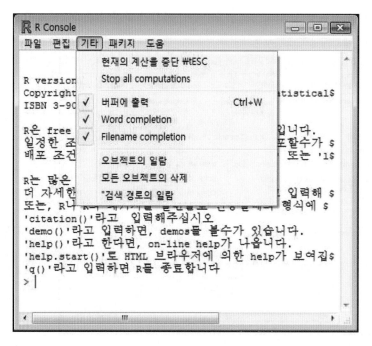

〈그림 1-22〉 RGui 기타 탭

현재 수행중인 프로그램을 중단하거나 객체의 관리와 관련된 부 메뉴들로 구성된다.

1. **현재의 계산을 중단** : 현재 실행중인 작업을 중단한다.

2. **버퍼에 출력** : 이력의 저장과 관련된 선택메뉴이다.

3. **오브젝트의 일람** : 현재 작업환경의 모든 객체를 출력한다.

4. **모든 오브젝트의 삭제** : 현재 작업환경의 모든 객체를 삭제한다.

5. **검색 경로의 일람** : 현재 사용할 수 있는 객체들의 자원을 나타낸다.

1.3.4 패키지

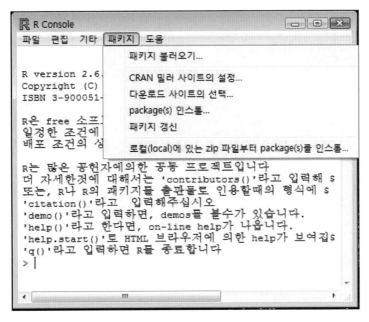

〈그림 1-23〉 RGui 패키지 탭

패키지는 주요 목적이 동일한 함수들의 집합을 말하며, 이 메뉴는 패키지의 다운로드와 관련된 메뉴로 구성된다.

1. **패키지 불러오기** : R 프로그램의 기본 패키지와 추천 패키지 중 불러올 패키지를 선택한다.

2. **CRAN 밀러 사이트의 설정** : 다운로드 하지 않은 패키지에 대해 다운로드할 CRAN 미러 사이트를 선택한다.

3. **다운로드 사이트의 선택** : 분류된 패키지 다운로드 사이트를 선택한다. 선택 사이트는 CRAN, CRAN(Extras), Bioconductor, Omegahat이 있다.

4. **package(s) 인스톨** : 나열되는 패키지 중 인스톨을 원하는 것을 선택한다.

5. **패키지 갱신** : 다운로드 된 패키지를 최신화 한다. 디폴트는 graphics 패키지를 최신화 하는 것으로 함수로 표현하면 update.packages(ask='graphics')이다.

6. **로컬(local)에 있는 zip파일로부터 package(s)를 인스톨** : zip파일 형태의 패키지를 선택하여 인스톨한다.

1.3.5 도움말

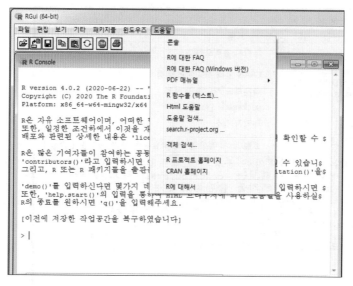

<그림 1-24> RGui 도움말 탭

R 프로그램의 도움말 기능과 관련된 메뉴로 구성된다.

1. 콘솔 : R console 화면의 편집기능과 관련된 도움말 창을 연다

2. R에 대한 FAQ : html 형식의 R FAQ 화면을 연다.

3. R에 대한 FAQ (Windows 버전) : Windows 용으로 html 형식의 R FAQ 화면을 연다

4. 매뉴얼(PDF) : pdf 형식의 매뉴얼 파일을 연다.

5. R의 함수들(텍스트) : R의 함수에 대한 텍스트 형식의 도움말 창을 연다.

6. Html 도움말 : 주제별로 구분된 html 형식의 도움말을 연다.

7. 도움말 검색 : 주어진 단어를 포함하는 도움말을 R 정보창을 열고 출력한다.

8. search.r-project.org : R 프로젝트 웹사이트를 통해 주어진 단어를 검색한다.

9. 객체 검색 : 주어진 단어를 포함하는 객체를 R console 화면에 출력한다.

10. R 프로젝트 홈페이지 : 웹페이지 http://www.r-project.org/를 연다.

11. CRAN 홈페이지 : 웹페이지 http://cran.r-project.org/를 연다.

12. R에 대해서 : 설치된 R 프로그램의 정보를 나타내는 창을 연다.

참고문헌

이부일, 이서현 [공]지음.(2019) R과 함께한 데이터 여행: 입문. 서울: 경문사

고석범 (2017). R shiny 프로그래밍 가이드. 한나래아카데미

양경숙, 김미경 (2007). R 입문 및 기초 프로그래밍. 자유아카데미

http://www.lucypark.kr/blog/2012/05/31/r-console-language-configuration

Chapter 2
R-Studio 프로그램 설치 및 환경설정

R-Studio 프로그램 설치 및 환경설정

INTRODUCTION

☐ 학습목표

R-Studio 의 이해, R과 R-Studio의 차이점
R-Studio 프로그램을 설치한다.
R-Studio 프로그램의 환경을 설정한다.

☐ 목차

2.1 R-Studio 프로그램 소개
2.2 R-Studio 프로그램 설치하기
2.3 R-Studio 프로그램 실행하기
2.4 R-Studio 프로그램의 환경 설정하기
2.5 R-Studio 프로그램의 기초 활용

☐ 주요 용어

R-Studio, 스크립트, 콘솔, Environment, Plots

☐ 요약

- R-Studio 프로그램을 설치하고, 환경 설정에 대한 다양한 속성을 학습한다.
- R-Studio 기능과 실행을 이해한다.

2.1 R-Studio 소개

2.1.1 R-Studio란?

R-Studio 프로그램은 R을 사용하는 데에 편리하고 유용한 기능을 제공하며, R과 동일하게 open source 버전과 상용 버전 두 가지가 있다. 여기서는 open source 버전으로 개인이나 기관에서 무료로 사용 수 있는 것을 설치한다. R-Studio는 명령어를 직접 입력하는 방식으로 작동된다.

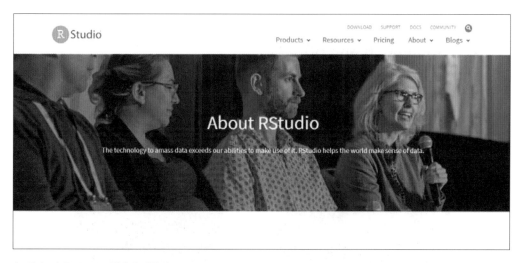

〈그림 2-1〉 R-studio 안내 홈페이지

2.1.2 R과 R 스튜디오 차이

R-Studio는 완벽한 기능의 데이터 복구 유틸리티 세트이다. Windows OS 및 Mac OS Linux용 버전이 모두 제공된다. 하드 드라이브(HDD), SSD(Solid State Devices), 플래시 메모리 및 기타 외부와 내부 데이터 스토리지 장치에서 데이터를 복구할 수 있다. 해당 프로그램은 데이터 복구 전문가용이기는 하지만, IT 전문가와 일반 컴퓨터 사용자도 손실된 파일 복구를 직접 수행할 수 있다. R-Studio는 사실상 업계의 표준으로서 전 세계의 데이터 복구 전문가들의 인정을 받고 있다.

R-Studio의 커널에 기반한 간소화된 프로그램인 R-Undelete[3]는 비전문가 사용자를 위해 개발되었다. Window에서만 작동하며, 간소화된 인터페이스와 16진수 편집기가 있고, RAID 및 네트워크 데이터 복구는 없다. 무료 유틸리티 R-Undelete는 홈 사용자에게 제공되며, FAT/exFAT 파일 시스템에서 파일을 복구할 수 있으며, 대부분은 USB 플래시 메모리 및 디지털 사진과 비디오 카메라의 SD 카드에 사용된다.

두 프로그램 모두는 2001년 통합된 캐나다 소프트웨어 회사인 R-Tools Technology, Inc.에서 개발했으며, R-Studio 및 R-Undelete는 10년 이상 등록된 상표이다.

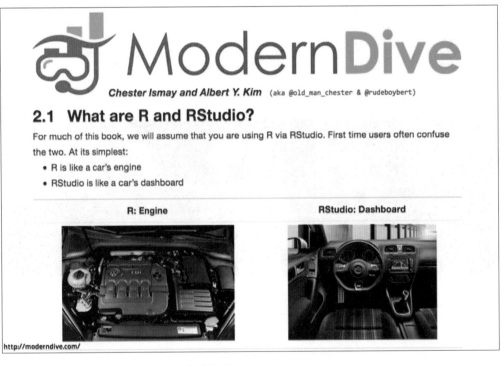

〈그림 2-2〉 R 프로그램과 R-studio 프로그램 간의 비교

2.2 R-Studio 설치하기

R-Studio 프로그램을 설치하기 전에 주의해야 할 사항이 있다. 이 사항은 R 프로그램을 설치하기 전에도 동일하게 반영하길 바란다. 아래의 상황을 고려하지 않고 R-Studio를 설치하면 그래프를 작성하거나 새로운 기능을 추가할 때 에러(error)가 발생한다.

- 컴퓨터 이름은 영어로 하며, 특수 문자나 공백을 사용하지 않는다.
- 사용자 계정의 이름도 영어로 하며, 특수 문자나 공백을 사용하지 않는다.
- 파일, 폴더 이름도 영어로 하며, 특수 문자나 공백을 사용하지 않는다.

1. www.rstudio.com에 접속한다.

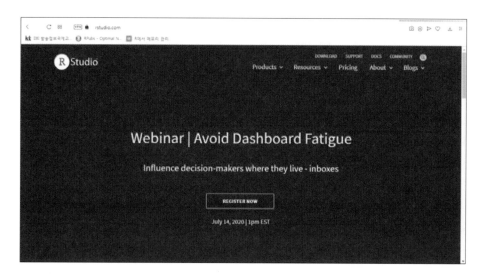

〈그림 2-3〉 R-studio 홈페이지 화면 (www.rstudio.com)

2. Product → RStudio 메뉴를 선택한다.

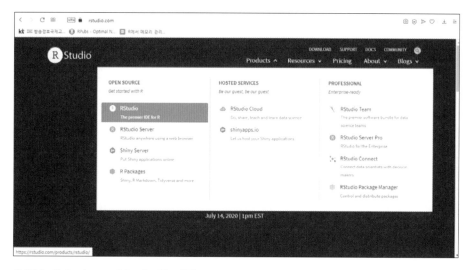

〈그림 2-4〉 Product → RStudio 메뉴 선택

3. RSTUDIO DESKTOP을 선택한다.

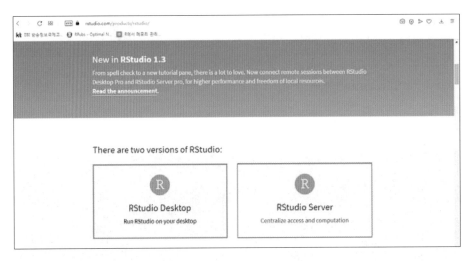

〈그림 2-5〉 RStudio Desktop 선택

데스크탑용 R-Studio는 Open Source Edition과 Commercial License가 있다. Open Source Edition은 개인이나 기관에서 무료로 사용할 수 있는 것이고, Commercial License는 매년 995달러의 라이센스 비용을 지불해야 한다. 라이센스를 지불하는 만큼 Open Source Edition보다 사용하기에 좋게 되어 있다. 하지만 Open Source Edition을 사용해도 손색이 없다.

4. Open Source Edition의 DOWNLOAD RSTUDIO DESKTOP 버튼을 선택한다.

〈그림 2-6〉 DOWNLOAD RSTUIO DESKTOP 선택

R을 이용한 웹 크롤링과 텍스트 분석

5. R-Studio Desktop Open Source License의 DOWNLOAD 버튼을 선택 한다.

〈그림 2-7〉 RStudio Desktop Open Source License DOWNLOAD 선택

6. R-Studio도 다양한 운영체제를 지원한다. 여기서는 참고용으로 윈도우용인 RStudio 1.1.463 - Windows XP/Vista/7/8/10을 선택하였다. 만약 이보다 더 최신버전이 있으면 선택하기 바란다.

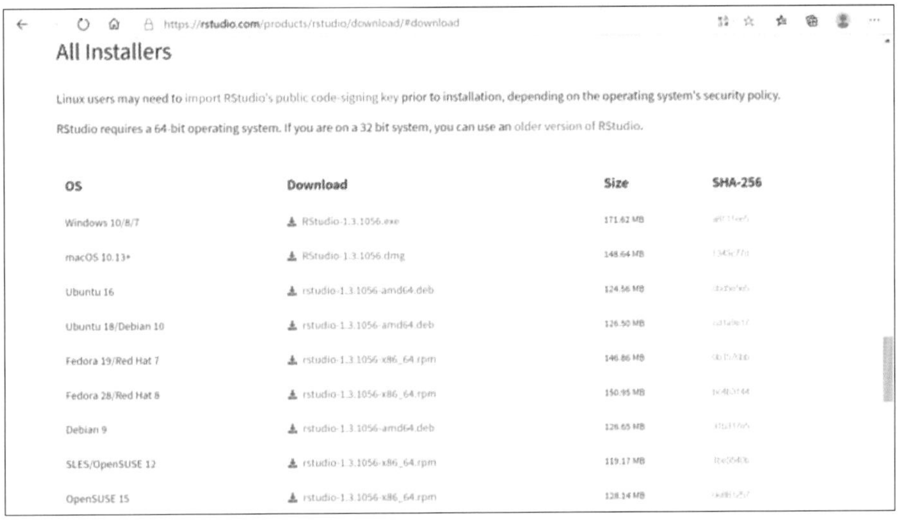

〈그림 2-8〉 R-Studio 프로그램의 OS별 버전 선택

7. 아래와 같이 R-Studio 프로그램이 다운로드 된다.

〈그림 2-9〉 다운로드 완료 메시지

8. 다운로드가 완료되면 화면의 아래쪽에 있는 '실행' 버튼을 누른다.

〈그림 2-10〉 RStudio 설치 시작화면

9. R-Studio 설치 화면에 있는 '다음' 버튼을 누른다.

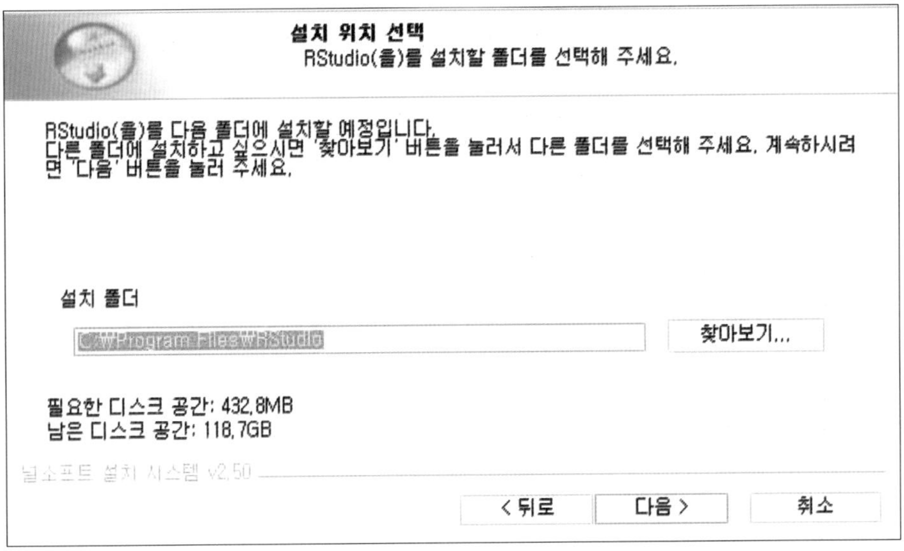

〈그림 2-11〉 설치 위치 선택

10. R-Studio 설치 위치를 'C:/Program Files/RStudio'에서 'C:/RStudio'로 수정한다.
이렇게 수정하는 이유는 나중에 R-Studio를 사용할 때 에러(error)가 발생할 수 있기 때문
이다.

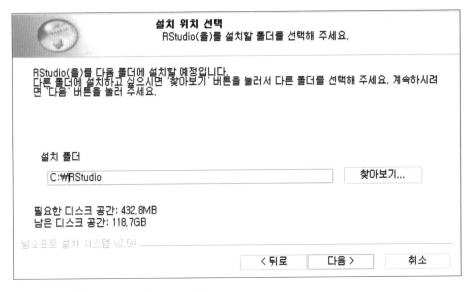

〈그림 2-12〉 설치 주소를 'C:/RStudio'로 변경

11. R-Studio 설치 화면에 있는 '설치' 버튼을 누른다.

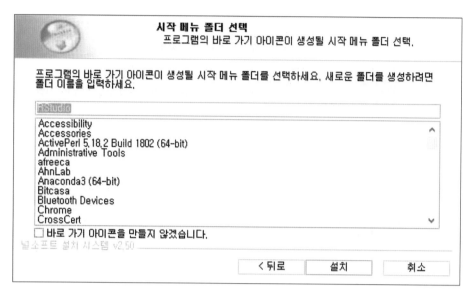

〈그림 2-13〉 시작 메뉴 폴더 선택

12. 설치가 완료되었다. R-Studio 설치 화면에 있는 '마침' 버튼을 누른다.

〈그림 2-14〉 설치 완료 화면

R을 이용한 웹 크롤링과 텍스트 분석

2.3 RStudio 프로그램
실행하기

1. 『시작 메뉴』 ➜ 『RStduio 폴더』 ➜ 『RStduio 아이콘』을 선택한다.

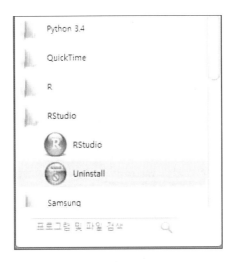

〈그림 2-15〉 시작메뉴의 RStudio

2. 마우스 오른쪽 클릭 후, 『보내기』 ➜ 『바탕 화면에 바로 가기 만들기』를 선택한다.

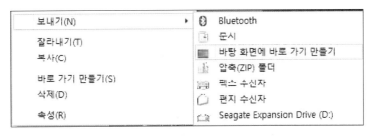

〈그림 2-16〉 보내기 ⇒ 바탕 화면에 바로 가기 만들기 선택

3. R-Studio가 설치된 경로 (C:\RStudio\bin)로 이동한 후, 실행 파일(rstudio.exe)를 선택하고 마우스 오른쪽 버튼을 클릭한다. 이후 속성을 선택한다.

〈그림 2-17〉rstudio.exe 파일 오른쪽 클릭 – 속성 선택

4. 호환성 탭을 선택한다. 관리자 권한으로 이 프로그램 실행을 체크한다.

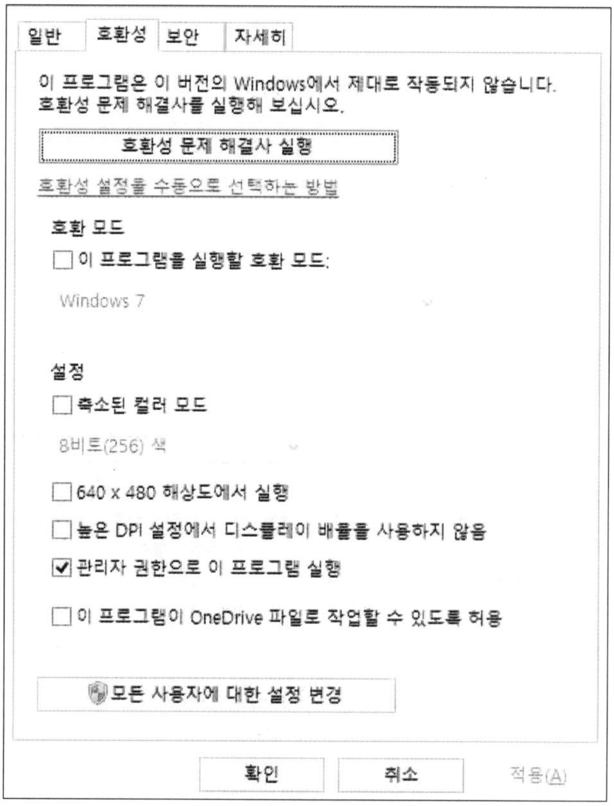

〈그림 2-18〉호환성 – 관리자 권한으로 이 프로그램 실행

5. 확인 버튼을 클릭한다. 이제 R-Studio 프로그램은 관리자 권한으로 실행된다.

2.4 R-Studio 프로그램의 환경 설정하기

〈그림 2-19〉 R-Studio 프로그램 실행시 나타나는 화면

RStudio 프로그램의은 기본으로 3개의 화면으로 구성되어 있다. 명령어를 입력하거나 연산의 결과를 보여주는 콘솔(console), 객체들을 보여주는 환경(Environment), 도움말이나 그래프를 보여주는 플롯(Plot)이다. 화면의 제일 위에는 메뉴가 있고, 메뉴 중에서 자주 사용하는 기능은 도구모음으로 만들어 놓았다. RStudio 프로그램의 환경설정을 변경하려면 메뉴에서 『Tools』 ➜ 『Global Options』을 선택한다.

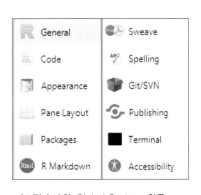

〈그림 2-20〉 Global Options 항목

환경설정(Options) 화면은 General, Code, Appearance, Pane Layout, Packages, Sweave, Spelling, Git/SVN, Publishing으로 구성되어 있고, 이 중에서 General, Code, Appearance, Pane Layout에서 일부만 변경하는 것을 소개한다.

2.4.1 General

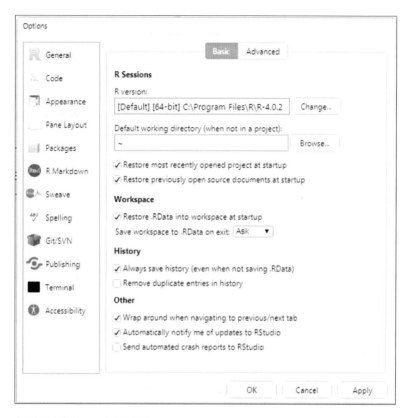

<그림 2-21> General 항목 화면

1. **R version** : 현재 설정된 R 프로그램의 버전으로 Change 버튼을 클릭하 여 다른 버전으
로 변경할 수 있다.

2. **Default working directory** : 현재 설정된 작업공간(working directory)으로 데이터,
프로그램 등을 저장할 위치를 의미하며, Browse 버튼을 클릭하여 작업공간을 다른 위치
로 변경할 수 있다.

R을 이용한 웹 크롤링과 텍스트 분석

2.4.2 Code

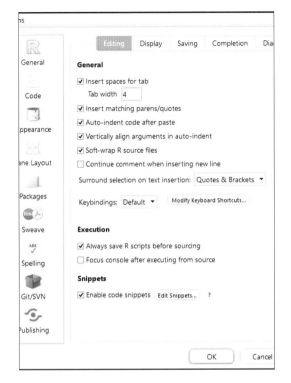

〈그림 2-22〉 Code 항목 화면

Code에는 Editing, Display, Saving, Completion, Diagnostics 라는 5개의 탭이 존재한다.

1. **Insert spaces for tab** : 탭(tab)을 눌렀을 때에 몇 개의 공백을 줄 것인지를 지정함.
2. **Soft-wrap R sources files** : R Studio 프로그램은 하나의 화면에 몇 개의 작은 화면으로 구성되어 있고, 각각의 화면의 크기를 조절할 수 있다. 화면의 크기를 조절하면 script에 있는 R 프로그램 명령어들이 다른 화면에 가려지는 현상이 발생한다. 이 부분을 체크하면 다른 화면에 의해서 내용 이 가려지는 현상을 방지할 수 있다. 즉 화면이 작아지면 프로그램의 내용 들이 다른 줄에 있는 것처럼 이동해서 보여준다.
3. **Default text encoding** : R 프로그램을 짤 수 있는 script에서 한글을 사용할 수 있도록 인코딩(encoding) 방식을 지정할 수 있다. 주로 주석(comment)으로 많이 사용되는 한글이 깨지지 않고 나타나도록 하기 위해서는 Change 버튼을 클릭하여 'EUC-KR'이라는 인코딩 방식으로 변경하면 된다.

2.4.3 Appearance

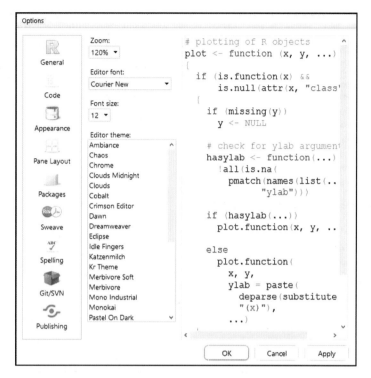

〈그림 2-23〉 Appearance 항목 화면

1. Zoom : RStudio 화면의 크기의 비율을 확대할 수 있다.

2. Editor font : 글씨체를 변경할 수 있다.

3. Font size : 글씨크기를 변경할 수 있다.

4. Editor theme : script의 배경, 예약어 글씨체, 색깔 등을 다양하게 변경할 수 있다.

2.4.4 Pane Layout

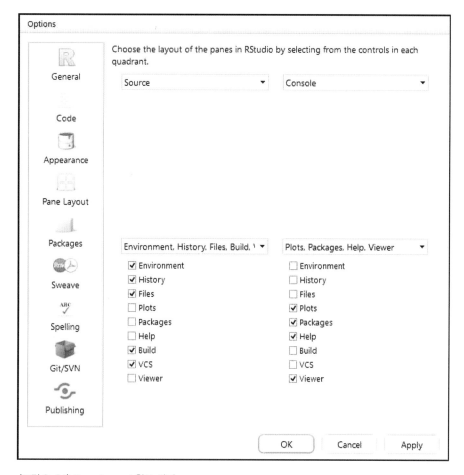

〈그림 2-24〉 Pane Layout 항목 화면

R-Studio 화면을 4개로 분할하며, 각각의 화면의 위치를 조정할 수 있다.

1. **Source** : R 프로그램을 짤 수 있는 script 화면.
2. **Console** : R 명령어를 실행하거나 연산 등의 결과를 출력하는 화면
3. **Environment, History, Files, Build** : 생성된 R의 객체들을 보여주는 화면
4. **Plots, Package, Help, Viewer** : 그래프, 패키지, 도움말 등을 보여주는 화면

R-Studio 화면에 대한 환경 설정에 대한 더 자세한 정보는 Mark van der Loo가 저술한 「Learning RStudio for R Statistical Computing」 원서에 수록되어 있다.

2.5 R-Studio 프로그램의
기초 활용

R에서 주석은 '#' 으로 표시하며 '#' 으로 시작된 이후의 문장은 프로그램 실행에서 무시한다. 사칙연산에 대한 연산자나 연산자간의 우선순위는 일반적인 프로그래밍 언어와 같으며 소괄호('()')를 통해 제어한다. 또한 대소문자를 가리므로 주의해서 사용해야 한다. 한 가지 명령문의 마침은 ';'으로 구분한다. 따라서 한 행에 두 가지 이상의 명령문을 연이어 작성할 경우에는 ';'을 이용하여 각 명령문의 종료를 나타내도록 한다.

출력결과에 '[1]'이 항상 표현된다. 이는 출력물인 데이터에 대한 인덱스(index)로 결과의 자리수를 확인할 수 있다. 보통 한 줄에 명령어를 입력하게 되지만 명령어의 길이가 길 경우는 연결 프롬프트로 '〉'대신 '+'가 나타나게 된다. 이는 입력받은 명령어가 불완전할 경우 자동적으로 생성된다. R에서 사용하는 주요 연산자는 다음과 같다.

2.5.1 주요 연산자

연산자	기능
{	블록정의
(	괄호기능
$	성분추출
[[[	첨자표현
+ - * /	더하기, 빼기, 곱하기, 나누기
^ **	제곱 연산자
%*% %/% %%	행렬의 곱, 몫, 나머지 연산자
〈 〉〈= =〉 == !=	비교 연산자
!	부정 연산자
& && | ||	논리 연산자
〈〈-	전역 할당 연산자
〈- = -〉	할당 연산자

2.5.2 기초 연산 예제

R Script

\# 기본적인 연산기능

\# R에서 주석은 #으로 표시. #으로 표시된 부분의 실행은 무시된다.

3+4

> 3+4	[1] 7
입력후 실행	실행 결과

1+4*3

> 1+4*3	[1] 13
입력후 실행	실행 결과

\# 연산의 우선순위인 ( ), { } , [ ] 중 대괄호[ ]는 R에 특수한 역할이 정의되어 있으므로 사용불가.

중괄호의 경우 오류는 없으나 정의된 다른 역할이 있으므로 사용을 자제해야 한다.

\# 보통은 ( )를 통하여 제어를 한다.

(1+3)*3

> (1+3)*3	[1] 12
입력후 실행	실행 결과

(1+4)/3

> (1+4)/3	[1] 1.666667
입력후 실행	실행 결과

{1+5}/3

> {1+5}/3	[1] 2
입력후 실행	실행 결과

\# 보통 한 줄에 명령어를 입력하게 되지만 길이가 긴 경우에는 연결 프롬포트로 '>'대신 '+'가

나타난다.

\# 따라서 '+'이후에 명령어를 입력하면 된다.

5+ +6	
> 5+ + +6	[1] 11
입력후 실행	실행 결과

\# 기본적으로 R에서 명령문은 한 줄에 한 명령문이다.

\# 한 명령문의 마침은 ';'으로 구분한다.

\# 따라서 한 행에 두 가지 이상의 명령문을 이어서 하려면 ';'을 이용한다.

2+1; 4+3

> 2+1; 4+3	[1] 3 [1] 7
입력후 실행	실행 결과

2.5.3 수학 함수

수학 함수	기능
abs(x)	x 절대값
ceiling(x) floor(x) trunc(x)	x보다 큰 수 중 가장 작은 정수 x보다 작은 수 중 가장 큰 정수 0과 x 사이의 가장 큰 정수를 출력한다.
round(x, digits=y) signif(x, digits=y)	x의 소수점 (y+1)자리에서의 반올림 10의 지수형태의 표현으로 반올림
exp(x)	지수함수(exponential function)
log(x), log10(x), log2(x), log(x, base=y)	로그함수로 각각 밑(base)이 자연대수 e, 10, 2, y 인 로그함수
sign(x)	부호함수 (±)
sqrt(x)	제곱근 함수
factorial(x)	x의 계승 출력(x!)

choose(x,y)	x에서 y를 고르는 조합의 수 출력 $\binom{x}{y}$
pi	원주율
beta(a,b)	베타함수
gamma(x)	감마함수
cos(x), sin(x), tan(x), acos(x), asin(x), atan(x), atan2(y, x)	삼각함수

2.5.4 수학 함수를 이용한 연산 예제

R Script

abs()는 ( )의 값을 절대값으로 출력한다. R에서 제공하는 함수는 항상 함수이름 뒤의 소괄호 ( )를 통해 제어한다. ( )안에는 지정된 함수의 인수를 설정한다.

abs(-4)

> # abs()는 ( )의 값을 절대값으로 출력한다. R에서 제공하는 함수는 항상 함수이름 뒤의 소괄호 ( )를 통해 제어한다. ( )안에는 지정된 함수의 인수를 설정한다. > abs(-4)	[1] 4
입력후 실행	실행 결과

round() 함수는 반올림을 위한 함수이며 round(반올림할 수, 반올림할 자리)로 지정한다.

round(0.8); round(1.45,1)

> # round() 함수는 반올림을 위한 함수이며 round(반올림할 수, 반올림할 자리)로 지정한다. > round(0.8); round(1.45,1)	[1] 1 [1] 1.4
입력후 실행	실행 결과

log() 함수는 기본이 자연로그 값을 산출하며 log2()나 log10()을 통해 밑이 2 또는 10인 로그값을 산출한다. 일반적인 로그함수는 log()에서 base=숫자 인수를 통해 로그함수를 제어한다.

log(2); log2(2); log10(2); log(2,base=10)

> # log() 함수는 기본이 자연로그 값을 산출하며 log2()나 log10()을 통해 밑이 2 또는 10인 로그값을 산출한다. 일반적인 로그함수는 log()에서 base=숫자 인수를 통해 로그함수를 제어한다. > log(2); log2(2); log10(2); log(2,base=10)	[1] 0.6931472 [1] 1 [1] 0.30103 [1] 0.30103
입력후 실행	실행 결과

# sign()함수는 양수면 1, 음수면 −1을 반환한다.
sign(-10); -10*sign(-10); abs(-10)

입력후 실행	실행 결과
> # sign()함수는 양수면 1, 음수면 -1을 반환한다. > sign(-10); -10*sign(-10); abs(-10)	[1] -1 [1] 10 [1] 10

sqrt(10^2)= root/10^2
10^2; sqrt(10^2);

입력후 실행	실행 결과
> # sqrt(10^2)= root/10^2 > 10^2; sqrt(10^2);	[1] 100 [1] 10

choose(10,2)= n C 2
factorial(5)=5! = 5 x 4 x 3 x 2 x 1
3*pi= 3 x pi
R은 함수 안에 함수의 사용이 가능하다. 예를 들어 sqrt(10^2)는 루트함수와 제곱함수를 동시에 이용한 것과 같다.
choose(10,2); factorial(5); 3*pi

입력후 실행	실행 결과
> # choose(10,2)= n C 2 > # factorial(5)=5! = 5 x 4 x 3 x 2 x 1 > # 3*pi= 3 x pi > # R은 함수 안에 함수의 사용이 가능하다. 예를 들어 sqrt(1 0^2)는 루트 함수와 제곱함수를 동시에 이용한 것과 같다. > choose(10,2); factorial(5); 3*pi	[1] 45 [1] 120 [1] 9.424778

2.5.5 수학 함수객체의 명명과 할당

상수나 변수, 객체의 이름을 작성할 때는 대소문자를 반드시 가려야 한다. 객체의 이름은 문자 a~z, A~Z와 숫자 0~9 그리고 '.'과 '_'의 조합으로 구성한다. 첫 문자로 숫자와 '_'은 사용할 수 없으며, if, for, c, pi와 같은 R프로그램의 내장 함수와 같은 이름은 사용 시 조심해야 한다.

할당은 변수나 객체에 값을 정의하는 것을 말한다. 할당 연산자로 '=', '<-', '<<-' 세 가지 형태를 사용 가능하며, 되도록 '<-'를 사용하기를 권장한다. 만약, 함수 내에서 '='를 사용하여 할

당 한 경우 할당된 값은 함수가 수행된 후에 저장되지 않으나, '<-', '<<-'를 통해 할당된 객체 값은 사라지지 않는다.

2.5.6 수학 함수객체의 명명과 할당 예제

R Script

```
# x <- 3 의 의미는 x라는 저장소에 3이라는 값을 저장하라는 의미이다.
# 할당에는 여러 가지 기호가 쓰이지만 여기서는 ' <- ' 왼쪽 화살표를 쓰도록 한다.
# 그래서 일관되게 왼쪽 화살표 왼쪽엔 값이 저장될 객체(object) 이름을 쓰고,
# 왼쪽 화살표 오른쪽에는 실질적으로 저장될 값을 지정한다.
x <- 3;
# R은 대화형 프로그램이기 때문에 명령어를 치면 바로 결과를 출력해준다.
# 즉, input과 output이 대화하듯이 이루어진다.
# 하지만 할당을 하는 경우에는 input만 있고 output은 이루어지지 않는다.
# 따라서 할당을 하는 경우에는 output에 해당하는 명령어를 지정해야하는데,
# 객체의 값을 보고 싶을땐 간단하게 객체의 이름을 써주면 된다.
# 여기서는 x <- 3을 했기 때문에 x라는 객체 이름을 써주면 x가 가지고 있는 값을 출력해준다.
x
```

> # 여기서는 x <- 3을 했기 때문에 x라는 객체 이름을 써주면 x가 가지고 있는 값을 출력해준다. > x [1] 3	[1] 3
입력후 실행	실행 결과

```
# R은 대소문자를 가리기 때문에 항상 조심해야 한다.
X
```

> # R은 대소문자를 가리기 때문에 항상 조심해야한다. > X	에러: 객체 'x'를 찾을 수 없습니다
입력후 실행	실행 결과

```
변수 <- 10; 변수
```

> 변수 <- 10; 변수	[1] 10
입력후 실행	실행 결과

```
.x <- 12; .x
```

> .x <- 12; .x	[1] 12
입력후 실행	실행 결과

```
3x <- 2
```

> 3x <- 2	에러: 예상하지 못한 기호(symbol)입니다. in "3x"
입력후 실행	실행 결과

\# 함수의 인수 즉, 함수이름 다음의 소괄호( )내에서 할당을 하게 되면,

\# 할당된 값이 그대로 저장이 되나, exp(x=1)과 같은 경우에는

\# 할당의 의미가 아니라 x=1이라는 함수의 인수를 지정하는 의미로,

\# x에 1이라는 값이 저장되지는 않는다.

```
expx <- exp(x = 1); expx; x
```

> # 함수의 인수 즉, 함수이름 다음의 소괄호( )내에서 할당을 하게 되면, > # 할당된 값이 그대로 저장이 되나, exp(x=1)과 같은 경우에는 > # 할당의 의미가 아니라 x=1이라는 함수의 인수를 지정하는 의미로, > # x에 1이라는 값이 저장되지는 않는다. > expx <- exp(x = 1); expx; x	[1] 2.718282 [1] 3
입력후 실행	실행 결과

```
expx <- exp(x <- 1); expx; x
```

> expx <- exp(x <- 1); expx; x	[1] 2.718282 [1] 1
입력후 실행	실행 결과

```
expx <- exp(x<<-2); expx; x
```

> expx <- exp(x<<-2); expx; x	[1] 7.389056 [1] 2
입력후 실행	실행 결과

2.5.7 객체 관리

1. ls( ) : workspace에 있는 모든 객체들의 목록을 보여준다.

2. search( ) : 현재 작업환경에서 구동된 패키지들을 문자 리스트로 출력한다.

3. as.environment( ) : 지정된 패키지의 속성을 나타내는 함수이다.

4. rm( ) : 현재 작업환경의 객체를 제거한다.

2.5.8 객체 관리 예제

R Script

1search()

> search()	``` [1] ".GlobalEnv" "tools:rstudio" [3] "package:stats" "package:graphics" [5] "package:grDevices" "package:utils" [7] "package:datasets" "package:methods" [9] "Autoloads" "package:base" ```
입력후 실행	실행 결과

ls("package:stats", pattern="dist")

> ls("package:stats", pattern="dist")	``` [1] "as.dist" "cooks.distance" [3] "dist" ```
입력후 실행	실행 결과

objects("package:stats", pattern="dist")

> objects("package:stats", pattern="dist")	``` [1] "as.dist" "cooks.distance" [3] "dist" ```
입력후 실행	실행 결과

ls(pos=2, pattern="dist")

> ls(pos=2, pattern="dist")	character(0)
입력후 실행	실행 결과

as.environment(3)

> as.environment(3)	``` <environment: package:stats> attr(,"name") [1] "package:stats" attr(,"path") [1] "C:/Program Files/R/R-3.6.3/library/stats" ```
입력후 실행	실행 결과

ls(as.environment(3), pattern="dist")

입력후 실행	실행 결과
`> ls(as.environment(3), pattern="dist")`	`[1] "as.dist"          "cooks.distance"` `[3] "dist"`

ls()

입력후 실행	실행 결과

`> ls()`	`[1] "aid"     "comtDf"  "count"   "date"`
	`[5] "df"      "expx"    "fbody"   "i"`
	`[9] "items"   "j"       "json"    "keyword"`
	`[13] "loc"    "n"       "news"    "nlink"`
	`[17] "oid"    "olink"   "pages"   "press"`
	`[21] "res"    "respDf"  "start"   "title"`
	`[25] "x"      "변수"`

2.5.9 패키지 설명

R의 가장 큰 장점은 단시일 내에 업데이트 되는 패키지를 이용할 수 있다는 것이다. 패키지 설치는 풀다운 메뉴 중 [패키지] ➔ [package(s) 인스톨]을 이용한다. R console에서 install. packages("패키지명")를 이용하여 직접적인 인스톨이 가능하며, 패키지 인스톨 후 library() 함수 또는 require() 함수를 이용하여 패키지를 구동한다. 또한 R 콘솔 화면의 풀다운 메뉴중 [패키지] ➔ [패키지불러오기]를 이용하여 패키지 구동이 가능하다. 패키지 인스톨은 한번만 하면 되나, 패키지 로딩은 콘솔창을 다시 실행하면 다시 로딩을 시켜줘야 한다.

2.5.10 패키지 설치 예제

R Script

# 패키지 인스톨
install.packages("gdata")

입력후 실행	실행 결과
``` > # 패키지 인스톨 > install.packages("gdata") ```	``` WARNING: Rtools is required to build R packages b ut is not currently installed. Please download an d install the appropriate version of Rtools befor e proceeding: https://cran.rstudio.com/bin/windows/Rtools/ URL 'https://cran.rstudio.com/bin/windows/contri b/3.6/gdata_2.18.0.zip'을 시도합니다 Content type 'application/zip' length 1264605 byt es (1.2 MB) downloaded 1.2 MB package 'gdata' successfully unpacked and MD5 sum s checked The downloaded binary packages are in C:\Users\강대한\AppData\Local\Temp\RtmpOMO DKY\downloaded_packages > ```

# 패키지 로딩
library(gdata)

입력후 실행	실행 결과

``
> # 패키지 로딩
> library(gdata)
``
	``
	gdata: Unable to locate valid perl interpreter
	gdata:
	gdata: read.xls() will be unable to read Excel XLS a
	gdata: argument is used to specify the location of a
	gdata:
	gdata: (To avoid display of this message in the futu
	gdata: and available on the executable search path.)
	gdata: Unable to load perl libaries needed by read.x
	gdata: to support 'XLX' (Excel 97-2004) files.
	
	gdata: Unable to load perl libaries needed by read.x
	gdata: to support 'XLSX' (Excel 2007+) files.
	
	gdata: Run the function 'installXLSXsupport()'
	gdata: to automatically download and install the per
	gdata: libaries needed to support Excel XLS and XLSX
	
	다음의 패키지를 부착합니다: 'gdata'
	
	The following object is masked from 'package:stats':
	
	    nobs
	
	The following object is masked from 'package:utils':
	
	    object.size
	
	The following object is masked from 'package:base':
	
	    startswith
	``

search()	
> search()	[1] ".GlobalEnv" "package:gdata" "tools:rstudio" "package:stats" [5] "package:graphics" "package:grDevices" "package:utils" "package:datasets" [9] "package:methods" "Autoloads" "package:base"
입력후 실행	실행 결과

2.5.11 R과 R Studio 도움말의 이용

1. help( ) 혹은 ? : 함수의 기능이나 필요한 인수들에 대한 내용을 볼 수 있다.

2. help.search( ) : 원하는 단어를 포함하는 내용을 검색하고자 할 때 사용한다.

2.5.12 도움말 이용 예제

R Script	
help(gdata)	
help(gdata)	
입력후 실행	실행 결과

참고문헌

김영우 (2017). Do it! 쉽게 배우는 R 데이터 분석 : 데이터 분석 프로젝트 전과정 수록. 이지스
    퍼블리싱

손영숙, 전성현 (2018). R 프로그래밍 및 그래픽스 실습. 자유아카데미

허명회 (2017). R 프로그래밍. 자유아카데미

홍성용 (2016). 초보 데이터과학자(Data Scientist)를 위한 알찬 R프로그래밍. 내하출판사

https://support.rstudio.com/hc/en-us/articles/200549016-Customizing-RStudio

Chapter 3
R 기초 사용법

R 기초 사용법

INTRODUCTION

□ **학습목표**

R과 R Studio 기본 사용

R Studio를 활용한 실행 연산자

R Studio 사용 기본 능력

□ **목차**

3.1 기초사용법

3.2 연산자 소개

3.3 데이터 유형

□ **주요 용어**

기초사용법, 사용 명령어, 연산 기능, 데이터 유형

□ **요약**

- R프로그램을 이용할 시 기본 숙지 명령어, 연산 방법, 스크립트 과정 및 R프로그램에서 사용하는 데이터 유형을 이해한다.

3.1 기초 사용법

R Studio 프로그램을 이용하여 R의 기본적인 문법과 데이터의 유형을 학습한다. R에서는 콘솔(console)에도 명령어를 입력하여 실행할 수 있지만 가능하면 스크립트(script)를 이용하며 명령어를 실행하고 저장하는 것이 좋다. 여기서는 R Studio에서 제공하는 스크립트를 기준으로 설명한다.

3.1.1 기초표현 소개

1. (Ctrl + Shift + C)

주석(comment)의 기능으로 프로그램 전반적인 내용, 명령어 등이 무엇을 의미하는지 알 수 있도록 사용자가 설명을 달아주는 기능이다. # 뒤에 있는 한 줄이 주석으로 처리되며 R에서 저장된 문법을 검사하지 않는다. 단 한 줄만 주석으로 처리되므로 다른 줄도 주석으로 처리하고 싶으면 해당 줄 앞에 #를 써 주어야 한다.

2. Enter

다음 줄로 이동할 때 사용한다.

3. Ctrl+Enter

R의 명령어를 실행하는 기능이다. 명령어가 한 줄인 경우는 마우스의 위치는 해당 줄의 아무 곳에 있어도 상관이 없다. 명령어가 두 줄 이상인 경우에는 반드시 해당 명령어가 있는 곳을 블록으로 설정하고 실행시켜야 한다.

4. Shift+Enter

함수를 사용할 때에 함수에 들어가는 값을 argument라고 한다. 함수 안에 들어가는 argument가 많아지면 하나의 명령어가 길게 표현된다. 그러면 명령어를 이해하는 데에 불편함이 있다. Shift+Enter를 하면 동일한 위치에 다른 argument를 올 수 있도록 해 준다.

5. Alt + '-'

할당 연산자인 "<-"를 입력하기 위한 기능이다.

할당 연산자(allocation operator)는 어떤 객체의 이름(변수 이름, 데이터 이름)에 특정한 값을 저장할 때 사용하는 연산자이다.

6. 대소문자

R은 대소문자를 구별한다. 이것은 'case sensitive하다'라고 표현한다. 소문자 x와 대문자 X는 전혀 다른 것을 의미하기 때문에 주의하기 바란다.

3.2 연산자 소개

3.2.1 산술 연산자

산술 연산자(Arithmetic Operator)는 1개 이상의 수치에 대한 연산으로 더하기, 빼기, 곱하기, 나누기, 거듭제곱, 몫, 나머지를 구할 수 있다. 산술 연산자의 우선순위는 괄호(())가 가장 높고, 그 다음으로 거듭제곱(^, **), 그 다음으로 곱하기와 나누기(*, /)이고, 마지막으로 더하기와 빼기(+, -)이다. 곱하기와 나누기는 우선순위가 동일하고, 더하기와 빼기도 동일하다. 동일한 우선순위를 가지는 산술 연산자가 나열되어 있다면 왼쪽이 오른쪽보다 우선순위를 먼저 갖게 된다.

연산자	설명	입력내용	결과 내용
+	더하기	11+3	14
-	빼기	11-3	8
*	곱하기	11*3	33
/	나누기	11/3	3.666667
**	거듭제곱	11**3	1331
^	거듭제곱	11^3	1331
%/%	몫	11%/%3	3
%%	나머지	11%%3	2

R을 이용한 웹 크롤링과 텍스트 분석

3.2.2 산술 연산자 활용 예제

R Script

\# 산술연산자

11 + 3

> 11+3	[1] 14
입력후 실행	실행 결과

11 - 3

> 11-3	[1] 8
입력후 실행	실행 결과

11 * 3

> 11*3	[1] 33
입력후 실행	실행 결과

3.2.3 비교 연산자

비교 연산자(Relational Operator)는 두 개 값에 대한 비교로서 맞으면 TRUE, 맞지 않으면 FALSE를 반환한다. 비교 연산의 최종적인 결과가 갖는 값이다. 비교 연산자에는 크다, 크거나 같다, 작다, 작거나 같다, 같지 않다, 아니다가 있다.

연산자	설명	입력내용	결과 내용
〉	크다	3〉4	FALSE
〉=	크거나 같다	3〉=4	FALSE
〈	작다	3〈4	TRUE
〈=	작거나 같다	3〈=4	TRUE
==	같다	3==4	FALSE
!=	같지 않다	3!=4	TRUE

크거나 같다(〉=), 작거나 같다(〈=), 같다(==), 같지 않다(!=)라는 비교 연산자를 사용할 때에

주의할 점은 연산자 안에 공백이 있으면 에러(error)가 발생한다는 것이다. 즉 '크거나 같다'를 사용할 때에 '>공백='로 사용하면 안 된다.

3.2.4 비교 연산자 활용 예제

R Script	
# 비교연산자 3 > 4	

> 3 > 4	[1] FALSE
입력후 실행	실행 결과

4 > 3

> 4 > 3	[1] TRUE
입력후 실행	실행 결과

4 >= 3

> 4 >= 3	[1] TRUE
입력후 실행	실행 결과

3 == 4

> 3 == 4	[1] FALSE
입력후 실행	실행 결과

3 != 4

> 3 != 4	[1] TRUE
입력후 실행	실행 결과

3.2.5 할당 연산자

할당 연산자(Allocation Operator)는 어떤 객체의 이름(변수 이름, 데이터 이름)에 특정한 값을 저장할 때 사용하는 연산자이다.

연산자	설명	입력내용
<-	오른쪽의 값을 왼쪽의 이름에 저장함	x<-3
=	오른쪽의 값을 왼쪽의 이름에 저장함	y=4
->	왼쪽의 값을 오른쪽의 이름에 저장함	5->z

3.2.6 할당 연산자 활용 예제

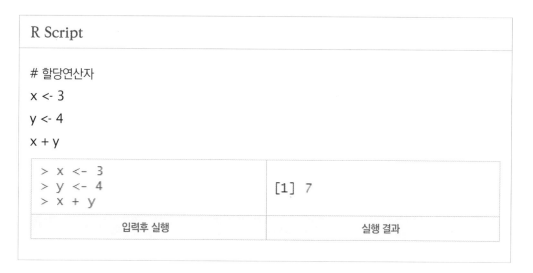

R Script

```
# 할당연산자
x <- 3
y <- 4
x + y
```

> x <- 3 > y <- 4 > x + y	[1] 7
입력후 실행	실행 결과

RStudio 프로그램의 왼쪽 하단을 보면 x, y, z라는 변수가 생성되었고, 각각의 값은 3, 4, 5임을 알려주고 있다. x, y, z에 무엇이 있는지를 일부러 새로운 명령어를 실행하지 않아도 알 수 있는 좋은 기능을 RStudio가 제공해 주고 있다.

3.2.7 논리 연산자

논리 연산자(Logical Operator)는 두 개 이상의 조건을 비교한다. &는 AND의 개념으로 두 개(또는 그 이상)의 조건을 동시에 만족할 때만 TRUE가 되는 논리 연산이다. &는 데이터가 하나인 스칼라(scalar)나 데이터가 두 개 이상을 가지는 벡터(vector)인 경우에도 작동한다.

&&는 AND의 개념으로 두 개(또는 그 이상)의 조건을 동시에 만족할 때만 TRUE가 되는 논리 연산이다. &&는 데이터가 하나인 스칼라인 경우에만 가능하며 벡터인 경우에는 벡터의 첫 번째만 작동하고 나머지는 작동하지 않는다.

|는 OR의 개념으로 두 개(또는 그 이상)의 조건 중에서 하나만 만족하여도 TRUE가 되는 논리 연산이다. |는 데이터가 하나인 스칼라나 벡터인 경우에도 작동한다.

||는 OR의 개념으로 두 개(또는 그 이상)의 조건 중에서 하나만 만족하여도 TRUE가 되는 논리 연산이다. ||는 데이터가 하나인 스칼라인 경우에만 가능하며 벡터인 경우에는 벡터의 첫 번째만 작동하고 나머지는 작동하지 않는다.

!는 NOT의 개념으로 지정된 조건의 결과를 반대(부정)하는 논리 연산이다. 조건이 TRUE는 최종 결과가 FALSE 되도록 하고, 조건이 FASLE이면 최종 결과가 TRUE 되도록 한다.

&, &&는 모든 조건이 참일 때에만 최종적인 결과가 TRUE가 되며, |, ||는 조건 중에서 하나라도 참이면 최종적인 결과가 TRUE가 된다. 하지만 조건에 벡터가 오면 &와 &&의 결과, 또는 |와 ||의 결과에는 차이가 있다.

연산자	설명	입력내용
&	AND	(조건1)&(조건2)
&&	AND	(조건1)&&(조건2)
|	OR	(조건1)|(조건2)
||	OR	(조건1)||(조건2)
!	NOT	!(조건)

3.2.8 논리 연산자 활용 예제

R Script

논리연산자: &, |, !
TRUE & TRUE

> # 논리연산자: &, |, ! > TRUE & TRUE	[1] TRUE
입력후 실행	실행 결과

TRUE & FALSE

> TRUE & FALSE	[1] FALSE
입력후 실행	실행 결과

c(TRUE,TRUE) & c(TRUE,FALSE)

> c(TRUE,TRUE) & c(TRUE,FALSE)	[1] TRUE FALSE
입력후 실행	실행 결과

c(TRUE,TRUE) && c(TRUE,FALSE)

> c(TRUE,TRUE) && c(TRUE,FALSE)	[1] TRUE
입력후 실행	실행 결과

TRUE | FALSE

> TRUE | FALSE	[1] TRUE
입력후 실행	실행 결과

TRUE || FALSE

> TRUE || FALSE	[1] TRUE
입력후 실행	실행 결과

---

c(TRUE,TRUE) | c(TRUE,FALSE)

> c(TRUE,TRUE) | c(TRUE,FALSE)	[1] TRUE TRUE
입력후 실행	실행 결과

c(TRUE,TRUE) || c(TRUE,FALSE)

> c(TRUE,TRUE) || c(TRUE,FALSE)	[1] TRUE
입력후 실행	실행 결과

! TRUE

> ! TRUE	[1] FALSE
입력후 실행	실행 결과

! FALSE

> ! FALSE	[1] TRUE
입력후 실행	실행 결과

3.2.9 주요 수학함수

함수명	설명	입력후 실행	실행 결과
abs()	절대값	> abs(-3)	[1] 3
sqrt()	제곱근	> sqrt(16)	[1] 4
pi	원주율	> pi	[1] 3.141593
sign()	부호	> sign(-3)	[1] -1
round()	반올림	> round(2.345, digits=2)	[1] 2.35
ceiling()	무조건 올림	> ceiling(2.3)	[1] 3
floor()	무조건 내림	> floor(2.7)	[1] 2

R을 이용한 웹 크롤링과 텍스트 분석

exp()	지수	> exp(10)	[1] 22026.47
log()	자연로그	> log(10)	[1] 2.302585
log10()	상용로그	> log10(10)	[1] 1
log2()	로그(2)	> log2(10)	[1] 3.321928
logb()	일반화 로그	> logb(10,base=3)	[1] 2.095903
factorial()	계승	> factorial(4)	[1] 24
choose()	조합	> choose(4,2)	[1] 6
prod()	곱	> prod(1:4)	[1] 24
sin()	사인(sine)	> sin(0.5)	[1] 0.4794255
cos()	코사인(cosine)	> cos(0.5)	[1] 0.8775826
tan()	탄젠트(tangent)	> tan(0.5)	[1] 0.5463025

3.3 데이터 유형

R에는 데이터의 유형(type of data)이 있다. 즉 데이터가 어떤 값으로 이루어져 있는가를 의미한다. 숫자로 되어 있는지, 문자로 되어 있는지 등을 말한다. 데이터 유형에는 기본적인 것과 특수한 형태로 구성되어 있다. 기본적인 데이터 유형이 많이 사용된다.

3.3.1 기본적인 데이터 유형

기본적인 데이터 유형에는 수치형, 문자형, 논리형, 복소수형이 있다. 이 중에서 수치형, 문자형, 논리형이 자주 사용되며, 복소수형은 수학 분야를 다룰 때에 사용할 것이다.

1. 수치형(numeric) : 숫자로 되어 있으며, 정수형(integer)과 실수형(double)이 있다.

2. 문자형(character) : 하나의 문자 또는 문자열로 되어 있다. "" 또는 ''로 묶여 있다.

3. 논리형(logical) : 참과 거짓의 논리값으로 TRUE(or T)이나 FALSE(or F)를 가진다.

4. 복소수형(complex) : 실수와 허수로 이루어진 복소수이다.

3.3.2 기본적인 데이터 유형 예제

R Script

```
# 기본적인 데이터 유형
x1 <- 3
x2 <- "Love is choice"
x3 <- FALSE
x4 <- 3-2i
```

> # 기본적인 데이터 유형
> x1 <- 3
> x2 <- "Love is choice"
> x3 <- FALSE
> x4 <- 3-2i
	Values
	  x1 3
	  x2 "Love is choice"
	  x3 FALSE
	  x4 3-2i

입력후 실행	실행 결과

3.3.3 특수 형태의 데이터 유형

특수한 형태의 데이터 유형은 다음과 같다.

1. **NULL** : 객체(object)로서 존재하지 않는 객체로 지정할 때 사용함.
2. **NA** : Not Available의 약자로 결측치(missing value)를 의미함.
3. **NaN** : Not available Number의 약자로 수학적으로 계산이 불가능한 수를 의미한다. 예를 들면 sqart(-3)로 음수에 대한 제곱근은 구할 수 없다.
4. **Inf** : Infinite의 양자로 양의 무한대이다.
5. **-Inf** : 음의 무한대이다.

3.3.4 특수 형태의 데이터 유형 예제

3.3.5 데이터의 유형을 알려주는 함수

데이터의 유형을 알려주는 함수에는 mode() 함수와 is로 시작하는 함수들이 있다. mode() 함수는 문자형 형태로 최종적인 결과를 알려준자. 즉 "numeric", "character", "logical", "complex" 중에 하나로 표현된다. is로 시작하는 함수들의 최종적인 결과는 TRUE 또는 FALSE 형태로 나타난다. mode() 함수는 x1에는 수치형이 있기 때문에 x1의 데이터 유형은 "numeric"이라고 알려준자. x2는 문자형이기 때문에 "character". x3은 논리형이기 때문에 "logical", x4sms 복소수형이기 때문에 "complex"라고 알려준다. 다음은 데이터 유형을 알려주는 is 로 시작하는 함수들이다.

함수명	설명	입력내용	결과 내용
is.numeric()	수치형 여부	is.numeric(데이터)	TRUE or FALSE
is.integer()	정수형 여부	is.integer(데이터)	TRUE or FALSE
is.double()	실수형 여부	is.double(데이터)	TRUE or FALSE
is.character()	문자형 여부	is.character(데이터)	TRUE or FALSE

함수명	설명	입력내용	결과 내용
is.logical()	논리형 여부	is.logical(데이터)	TRUE or FALSE
is.complex()	복소수형 여부	is.complex(데이터)	TRUE or FALSE
is.null()	NULL 여부	is.null(데이터)	TRUE or FALSE
is.na()	NA 여부	is.na(데이터)	TRUE or FALSE
is.finite()	유한 수치 여부	is.finite(데이터)	TRUE or FALSE
is.infinite()	유한 수치 여부	is.infinite(데이터)	TRUE or FALSE

3.3.6 데이터의 유형을 알려주는 함수 예제

R Script

```
# 데이터의 유형을 알려주는 함수
x1 <- 3
x2 <- "Love is choice"
x3 <- FALSE
x4 <- 3-2i

# mode()
mode(x1)
```

> mode(x1)	[1] "numeric"
입력후 실행	실행 결과

```
mode(x2)
```

> mode(x2)	[1] "character"
입력후 실행	실행 결과

```
mode(x3)
```

> mode(x3)	[1] "logical"
입력후 실행	실행 결과

R을 이용한 웹 크롤링과 텍스트 분석

mode(x4)

> mode(x4)	[1] "complex"
입력후 실행	실행 결과

데이터의 유형을 알려주는 함수

is.numeric(x1)

> is.numeric(x1)	[1] TRUE
입력후 실행	실행 결과

is.integer(x1)

> is.integer(x1)	[1] FALSE
입력후 실행	실행 결과

is.double(x1)

> is.double(x1)	[1] TRUE
입력후 실행	실행 결과

is.character(x2)

> is.character(x2)	[1] TRUE
입력후 실행	실행 결과

is.logical(x3)

> is.logical(x3)	[1] TRUE
입력후 실행	실행 결과

is.complex(x4)

> is.complex(x4)	[1] TRUE
입력후 실행	실행 결과

is.null(x1)	
> is.null(x1)	[1] FALSE
입력후 실행	실행 결과

is.na(x1)	
> is.na(x1)	[1] FALSE
입력후 실행	실행 결과

is.finite(x1)	
> is.finite(x1)	[1] TRUE
입력후 실행	실행 결과

is.infinite(x1)	
> is.infinite(x1)	[1] FALSE
입력후 실행	실행 결과

3.3.7 데이터의 유형의 우선순위

대표적인 네 가지 데이터 유형에는 우선순위가 있다. 이것은 5장에서 다룰 벡터와 같은 데이터에서 발생한다. 벡터는 하나의 유형만 가질 수 있다. 그러므로 벡터에 여러 가지의 유형을 넣어도 최종적인 결과에는 하나의 유형으로 변경된다. 네 가지 데이터 유형의 우선순위는 '문자형(character) > 복소수형(complex) > 수치형(numeric) > 논리형(logical)' 순이다.

데이터의 유형을 강제적으로 변환하는 함수는 다음과 같다.

함수명	설명	입력내용	결과 내용
as.numeric()	수치형으로 변환	as.numeric(데이터)	변환되거나 Error
as.integer()	정수형으로 변환	as.inreger(데이터)	변환되거나 Error
as.double()	실수형으로 변환	as.double(데이터)	변환되거나 Error

as.character()	문자형으로 변환	as.character(데이터)	변환되거나 Error
as.logical()	논리형으로 변환	as.logical(데이터)	변환되거나 Error
as.complex()	복소수형으로 변환	as.complex(데이터)	변환되거나 Error

3.3.8 데이터의 유형의 우선순위 활용(변환) 예제

R Script

\# 데이터 유형의 변환

\# as.numeric(), as.character()

x1

입력후 실행	실행 결과

```> # 데이터 유형의 변환```
```> # as.numeric(), as.character()```
```> x1```
	```[1] 3```

as.character(x1)

입력후 실행	실행 결과
```> as.character(x1)```	```[1] "3"```

x1

입력후 실행	실행 결과
```> x1```	```[1] 3```

x1 <- as.character(x1)

x1

입력후 실행	실행 결과
```> x1 <- as.character(x1)``` ```> x1```	```[1] "3"```

---

x2

> x2	[1] "Love is choice"
입력후 실행	실행 결과

as.numeric(x2)

> as.numeric(x2)	[1] NA 경고메시지(들): 강제형변환에 의해 생성된 NA 입니다
입력후 실행	실행 결과

y1 <- TRUE
y2 <- "TRUE"
mode(y1)

> y1 <- TRUE > y2 <- "TRUE" > mode(y1)	[1] "logical"
입력후 실행	실행 결과

mode(y2)

> mode(y2)	[1] "character"
입력후 실행	실행 결과

수치형인 것을 강제로 수치형으로 변환하면 입력 데이터가 그대로 출력되며 정수형, 실수형, 문자형, 논리형, 복소수형으로도 강제 변환이 가능하다. 그러나 위의 결과처럼 데이터 유형이 언제나 강제 변환되는 것은 아니다. x2에는 a라는 문자형 데이터를 저장하였다. 문자형을 수치형으로 변환하고자 할 경우에는 메시지가 발생한다.

데이터 유형 중 우선순위가 낮은 형태에서 높은 형태로는 아무런 문제없이 강제적으로 유형이 변환되지만, 우선순위가 높은 형태에서 낮은 형태로의 변환은 일부만 가능하다. 따라서 유형이 강제 변환되지 않을 수 있음을 유념하자.

참고문헌

김진성 (2020). 빅 데이터 분석을 위한 R 프로그래밍: 자료분석과 전처리. 통계분석, 기계학습.
　　가메

장기천, 강병진 (2015). R언어로 짜는 금융프로그래밍. 서울경제경영

조민호 (2016). 빅데이터 분석을 위한 R 프로그래밍. 정보문화사

서진수 (2015). R라뷰. 더알음

백영민 (2015). R를 이용한 사회과학데이터 분석. 커뮤니케이션북스

Chapter 4
데이터 종류 및 활용

데이터 종류 및 활용

INTRODUCTION

□ **학습목표**

R 프로그램 데이터 벡터, 매트릭스, 리스트, 데이터프레임을 학습한다.
데이터 형태를 이해한다.

□ **목차**

□ **주요 용어**

데이터 추출, 정렬, 데이터 합치기

□ **요약**

> • R 프로그램의 데이터의 종류(벡터, 매트릭스, 데이터프레임, 리스트)와 활용(불러오기, 데이터 추출, 정렬, 합치기, 저장)을 학습한다.

4.1 데이터 형태

R에서 객체는 데이터나 그래프를 의미한다. 여기서는 데이터로서의 객체를 소개한다. 데이터는 벡터(vector), 요인(factor), 데이터 프레임(data frame), 리스트(list) 등이 있다.

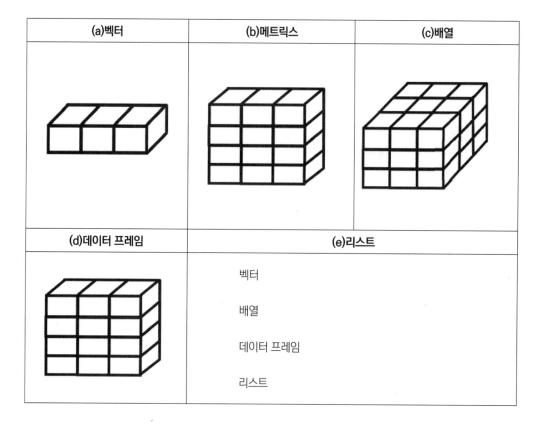

(a)벡터	(b)메트릭스	(c)배열

(d)데이터 프레임	(e)리스트

(e)리스트
벡터

배열

데이터 프레임

리스트

4.1.1 벡터 (Vector)

벡터는 스칼라(scalar)의 확장으로 한 개 이상의 데이터를 갖는다. 벡터는 하나의 열로 되어 있으며, 콘솔에 출력된 때에는 하나의 행으로 나타난다. 벡터는 데이터에 대한 통계분석이나 그래프를 작성할 때 사용되는 데이터 행태로서 가장 많이 활용된다. 여기서는 벡터를 생성하는 방법, 벡터의 속성 등을 다루도록 한다.

4.1.2 벡터의 생성

벡터를 생성하는 방법은 많다. 하지만 여기서는 대표적인 3가지 방법인 c(), :, seq()를 소개한다.

c() – Combine 함수 사용하기

c() 함수는 combine 또는 concatenate 의미를 갖으며, 벡터를 생성하는 가장 대표적인 방법이다. c() 함수는 내 가지 유형(수치형, 문자형, 논리형, 복소수형)에 적용할 수 있다. 즉 수치형 벡터, 문자형 벡터, 논리형 벡터, 복소수형 벡터를 생성할 수 있다. 그리고 규칙이 없는 데이터로 이루어진 벡터를 생성할 때 사용한다. 규칙이 있을 때에는 다른 기능을 이용한다. c() 함수를 사용하는 방법은 다음과 같다.

argument	설명
...	기본적으로는 스칼라가 들어가며, 스칼라와 스칼라 사이는 콤마로 구분한다. 또한 벡터도 들어갈 수 있다.

수치형 벡터인 v1, 문자형 벡터인 v2, 논리형 벡터인 v3을 생성하면 다음과 같다.

```
v1=c(3, 10, 12)
v2=c("Kim", "Lee", "Park")
v3=c(TRUE, FALSE, FALSE, FALSE)
```

v1은 3개의 수치형으로 이루어진 벡터이고, v2는 3개의 문자형, v3은 4개의 논리형으로 만들어진 벡터이다. 문자형이나 논리형으로 이루어진 벡터를 생성할 때에 초보자들이 가끔씩 실수하는 것이 있다. Kim처럼 큰따옴표를 생략하거나 "FALSE"에 큰따옴표를 사용하는 것이다. 문자형은 큰따옴표나 작은따옴표로 감싸야 하고, 논리형은 감싸지 않아야 함을 다시 상기하길 바란다.

c() 함수를 이용하면 여러 벡터를 하나로 합쳐서 하나의 새로운 벡터를 생성할 수도 있다. v1 벡터와 v2를 생성하고, c() 함수를 이용하여 v1, v2 벡터를 연결하여 v3이라는 새로운 벡터를

생성한다.

```
v1=c(1, 3, 5)
v2=c(10, 30, 50)
v3=c(v1, v2)
```

c() 함수는 벡터를 생성할 때에도 사용하지만 다른 데이터 형태에서 일부의 데이터를 추출할 때에도 사용한다. 규칙이 없는 특정한 행이나 열의 데이터를 추출할 때 사용한다.

4.1.3 벡터(Vector) 예제

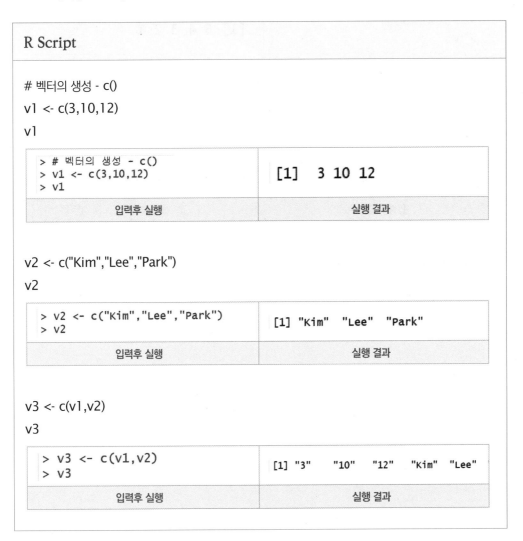

```
# 벡터의 생성 - :
v4 <- 1:5
v4
```

입력후 실행	실행 결과

```> # 벡터의 생성 - :```
```> v4 <- 1:5```
```> v4```
	[1] 1 2 3 4 5

```
v5 <- 5:1
v5
```

입력후 실행	실행 결과
```> v5 <- 5:1``` ```> v5```	**[1]** 5 4 3 2 1

```
# 벡터의 생성 - seq()
seq(from = 1, to = 5, by = 1)
```

입력후 실행	실행 결과
```> # 벡터의 생성 - seq()``` ```> seq(from = 1, to = 5, by = 1)```	**[1]** 1 2 3 4 5

```
seq(from = 1, to = 5, by = 0.5)
```

입력후 실행	실행 결과
```> seq(from = 1, to = 5, by = 0.5)```	[1] 1.0 1.5 2.0 2.5 3.0 3.5 4.0 4.5 5.0

```
seq(from = 5, to = 1, by = -1)
```

입력후 실행	실행 결과
```> seq(from = 5, to = 1, by = -1)```	**[1]** 5 4 3 2 1

콜론(:) 사용하기

콜론(:)은 수치형에만 적용되며, 1씩 증가되거나 1씩 감소되는 규칙이 있는 값으로 이루어진 벡터를 생성할 때 사용한다. start:end 구조로 사용하며, start, end는 숫자이고, start>end이면 1씩 감소되고, start<end이면 1씩 증가되며, start=end이면 start 또는 end가 된다. 시작은 무조건 start에서 시작go서 end를 넘지 않는다.

v1=1:5

start는 1, end는 5이고, start<end가 성립함으로 1씩 증가된다. start부터 시작해서 end를 넘지 않을 때까지 1씩 증가하는 수치형으로 이루어지는 벡터가 된다. 즉 1부터 시작해서 5를 넘지 않을 때까지 1씩 증가하는 수치형 벡터가 생성된다. v1은 1, 2, 3, 4, 5로 되어 있다.

v2=5:1

start는 5 end는 1이고, start>end가 성립함으로 1씩 증가된다. start부터 시작해서 end를 넘지 않을 때까지 1씩 감소하는 수치형으로 이루어지는 벡터가 된다. 즉 5부터 시작해서 1를 넘지 않을 때까지 1씩 감소하는 수치형 벡터가 생성된다. v2은 5, 4, 3, 2, 1로 되어 있다.

v3=-3.3:5

start는 -3.3, end는 5이고, start>end가 성립함으로 1씩 증가된다. start부터 시작해서 end를 넘지 않을 때까지 1씩 증가하는 수치형으로 이루어지는 벡터가 된다. 즉 -3.3부터 시작해서 5를 넘지 않을 때까지 1씩 증가하는 수치형 벡터가 생성된다. v1은 -3.3, -2.3, -1.3, -0.3, 0.7, 1.7, 2.7, 3.7, 4.7로 되어 있다.

v4=5:-3.3

start는 5, end는 -3.3이고, start<end가 성립함으로 1씩 감소된다. start부터 시작해서 end를 넘지 않을 때까지 1씩 감소하는 수치형으로 이루어지는 벡터가 된다. 즉 5부터 시작해서 -3.3를 넘지 않을 때까지 1씩 감소하는 수치형 벡터가 생성된다. v1은 5, 4, 3, 2, 1, 0, -1, -2, -3으로 되어 있다.

콜론(:)도 벡터를 생성할 때 사용하지만 다른 데이터 형태에서 연달아 있는 특정한 행이나 열의 데이터를 추출할 때 사용할 수 있다.

seq() 함수

seq() 함수는 sequence의 약자이며, 콜론(:)의 확장 또는 일반화이다. 즉 콜론(:)은 1씩 증가하거나 감소하는 수치형으로 이루어진 벡터를 생성하지만, seq() 함수는 1 이외의 증감이 되는 규칙 있는 수치형 벡터를 생성할 수 있다. seq() 함수의 사용방법은 다음과 같다.

argument	설명
from	시작값이다.
to	끝값이다.
by	얼마씩 증가 또는 감소시킬지를 정하는 단계값이다. 단, 감소시킬 경우에는 부호가 음수이어야 한다. 그렇지 않으면 에러(error)가 발생한다.

v1=seq(from=1, to=5, by=1)

1부터 시작해서 5를 넘지 않을 때까지 1씩 증가하는 수치형 벡터가 생성된다. v1은 1, 2, 3, 4, 5로 되어 있다.

v2=seq(from=1, to=5, by=0.5)

1부터 시작해서 5를 넘지 않을 때까지 0.5씩 증가하는 수치형 벡터가 생성된다. v2는 1.0, 1.5, 2.0, 2.5, 3.0, 3.5, 4.0, 4.5, 5.0으로 되어 있다.

v3=seq(from=5, to=1, by=0.5)

5부터 시작해서 1을 넘지 않을 때까지 0.5씩 감소시키고 싶지만, by의 부호가 양수이기 때문에 에러(error)가 발생한다.

v3=seq(from=5, to=1, by=−0.5)

5부터 시작해서 1을 넘지 않을 때까지 0.5씩 감소하는 수치형 벡터가 생성된다. v3은 5.0, 4.5, 4.0, 3.5, 3.0, 2.5, 2.0, 1.5, 1.0으로 되어 있다.

참고로 seq() 함수에는 from, to, by라는 argument가 있다. R을 사용하면서 함수에 있는 argument는 가능하면 생략하지 않고 쓰길 바란다. 그래서 함수 안에 있는 값들이 무엇인지 알 수 있도록 하는 것이 본인에게도, 코드를 보게 될 다른 사람에게도 도움이 될 것이다.

argument의 순서는 문법에 영향을 주지 않지만 최대한 순서를 중요하게 생각해서 작성하는 것을 추천한다.

4.1.4 벡터의 속성

벡터의 속성으로 벡터가 가지는 데이터의 유형, 데이터의 개수, 데이터의 이름을 알아내거나 데이터의 이름의 경우에는 새롭게 지정할 수 있다.

4.1.5 벡터의 속성 예제

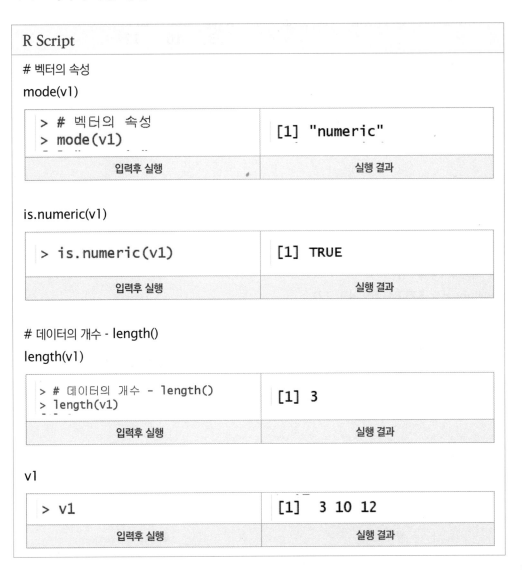

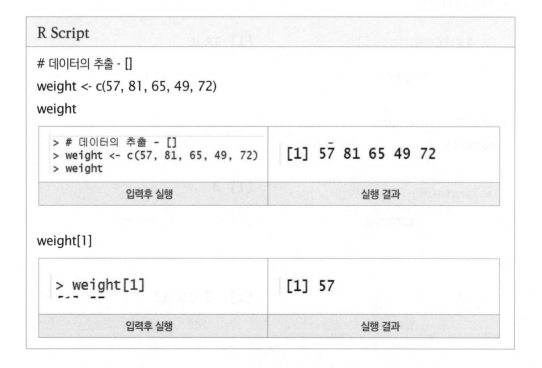

```
# 데이터의 이름 - names()
names(v1)
```

입력후 실행	실행 결과
> # 데이터의 이름 - names() > names(v1)	NULL

```
names(v1) <- c("Kim","Lee","Park")
v1
```

입력후 실행	실행 결과
> names(v1) <- c("Kim","Lee","Park") > v1	Kim Lee Park 3 10 12

또한, 벡터가 가지는 데이터 중에서 일부를 추출할 수도 있다.

4.1.6 벡터의 데이터 중 일부 추출 예제

R Script

```
# 데이터의 추출 - []
weight <- c(57, 81, 65, 49, 72)
weight
```

입력후 실행	실행 결과
> # 데이터의 추출 - [] > weight <- c(57, 81, 65, 49, 72) > weight	[1] 57 81 65 49 72

```
weight[1]
```

입력후 실행	실행 결과
> weight[1]	[1] 57

weight[2]

> weight[2]	[1] 81
입력후 실행	실행 결과

weight[2:4]

> weight[2:4]	[1] 81 65 49
입력후 실행	실행 결과

weight[c(3,4,5)]

> weight[c(3,4,5)]	[1] 65 49 72
입력후 실행	실행 결과

weight[-c(3,4,5)]

> weight[-c(3,4,5)]	[1] 57 81
입력 후 실행	실행 결과

4.1.7 요인 (Factor)

R Script
#요인
bt = c("A","O","A","AB","O","B")
bt

> bt = c("A","O","A","AB","O","B") > bt	[1] "A" "O" "A" "AB" "O" "B"
입력후 실행	실행 결과

```
bt_factor = factor(bt)
bt_factor
```

입력후 실행	실행 결과
> bt_factor = factor(bt) > bt_factor	[1] A O A AB O B Levels: A AB B O

```
levels(bt_factor)
```

입력후 실행	실행 결과
> levels(bt_factor)	[1] "A" "AB" "B" "O"

```
levels(bt_factor) = c("A형","AB형","B형","O형")
bt_factor
```

입력후 실행	실행 결과
> levels(bt_factor) = c("A형","AB형","B형","O형") > bt_factor	[1] A형 O형 A형 AB형 O형 B형 Levels: A형 AB형 B형 O형

4.1.8 리스트 (List)

R Script

```
#리스트
s1 = 10
v1 = 1:10
m1 = matrix(1:4, nrow=2, ncol=2)
a1 = array(1:8, dim=c(2,2,2))
df1 = data.frame(id=1:3, age=c(20,30,40))
f1 = factor(c("A","O","A","AB","O","B"))
result = list(s1, v1, m1, a1, df1, f1)
```

result

> #리스트
>
> result
	`[[1]]`
	`[1] 10`
	
	`[[2]]`
	`[1]  1  2  3  4  5  6  7  8  9 10`
	
	`[[3]]`
	`     [,1] [,2]`
	`[1,]   1    3`
	`[2,]   2    4`
	
	`[[5]]`
	`  id age`
	`1  1  20`
	`2  2  30`
	`3  3  40`
	
	`[[6]]`
	`[1] A  O  A  AB O  B`
	`Levels: A AB B O`

입력후 실행	실행 결과

result[2]

> result[2]	`[[1]]` `[1]  1  2  3  4  5  6  7  8  9 10`
입력후 실행	실행 결과

result[[2]]

> result[[2]]	`[1]  1  2  3  4  5  6  7  8  9 10`
입력후 실행	실행 결과

4.1.9 데이터 프레임

데이터프레임의 속성

# 행의개수 - nrow()
nrow(diamonds)

입력후 실행	실행 결과
> # 행의개수 - nrow() > nrow(diamonds)	[1] 53940

# 열의개수 - ncol()
ncol(diamonds)

입력후 실행	실행 결과
> # 열의개수 - ncol() > ncol(diamonds)	[1] 10

# 행의이름 - rownames()
rownames(diamonds)

입력후 실행	실행 결과
> # 행의이름 - rownames() > rownames(diamonds)	[1] "1" "2" "3" "4" "5" "6" "7" "8" [9] "9" "10" "11" "12" "13" "14" "15" "16" [17] "17" "18" "19" "20" "21" "22" "23" "24" [25] "25" "26" "27" "28" "29" "30" "31" "32" [33] "33" "34" "35" "36" "37" "38" "39" "40"

# 열의이름 - colnames()
colnames(diamonds)

입력후 실행	실행 결과
> # 열의이름 - colnames() > colnames(diamonds)	[1] "carat" "cut" "color" "clarity" "depth" "table" [7] "price" "x" "y" "z"

차원 - dim()

dim(diamonds)

입력후 실행	실행 결과
> # 차원 - dim() > dim(diamonds)	[1] 53940 10

데이터의 구조 - str()

str(diamonds)

입력후 실행	실행 결과

> # 데이터의 구조 - str()
> str(diamonds)
	'data.frame': 53940 obs. of 10 variables:
	$ carat : num 0.23 0.21 0.23 0.29 0.31 0.24 0.24 0.26 0.22 0.23
	...
	$ cut : Ord.factor w/ 5 levels "Fair"<"Good"<..: 5 4 2 4 2 3 3
	3 1 3 ...
	$ color : Ord.factor w/ 7 levels "D"<"E"<"F"<"G"<..: 2 2 2 6 7 7
	6 5 2 5 ...
	$ clarity: Ord.factor w/ 8 levels "I1"<"SI2"<"SI1"<. : 2 3 5 4 2

summary(diamonds)

입력후 실행	실행 결과
> summary(diamonds)	carat cut color clarity Min. :0.2000 Fair : 1610 D: 6775 SI1 :13065 1st Qu.:0.4000 Good : 4906 E: 9797 VS2 :12258 Median :0.7000 Very Good:12082 F: 9542 SI2 : 9194 Mean :0.7979 Premium :13791 G:11292 VS1 : 8171 3rd Qu.:1.0400 Ideal :21551 H: 8304 VVS2 : 5066

4.2 외부 데이터 읽어오기

4.2.1 외부 데이터 읽어오기 예제

R Script

```
# 외부데이터 읽어오기
# 1. 텍스트 데이터
# text - read.table
# 구분자: 공백
rblank = read.table(file = "C:/folder/file.txt", header = TRUE, sep = " ")
# 구분자: 콤마
rcomma = read.table(file = "C:/folder/file.txt", header = TRUE, sep = ",")
# 구분자: 탭
rtab = read.table(file = "C:/folder/file.txt", header = TRUE, sep = "\t")
# 2. CSV 데이터
# CSV - read.csv()
example1 <- read.csv(file = "C:/folder/file.csv", header = TRUE)
example1
# 3. 엑셀 데이터
# excel - read_excel
install.packages("readxl")
library(readxl)
example2 <- read_excel(path = "C:/folder/file.xls",
                sheet = "Sheet1", col_names = TRUE)
```

File Edit Code View Plots Session Build Debug Profile Tools Help

```
1  # 외부데이터 읽어오기
2
3  # text - read.table
4  # 구분자: 공백
5  rblank = read.table(file = "C:/folder/file.txt", header = TRUE, sep = " ")
6  # 구분자: 컴마
7  rcomma = read.table(file = "C:/folder/file.txt", header = TRUE, sep = ",")
8  # 구분자: 탭
9  rtab = read.table(file = "C:/folder/file.txt", header = TRUE, sep = "\t")
10
11 # CSV - read.csv()
12 example1 <- read.csv(file = "C:/folder/file.csv", header = TRUE)
13 example1
14
15 # excel - read_excel
16 install.packages("readxl")
17 library(readxl)
18 example2 <- read_excel(path = "C:/folder/file.xls",
19                        sheet = "Sheet1", col_names = TRUE)
```

코드 입력 후 실행

데이터 핸들링

install.packages("ggplot2")

library(ggplot2)

ggplot2::diamonds

입력후 실행	실행 결과
> ggplot2::diamonds	# A tibble: 53,940 x 10 carat cut color clarity depth table price x y <dbl> <ord> <ord> <ord> <dbl> <dbl> <int> <dbl> <dbl> 0.23 Ideal E SI2 61.5 55 326 3.95 3.98 0.21 Prem~ E SI1 59.8 61 326 3.89 3.84 0.23 Good E VS1 56.9 65 327 4.05 4.07 0.290 Prem~ I VS2 62.4 58 334 4.2 4.23 0.31 Good J SI2 63.3 58 335 4.34 4.35 0.24 Very~ J VVS2 62.8 57 336 3.94 3.96 0.24 Very~ I VVS1 62.3 57 336 3.95 3.98 0.26 Very~ H SI1 61.9 55 337 4.07 4.11

diamonds <- as.data.frame(ggplot2::diamonds)

diamonds

입력후 실행	실행 결과
> diamonds <- as.data.frame(ggplot2::diamonds) > diamonds	carat cut color clarity depth table price x 1 0.23 Ideal E SI2 61.5 55.0 326 3.95 2 0.21 Premium E SI1 59.8 61.0 326 3.89 3 0.23 Good E VS1 56.9 65.0 327 4.05 4 0.29 Premium I VS2 62.4 58.0 334 4.20 5 0.31 Good J SI2 63.3 58.0 335 4.34 6 0.24 Very Good J VVS2 62.8 57.0 336 3.94 7 0.24 Very Good I VVS1 62.3 57.0 336 3.95 8 0.26 Very Good H SI1 61.9 55.0 337 4.07

4.3 데이터 추출하기

4.3.1 데이터의 일부 보기 예제

R Script

\# 데이터 추출하기

\# 데이터의 일부보기 - head(), ta6il()

head(diamonds)

```
> # 데이터 추출하기 - [행,열]      carat        cut color clarity depth table price    x    y
> # 데이터의 일부보기 - head(),  1  0.23    Ideal    E   SI2  61.5   55   326 3.95 3.98
  tail()                       2  0.21  Premium    E   SI1  59.8   61   326 3.89 3.84
> head(diamonds)              3  0.23     Good    E   VS1  56.9   65   327 4.05 4.07
                              4  0.29  Premium    I   VS2  62.4   58   334 4.20 4.23
                              5  0.31     Good    J   SI2  63.3   58   335 4.34 4.35
```

| 입력후 실행 | 실행 결과 |

---

head(diamonds, n = 10)

```
> head(diamonds, n = 10)        carat       cut color clarity depth table price    x    y
                               1  0.23    Ideal    E   SI2  61.5   55   326 3.95 3.98
                               2  0.21  Premium    E   SI1  59.8   61   326 3.89 3.84
                               3  0.23     Good    E   VS1  56.9   65   327 4.05 4.07
                               4  0.29  Premium    I   VS2  62.4   58   334 4.20 4.23
```

| 입력후 실행 | 실행 결과 |

---

tail(diamonds)

```
> tail(diamonds)                    carat        cut color clarity depth table price    x    y
                              53935  0.72  Premium    D   SI1  62.7   59  2757 5.69 5.73
                              53936  0.72    Ideal    D   SI1  60.8   57  2757 5.75 5.76
                              53937  0.72     Good    D   SI1  63.1   55  2757 5.69 5.75
                              53938  0.70 very Good    D   SI1  62.8   60  2757 5.66 5.68
```

| 입력후 실행 | 실행 결과 |

4.3.2 열 추출하기

R Script

\# 데이터 추출하기 - [행,열]

\# 열 추출하기

---

diamonds[,3]

> diamonds[,3]	[1] E E E I J J I H E H J J F J E E I J J J I E H J J G I J [30] F F F E E D F E H D I I J D D H F H H E H F G I E D I J [59] I I I D D D I G I G G E D H H H F E D D E E D E I E G [88] H H I E E G E G E F F E H D E G G I G G I F E F E I G F [117] E E E E G E G E F F H D H H D C I E F H C C D F
입력후 실행	실행 결과

diamonds[,2:5]

> diamonds[,2:5]	cut color clarity depth 1 Ideal E SI2 61.5 2 Premium E SI1 59.8 3 Good E VS1 56.9 4 Premium I VS2 62.4
입력후 실행	실행 결과

diamonds[,c("cut", "color")]

> diamonds[,c("cut", "color")]	cut color 1 Ideal E 2 Premium E 3 Good E 4 Premium I
입력후 실행	실행 결과

4.3.3 행 추출하기

R Script
데이터 추출하기 - [행,열]
행 추출하기
diamonds[1,]

> # 데이터 추출하기 - [행,열] > # 행 추출하기 > diamonds[1,]	carat cut color clarity depth 1 0.23 Ideal E SI2 61.5
입력후 실행	실행 결과

diamonds$cut

> diamonds$cut	[1] Ideal Premium Good Premium Good [6] Very Good Very Good Very Good Fair Very Good [11] Good Ideal Premium Ideal Premium
입력후 실행	실행 결과

```
diamonds[diamonds$cut == "Good",]
```

입력후 실행	실행 결과
`> diamonds[diamonds$cut == "Good",]`	``` carat cut color clarity depth table price x y z
3   0.23 Good E   VS1   56.9 65.0 327   4.05 4.07 2.31
5   0.31 Good J   SI2   63.3 58.0 335   4.34 4.35 2.75
11   0.30 Good J   SI1   64.0 55.0 339   4.25 4.28 2.73
18   0.30 Good J   SI1   63.4 54.0 351   4.23 4.29 2.70```

```
diamonds[diamonds$price >= 10000,]
```

입력후 실행	실행 결과
`> diamonds[diamonds$price >= 10000,]`	``` carat cut color clarity depth table price x
21928   1.51   Good   H   VS2   64.0 59.0 10000 7.25
21929   1.70   Ideal   J   VS2   60.5 58.0 10002 7.73
21930   1.03   Ideal   E   VVS2   60.6 59.0 10003 6.50
21931   1.23 Very Good   G   VVS2   60.6 55.0 10004 6.93```

```
diamonds[diamonds$cut == "Good"&diamonds$price >= 10000,]
```

입력후 실행	실행 결과
`> diamonds[diamonds$cut == "Good"&diamonds$price >= 10000,]`	``` carat cut color clarity depth table price x y z
21928   1.51 Good H   VS2   64.0 59.0 10000 7.25 7.19 4.62
21967   1.50 Good G   VS1   63.6 57.0 10036 7.23 7.14 4.57
22011   1.52 Good H   SI1   63.6 57.0 10078 7.30 7.25 4.63```

4.3.4 행과열 추출하기

R Script

데이터 추출하기 - [행,열]

행과열 추출하기

```
diamonds[diamonds$cut == "Good", 1:3]
```

입력후 실행	실행 결과
``> # 데이터 추출하기 - [행,열]
> # 행과열 추출하기
> diamonds[diamonds$cut == "Good", 1:3]```	``` carat cut color
3   0.23 Good E
5   0.31 Good J
11   0.30 Good J
18   0.30 Good J```

R을 이용한 웹 크롤링과 텍스트 분석

4.3.5 데이터 정렬하기

R Script

데이터 정렬하기 - sort(), order()

age <- c(32, 27, 40, 15)

age

입력후 실행	실행 결과

`> # 데이터 정렬하기 - sort(), order()`
`> age <- c(32, 27, 40, 15)`
`> age`
	`[1] 32 27 40 15`

sort(age)

입력후 실행	실행 결과
`> sort(age)`	`[1] 15 27 32 40`

sort(age, decreasing = TRUE)

입력후 실행	실행 결과
`> sort(age, decreasing = TRUE)`	`[1] 40 32 27 15`

order(age)

입력후 실행	실행 결과
`> order(age)`	`[1] 4 2 1 3`

age[order(age)]

입력후 실행	실행 결과
`> age[order(age)]`	`[1] 15 27 32 40`

4.4 데이터 합치기

4.4.1 rbind() 함수 이용

R Script

# 데이터 합치기
# 행 합치기 - rbind()
df1 <- data.frame(id = 1:3, gender = c("M","M","F"), age = c(10,20,30))
df1

> # 데이터 합치기 > # (1) 행 합치기 - rbind() > df1 <- data.frame(id = 1:3, gender = c("M","M","F"), age = c(10,2 0,30)) > df1	id gender age 1 1 M 10 2 2 M 20 3 3 F 30
입력후 실행	실행 결과

df2 <- data.frame(id = 4:5, gender = c("F","F"), age = c(40,50))
df2

> df2 <- data.frame(id = 4:5, gender = c("F","F"), age = c(40,50)) > df2	id gender age 1 4 F 40 2 5 F 50
입력후 실행	실행 결과

rbind(df1,df2)

> rbind(df1,df2)	id gender age 1 1 M 10 2 2 M 20 3 3 F 30 4 4 F 40 5 5 F 50
입력후 실행	실행 결과

4.4.2 merge( ) 함수 이용

R Script

데이터 합치기

열 합치기 - merge()

df3 <- data.frame(id = 1:3, gender = c("M","M","F"))

df3

``` > # 데이터 합치기 > # 열 합치기 - merge() > df3 <- data.frame(id = 1:3, gender = c("M","M","F")) > df3 ```	``` id gender 1 1 M 2 2 M 3 3 F ```
입력후 실행	실행 결과

df4 <- data.frame(id = c(1,2,4,5), age = c(10,20,40,50))

df4

``` > df4 <- data.frame(id = c(1,2,4,5), age = c(10,20,40,50)) > df4 ```	``` id age 1 1 10 2 2 20 3 4 40 4 5 50 ```
입력후 실행	실행 결과

inner join

merge(x = df3, y = df4, by = "id")

``` > # inner join > merge(x = df3, y = df4, by = "id") ```	``` id gender age 1 1 M 10 2 2 M 20 > ```
입력후 실행	실행 결과

full join

merge(x = df3, y = df4, by = "id", all = TRUE)

입력후 실행	실행 결과
```> # full join > merge(x = df3, y = df4, by = "id", all = TRUE)```	``` id gender age 1 1 M 10 2 2 M 20 3 3 F NA 4 4 <NA> 40 5 5 <NA> 50```

\# left join, right join

merge(x = df3, y = df4, by = "id", all.x = TRUE)

입력후 실행	실행 결과
```> # left join, right join > merge(x = df3, y = df4, by = "id", all.x = TRUE)```	``` id gender age 1 1 M 10 2 2 M 20 3 3 F NA```

merge(x = df3, y = df4, by = "id", all.y = TRUE)

입력후 실행	실행 결과
```> merge(x = df3, y = df4, by = "id", all.y = TRUE)```	``` id gender age 1 1 M 10 2 2 M 20 3 4 <NA> 40 4 5 <NA> 50```

참고문헌

박인용, 김건섭 (2019). 사회 과학 연구를 위한 R 프로그래밍. 부크크(Bookk)

박찬성, 우현종, 김희석 (2015). 통계와 R을 함께 배우는 R까기2: R 입문용. 느린생각

이광옥, 조영주, 임희경, 유소월 (2019). 빅데이터 R로 보기. 연두에디션

임종섭 (2020). 뉴스 프레임과 의제의 자동 추출과 해석 모형, 서울: 서강대학교출판부.

RStudio 따라잡기, Mark van der Loo, 에이콘출판사(2013)

https://support.rstudio.com/hc/en-us/articles/200549016-Customizing-RStudio

Chapter 5
기초통계

INTRODUCTION

□ **학습목표**

R을 이용한 기초통계(T-test, ANOVA, Regression)

R Studio를 활용한 통계, 실행, 결과 보고

R 프로그램 실행과 기초통계의 이해

□ **목차**

□ **주요 용어**

T-test, ANOVA, Regression

□ **요약**

- R 프로그램을 이용해 기초통계 및 중급통계 수준의 실행을 통해 프로그램을 이해한다.
- T-test, ANOVA, Regression 분석 실행 방법을 이해한다.

5.1 기초통계 및 T-test

5.1.1 기초통계에 대한 이해

범주형 변수 데이터에 대한 정리 방법으로는 숫자 요약인 빈도표과 그래프 요약인 파이 차트, 막대 그래프가 이용된다. 수치형 변수에 대한 숫자 요약은 일반적으로 자료의 중앙 위치와 자료의 흩어진 정도를 나타내는 두 개의 값으로 축약된다. 즉, 크기 n인 자료의 정보가 두 개의 숫자로 축약(data reduction) 된다. 자료의 중앙 위치에 대한 통계량은 평균이나 중앙값이 있고 흩어진 정도를 측정하는 통계량으로는 표준 편차, 범위, IQR(Interquartile Range : 변산도의 일종으로 분포의 양 끝 ¼을 제외한 범위이다) 등이 있다. 평균은 표준 편차와 중앙값은 범위나 IQR과 함께 발표되며 이들을 기초 통계량(elementary statistic)이라 한다.

수치형 변수에 대한 그래프 방법으로는 히스토그램(histogram), 줄기-잎 그림(stem and leaf plot), 상자-수염 그림(box-whisker plot) 등이 있는데 가장 유용한 것은 상자-수염 그림이다. 설문 조사 데이터의 경우 수치형 변수는 (1) 측정 가능한 것에 대한 개방형 문항(예: 소득, 연령)이나 (2) 리커드 척도 문항이다. 리커드 척도 문항의 경우 1-5점으로 계량화하여 수치형 변수 분석 방법을 사용하기도 하지만 빈도분석(만족 혹은 불만족 비율)만으로 보고서를 작성하기도 한다.

5.1.2 기초통계 및 T-test 예제

R Script

```
# 사전 설치패키지.
# install.packages('TeachingDemos')
## 데이터
library(MASS)
head(survey)
```

	Sex	Wr.Hnd	NW.Hnd	W.Hnd	Fold	Pulse	Clap	Exer	Smoke	Height	M.I
	Age										
1 Female	18.5	18.0	Right	R on L		92	Left	Some	Never	173.00	Metric
18.250											
2 Male	19.5	20.5	Left	R on L		104	Left	None	Regul	177.80	Imperial
17.583											
3 Male	18.0	13.3	Right	L on R		87	Neither	None	Occas	NA	<NA>
16.917											
4 Male	18.8	18.9	Right	R on L		NA	Neither	None	Never	160.00	Metric
20.333											
5 Male	20.0	20.0	Right	Neither		35	Right	Some	Never	165.00	Metric
23.667											
6 Female	18.0	17.7	Right	L on R		64	Right	Some	Never	172.72	Imperial
21.000											

```
> #사전 설치패키지.
> #install.packages('TeachingDemos')
> ## 데이터
> library(MASS)
>
> head(survey)
```

입력후 실행	실행 결과

height.response = na.omit(survey$Height)

sigma=9.48   # (known) population standard deviation

library(TeachingDemos) # before this, you should install the package 'TeachingDemos' first

z.test(height.response, mu=160,sd=sigma)

```
> height.response = na.omit(survey$Height)
>
> sigma=9.48          # (known) population standard deviation
> library(TeachingDemos) # before this, you should install the package 'Teach
ingDemos' first
> z.test(height.response, mu=160,sd=sigma)
```

```
        One Sample z-test

data:  height.response
z = 18.881, n = 209.00000, Std. Dev. = 9.48000, Std. Dev. of the sample mean
=
0.65575, p-value < 2.2e-16
alternative hypothesis: true mean is not equal to 160
95 percent confidence interval:
 171.0956 173.6661
sample estimates:
mean of height.response
         172.3809
```

입력후 실행	실행 결과

\# [사례 1] $\mu = 170$인가 또는 $\mu > 170$인가를 판단하고자 하는 경우

\# $H_0 : \mu = 170$(고등학생들의 평균 수학점수가 170이다)

\# $H_1 : \mu > 170$(고등학생들의 평균 수학점수가 170보다 크다)

\# [사례 2] $\mu_1 = \mu_2$인가 또는 $\mu_1 \neq \mu_2$인가를 판단하고자 하는 경우

\# $H_0 : \mu_1 = \mu_2$(초등학교 남학생과 여학생의 평균 키가 같다)

\# $H_1 : \mu_1 \neq \mu_2$(초등학교 남학생과 여학생의 평균 키가 같지 않다)

t.test(height.response, mu=170)

> t.test(height.response, mu=170)	One Sample t-test data: height.response t = 3.4953, df = 208, p-value = 0.0005787 alternative hypothesis: true mean is not equal to 170 95 percent confidence interval: 171.0380 173.7237 sample estimates: mean of x 172.3809
입력후 실행	실행 결과

n=length(height.response)

sigma=9.48   #(known) population standard deviation

sem=sigma/sqrt(n);sem   #standard error of the mean

E=qnorm(.975)*sem;E   #margin of error

xbar=mean(height.response) #sample mean

xbar+c(-E,E)

```
> n=length(height.response)
> sigma=9.48                    #(known) population standard deviation
> sem=sigma/sqrt(n);sem              #standard error of the mean
[1] 0.6557453
> E=qnorm(.975)*sem;E          #margin of error
[1] 1.285237
> xbar=mean(height.response)  #sample mean
> xbar+c(-E,E)
[1] 171.0956 173.6661
```

입력후 실행 & 결과

n=length(height.response)

s=sd(height.response)   #sample standard deviation

SE=s/sqrt(n);sem   #standard error estimate

E=qt(.975,df=n-1)*SE;E   #margin of error

xbar=mean(height.response) #sample mean

xbar+c(-E,E)

```
> n=length(height.response)
> s=sd(height.response)      #sample standard deviation
> SE=s/sqrt(n);sem           #standard error estimate
[1] 0.6557453
> E=qt(.975,df=n-1)*SE;E         #margin of error
[1] 1.342878
> xbar=mean(height.response)  #sample mean
> xbar+c(-E,E)
[1] 171.0380 173.7237
```

입력후 실행 & 결과

library(MASS)

gender.response=na.omit(survey$Sex)

n=length(gender.response)

k=sum(gender.response=="Female")

pbar=k/n;pbar

| ```
> library(MASS)
> gender.response=na.omit(survey$Sex)
> n=length(gender.response)
> k=sum(gender.response=="Female")
> pbar=k/n;pbar
``` | `[1] 0.5` |
| --- | --- |
| 입력후 실행 | 실행 결과 |

prop.test(k,n)

| `> prop.test(k,n)` | ```
        1-sample proportions test without continuity correction

data:  k out of n, null probability 0.5
X-squared = 0, df = 1, p-value = 1
alternative hypothesis: true p is not equal to 0.5
95 percent confidence interval:
 0.4367215 0.5632785
sample estimates:
  p
0.5
``` |
| --- | --- |
| 입력후 실행 | 실행 결과 |

gender.response=na.omit(survey$Sex)

n=length(gender.response)

k=sum(gender.response=="Female")

pbar=k/n;pbar

SE=sqrt(pbar*(1-pbar)/n);SE

E=qnorm(.975)*SE;E

pbar+c(-E,E)

```
> gender.response=na.omit(survey$Sex)
> n=length(gender.response)
> k=sum(gender.response=="Female")
> pbar=k/n;pbar
[1] 0.5
> SE=sqrt(pbar*(1-pbar)/n);SE
[1] 0.03254723
> E=qnorm(.975)*SE;E
[1] 0.06379139
> pbar+c(-E,E)
[1] 0.4362086 0.5637914
```
입력후 실행 & 결과

var.interval=function(data,conf.level=0.9){

df=length(data)-1

chilower=qchisq((1-conf.level)/2,df)

chiupper=qchisq((1-conf.level)/2,df,lower.tail=FALSE)

v=var(data)

c(df*v/chiupper,df*v/chilower)

}

x=c(59, 54, 53, 52, 51, 39, 49, 46, 49, 48)

var.interval(x)

sqrt(var.interval(x))

```
> var.interval=function(data,conf.level=0.9){
+    df=length(data)-1
+    chilower=qchisq((1-conf.level)/2,df)
+    chiupper=qchisq((1-conf.level)/2,df,lower.tail=FALSE)
+    v=var(data)
+    c(df*v/chiupper,df*v/chilower)
+ }
> x=c(59, 54, 53, 52, 51, 39, 49, 46, 49, 48)
> var.interval(x)
[1] 15.01273 76.38838
> sqrt(var.interval(x))
[1] 3.874626 8.740045
```
입력후 실행 & 결과

$\#H_0 : \mu_1 = \mu_2$ (두 집단의 평균은 같다)

$\#$ $H_1 : \mu_1 > \mu_2$ (유형1 : 모집단 1의 평균이 모집단 2의 평균보다 크다)

\# $H_1 : \mu_1 < \mu_2$ (유형2 : 모집단 2의 평균이 모집단 1의 평균보다 크다)

\# $H_1 : \mu_1 \neq \mu_2$ (유형3 : 모집단 1의 평균이 모집단 2의 평균과 다르다)

pre=c(77,56,64,60,57,53,72,62,65,66)

pos=c(88,74,83,68,58,50,67,64,74,60)

t.test(pre,pos,paired=T,alt="less")

입력후 실행	실행 결과
| ```
> pre=c(77,56,64,60,57,53,72,62,65,66)
> pos=c(88,74,83,68,58,50,67,64,74,60)
> t.test(pre,pos,paired=T,alt="less")
``` | ```
        Paired t-test

data:  pre and pos
t = -1.8904, df = 9, p-value = 0.04564
alternative hypothesis: true difference in means is less than 0
95 percent confidence interval:
      -Inf -0.1635821
sample estimates:
mean of the differences
                  -5.4
``` |


x=c(284,279,289,292,287,295,285,279,306,298)

y=c(298,307,297,279,291,335,299,300,306,291)

t.test(x,y,var.equal=T,alt="two.sided")

입력후 실행	실행 결과
| ```
> x=c(284,279,289,292,287,295,285,279,306,298)
> y=c(298,307,297,279,291,335,299,300,306,291)
> t.test(x,y,var.equal=T,alt="two.sided")
``` | ```
        Two Sample t-test

data:  x and y
t = -2.034, df = 18, p-value = 0.05696
alternative hypothesis: true difference in means is not equal to 0
95 percent confidence interval:
 -22.1584072   0.3584072
sample estimates:
mean of x mean of y
    289.4     300.3
``` |


prop.test(x=c(560,570),n=c(1000,1200),conf.level=0.95)

입력후 실행	실행 결과
| ```
> prop.test(x=c(560,570),n=c(1000,1200),conf.level=0.95)
``` | ```
        2-sample test for equality of proportions with continuity correction

data:  c(560, 570) out of c(1000, 1200)
X-squared = 15.437, df = 1, p-value = 8.53e-05
alternative hypothesis: two.sided
95 percent confidence interval:
 0.04231207 0.12768793
sample estimates:
prop 1 prop 2
 0.560  0.475
``` |


\# 대응표본 t검정의 가설은 다음과 같다.

\# $H_0 : \mu_1 = \mu_2$ (두 변수의 평균은 같다)

\# $H_1 : \mu_1 > \mu_2$ (유형1 : 변수 1의 평균이 변수 2의 평균보다 크다)

R을 이용한 웹 크롤링과 텍스트 분석

```
#     H1 : μ1 < μ2 (유형2 : 변수 2의 평균이 변수 1의 평균보다 크다)
#     H1 : μ1 ≠ μ2 (유형3 : 변수 1의 평균이 변수 2의 평균과 다르다)

group1=c(9,6,8,1,2,-2,4,-3,4,5)
group2=c(5,3,-1,2,6,3,-1,-3,-1,-4)
var.test(group1,group2)
```

```
> group1=c(9,6,8,1,2,-2,4,-3,4,5)
> group2=c(5,3,-1,2,6,3,-1,-3,-1,-4)
> var.test(group1,group2)
```

입력후 실행

```
        F test to compare two variances

data:  group1 and group2
F = 1.3644, num df = 9, denom df = 9, p-value = 0.6509
alternative hypothesis: true ratio of variances is not equal to 1
95 percent confidence interval:
 0.3389055 5.4931932
sample estimates:
ratio of variances
          1.364431
```

실행 결과

5.2 분산분석

5.2.1 분산분석에 대한 이해

독립표본 t검정은 두 집단간 평균을 비교하는데 사용된다. 이를 확장하여 세 개 이상의 집단들에 대한 평균을 비교하기 위해서 분산분석(analysis of variance: ANOVA) 방법을 사용한다. 이때 집단을 나누어주는 요인의 수가 하나이면 일원배치 분산분석(one-way ANOVA)이라 하며, 요인의 수가 두 개이면 이원배치 분산분석(two-way ANOVA)이라고 한다. 분산분석을 사용하는 연구문제는 다음과 같다.

연구문제

- *연구문제1 : 사회계층(상/중/하)에 따라 생활만족도에 있어서 차이가 있는가?*
- *연구문제2 : 세 가지 교수법에 따라 시험성적에 차이가 있는가?*
- *연구문제3 : 직종을 통제한 상태에서 학력에 따라 직무만족도에 차이가 있는가?*
- *연구문제4 : 비료종류(세 가지)와 재배방법(두 가지)에 따라 수확량의 차이가 있는가?*

5.2.2 분산분석 예제

R Script

```
############################################################
### ANOVA
############################################################
```

```
weight=c(30,35,28,29,25,29,34,25,31,28,27,23,24,31,20,16,17,18,18,17,20)
feed=c(rep("A",7),rep("B",7),rep("C",7))
pig=data.frame(weight,feed)
anova(lm(weight~feed,data=pig))
```

`> weight=c(30,35,28,29,25,29,34,25,31,28,27,23,24,31,20,16,17,18,18,17,20)`
`> feed=c(rep("A",7),rep("B",7),rep("C",7))`
`> pig=data.frame(weight,feed)`
`> anova(lm(weight~feed,data=pig))`
	`Analysis of Variance Table`
	
	`Response: weight`
	`          Df Sum Sq Mean Sq F value   Pr(>F)`
	`feed       2    546 273.000  33.203 9.123e-07 ***`
	`Residuals 18    148   8.222`
	`---`
	`Signif. codes:  0 '***' 0.001 '**' 0.01 '*' 0.05 '.' 0.1 ' ' 1`

입력후 실행	실행 결과

```
A=c(2250,2410,2260,2200,2360,2320,2240,2300,2090)
B=c(1920,2020,1960,1960,2280,2010,2090,2140,2400)
C=c(2030,2390,2000,2060,2260,2180,2190,2250,2310)
y=c(A,B,C)
treatment=as.factor(c(rep("A",9),rep("B",9),rep("C",9)))
anova(lm(y~treatment))
```

`> A=c(2250,2410,2260,2200,2360,2320,2240,2300,2090)`
`> B=c(1920,2020,1960,1960,2280,2010,2090,2140,2400)`
`> C=c(2030,2390,2000,2060,2260,2180,2190,2250,2310)`
`> y=c(A,B,C)`
`> treatment=as.factor(c(rep("A",9),rep("B",9),rep("C",9)))`
`> anova(lm(y~treatment))`
	`Analysis of Variance Table`
	
	`Response: y`
	`          Df Sum Sq Mean Sq F value  Pr(>F)`
	`treatment  2 151563   75781  4.3322 0.02475 *`
	`Residuals 24 419822   17493`
	`---`
	`Signif. codes:  0 '***' 0.001 '**' 0.01 '*' 0.05 '.' 0.1 ' ' 1`

입력후 실행	실행 결과

```
score=c(76,64,85,75,58,75,81,66,49,63,62,46,74,71,85,90,66,74,81,79)
employee=c(rep("A",4),rep("B",4),rep("C",4),rep("D",4),rep("E",4))
selection=data.frame(score,employee)
anova(lm(score~employee,data=selection))
```

```
> score=c(76,64,85,75,58,75,81,66,49,63,62,46,74,71,85,90,66,74,81,79)
> employee=c(rep("A",4),rep("B",4),rep("C",4),rep("D",4),rep("E",4))
> selection=data.frame(score,employee)
> anova(lm(score~employee,data=selection))
```

```
Analysis of Variance Table

Response: score
          Df Sum Sq Mean Sq F value  Pr(>F)
employee   4   1480   370.0  4.8942 0.009992 **
Residuals 15   1134    75.6
---
Signif. codes:  0 '***' 0.001 '**' 0.01 '*' 0.05 '.' 0.1 ' ' 1
```

입력후 실행	실행 결과

yy=c(24.54,23.97,22.85,24.34,24.47,24.36,23.37,24.46,

22.73,22.28,23.99,23.23,23.94,23.52,24.41,22.80,

22.02,21.97,21.34,22.83,22.90,22.28,21.14,21.85,

20.83,24.40,23.01,23.54,21.60,21.86,24.57,22.81)

xx=c(rep("w1",8),rep("w2",8),rep("w3",8),rep("w4",8))

water=data.frame(yy,xx)

anova(lm(yy~xx,data=water))

```
> yy=c(24.54,23.97,22.85,24.34,24.47,24.36,23.37,24.46,
+      22.73,22.28,23.99,23.23,23.94,23.52,24.41,22.80,
+      22.02,21.97,21.34,22.83,22.90,22.28,21.14,21.85,
+      20.83,24.40,23.01,23.54,21.60,21.86,24.57,22.81)
> xx=c(rep("w1",8),rep("w2",8),rep("w3",8),rep("w4",8))
> water=data.frame(yy,xx)
> anova(lm(yy~xx,data=water))
```

```
Analysis of Variance Table

Response: yy
          Df Sum Sq Mean Sq F value   Pr(>F)
xx         3 17.227  5.7422  7.418 0.0008338 ***
Residuals 28 21.674  0.7741
---
Signif. codes:  0 '***' 0.001 '**' 0.01 '*' 0.05 '.' 0.1 ' ' 1
```

입력후 실행	실행 결과

TukeyHSD(aov(yy~xx,water))

```
> TukeyHSD(aov(yy~xx,water))
```

```
  Tukey multiple comparisons of means
    95% family-wise confidence level

Fit: aov(formula = yy ~ xx, data = water)

$xx
         diff        lwr         upr      p adj
w2-w1 -0.68250 -1.8835929  0.51859294 0.4216924
w3-w1 -2.00375 -3.2048429 -0.80265706 0.0005152
w4-w1 -1.21750 -2.4185929 -0.01640706 0.0460457
w3-w2 -1.32125 -2.5223429 -0.12015706 0.0269283
w4-w2 -0.53500 -1.7360929  0.66609294 0.6220326
w4-w3  0.78625 -0.4148429  1.98734294 0.3003758
```

입력후 실행	실행 결과

y1=c(8,8,7,9,8,7,9,8,6,8,7,6,

6,5,7,7,6,7,6,8,7,6,8,7,

8,8,8,5,6,7,6,7,7,6,7,8,

9,4,6,5,4,4,5,6,7,5,8,4)

```
x1=c(rep("A",12),rep("B",12),rep("C",12),rep("D",12))
orange=data.frame(y1,x1)
anova(lm(y1~x1,data=orange))
```

입력후 실행	실행 결과
``> y1=c(8,8,7,9,8,7,9,8,6,8,7,6,
+   6,5,7,7,6,7,6,8,7,6,8,7,
+   8,8,8,5,6,7,6,7,7,6,7,8,
+   9,4,6,5,4,4,5,6,7,5,8,4)
> x1=c(rep("A",12),rep("B",12),rep("C",12),rep("D",12))
> orange=data.frame(y1,x1)
> anova(lm(y1~x1,data=orange))``` | ```Analysis of Variance Table

Response: y1
          Df Sum Sq Mean Sq F value   Pr(>F)
x1   3 24.896 8.2986 5.9453 0.001704 **
Residuals 44 61.417 1.3958

Signif. codes: 0 '***' 0.001 '**' 0.01 '*' 0.05 '.' 0.1 ' ' 1``` |

```
TukeyHSD(aov(y1~x1,orange))
```

입력후 실행	실행 결과
`> TukeyHSD(aov(y1~x1,orange))`	```Tukey multiple comparisons of means
    95% family-wise confidence level

Fit: aov(formula = y1 ~ x1, data = orange)

$x1
          diff   lwr   upr   p adj
B-A -0.9166667 -2.204481 0.37114792 0.2426562
C-A -0.6666667 -1.954481 0.62114792 0.5169920
D-A -2.0000000 -3.287815 -0.71218541 0.0008448
C-B 0.2500000 -1.037815 1.53781459 0.9542572
D-B -1.0833333 -2.371148 0.20448125 0.1268467
D-C -1.3333333 -2.621148 -0.04551875 0.0399184``` |

5.3 회귀분석

5.3.1 회귀분석에 대한 이해

회귀분석은 한 개의 독립변수와 한 개의 종속변수간의 관계 분석에 제한되어 있지 않고 여러 개의 변수들 간의 함수관계를 규명하는 데에 많이 쓰인다. 이때 독립 변수가 한 개인 경우를 단순회귀분석(simple regression)이라 하며, 두 개 이상인 경우를 다중회귀분석(multiple regression)이라 한다. 회귀분석은 다음과 같이 크게 세 가지 목적을 갖는다.

첫째, 기술적인 목적을 갖는다.

예를 들어, 광고액과 매출액 사이의 관계를 **기술**하고 설명할 수 있다.

둘째, 통제목적을 갖는다.

예를 들어, 비용과 생산량 사이의 관계, 혹은 결근율과 생산량 사이의 관계를 조사하여
생산관리의 효율적인 **통제**에 이용할 수 있다.

셋째, 예측의 목적을 갖는다.

예를 들면, 캠페인 금액이 증가하면 총매출액이 증가한다. 즉, 변인에 따른 **예측**에 활
용할 수 있다.

5.3.2 회귀분석 예제

R Script

```
############################################################
### REGRESSION
############################################################

mother=c(71,67,83,64,91,68,72,82,71,67,69,72)
baby=c(77,66,70,65,90,64,74,79,66,61,68,66)
plot(mother,baby)
```

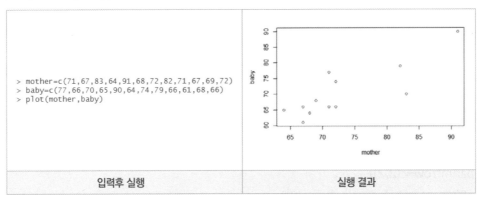

| 입력후 실행 | 실행 결과 |

```
cow=lm(baby~mother)
abline(cow)
```

입력후 실행	실행 결과
`> cow=lm(baby~mother)` `> abline(cow)`	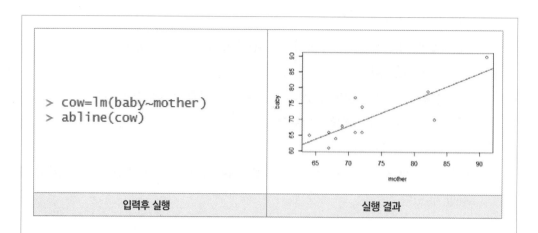

summary(cow)

입력후 실행	실행 결과
| `> summary(cow)` | ```
Call:
lm(formula = baby ~ mother)

Residuals:
    Min      1Q  Median      3Q     Max
-8.8301 -2.9600  0.7701  2.7001  8.2500

Coefficients:
            Estimate Std. Error t value Pr(>|t|)
(Intercept)   9.1090    13.4299   0.678 0.512997
mother        0.8400     0.1828   4.596 0.000986 ***
---
Signif. codes:  0 '***' 0.001 '**' 0.01 '*' 0.05 '.' 0.1 ' ' 1

Residual standard error: 4.866 on 10 degrees of freedom
Multiple R-squared:  0.6787,    Adjusted R-squared:  0.6466
F-statistic: 21.13 on 1 and 10 DF,  p-value: 0.0009855
``` |

anova(cow)

입력후 실행	실행 결과
| `> anova(cow)` | ```
Analysis of Variance Table

Response: baby
          Df Sum Sq Mean Sq F value    Pr(>F)
mother     1 500.23  500.23  21.127 0.0009855 ***
Residuals 10 236.77   23.68
---
Signif. codes:  0 '***' 0.001 '**' 0.01 '*' 0.05 '.' 0.1 ' ' 1
``` |

residual=resid(cow)

par(mfrow=c(2,2))

plot(mother,baby,main="weight")

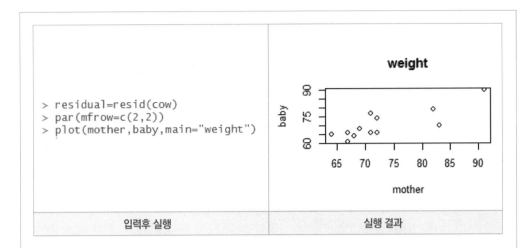

<table>
<tr><td>

```
> residual=resid(cow)
> par(mfrow=c(2,2))
> plot(mother,baby,main="weight")
```

</td></tr>
<tr><td>입력후 실행</td><td>실행 결과</td></tr>
</table>

hist(residual)

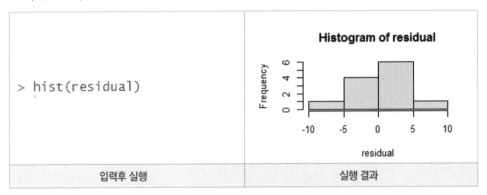

<table>
<tr><td>

```
> hist(residual)
```

</td></tr>
<tr><td>입력후 실행</td><td>실행 결과</td></tr>
</table>

qqnorm(residual)

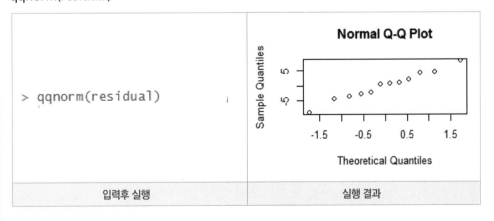

<table>
<tr><td>

```
> qqnorm(residual)
```

</td></tr>
<tr><td>입력후 실행</td><td>실행 결과</td></tr>
</table>

plot(mother,residual,main="residual")

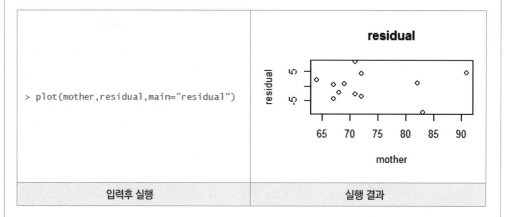

입력후 실행	실행 결과

x=c(2,2,3,3,4,4,5,5,6,6)

y=c(12,13,13,14,15,15,14,16,17,18)

plot(x,y)

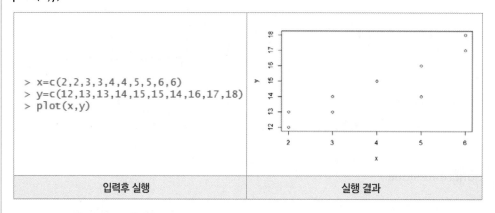

입력후 실행	실행 결과

result=lm(y~x)

abline(result)

입력후 실행	실행 결과
| ```
> result=lm(y~x)
> abline(result)
``` | 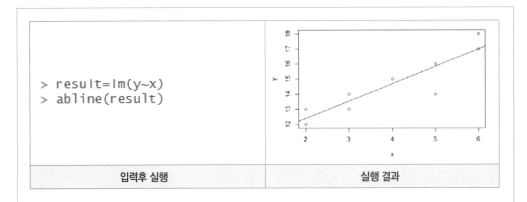 |

result

입력후 실행	실행 결과
| ```
> result
``` | ```
Call:
lm(formula = y ~ x)

Coefficients:
(Intercept)              x
      10.10           1.15
``` |

yhat=predict(result,new=data.frame(x=x))

yhat

입력후 실행	실행 결과
| ```
> yhat=predict(result,new=data.frame(x=x))
> yhat
``` | ```
    1     2     3     4     5     6     7     8     9    10
12.40 12.40 13.55 13.55 14.70 14.70 15.85 15.85 17.00 17.00
``` |

summary(result)

입력후 실행	실행 결과
| ```
> summary(result)
``` | ```
Call:
lm(formula = y ~ x)

Residuals:
    Min      1Q  Median      3Q     Max
-1.8500 -0.3000  0.2250  0.4125  1.0000

Coefficients:
            Estimate Std. Error t value Pr(>|t|)
(Intercept)  10.1000     0.7973   12.67 1.42e-06 ***
x             1.1500     0.1879    6.12 0.000283 ***
---
Signif. codes:  0 '***' 0.001 '**' 0.01 '*' 0.05 '.' 0.1 ' ' 1

Residual standard error: 0.8404 on 8 degrees of freedom
Multiple R-squared:  0.824,	Adjusted R-squared:  0.802
F-statistic: 37.45 on 1 and 8 DF,  p-value: 0.0002832
``` |
```

residual2=resid(result)

par(mfrow=c(2,2))

plot(x,y,main="wheat",xlab="fertilizer",ylab="production")

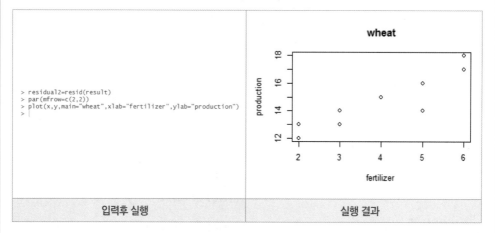

| 입력후 실행 | 실행 결과 |

hist(residual2)

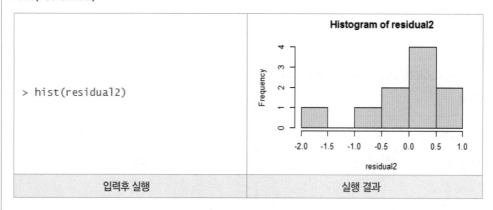

| 입력후 실행 | 실행 결과 |

qqnorm(residual2)

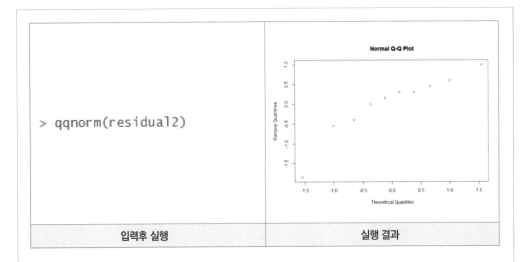

입력후 실행	실행 결과

plot(x,residual2,main="residual",xlab="fertilizer")

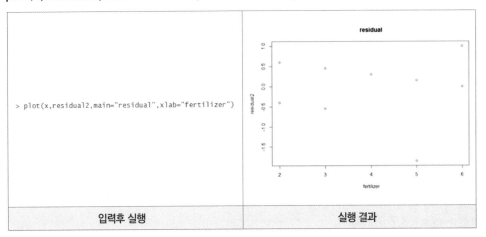

입력후 실행	실행 결과

y=c(80.5,67.5,79.0,90.0,78.3,70.0,82.3)

x1=c(37,40,38,42,38,35,41)

x2=c(3,1,3,7,3,2,4)

xy=cbind(x1,x2,y)

pairs(xy,main="scatterplot matrix")

입력후 실행	실행 결과
| ```
> y=c(80.5,67.5,79.0,90.0,78.3,70.0,82.3)
> x1=c(37,40,38,42,38,35,41)
> x2=c(3,1,3,7,3,2,4)
> xy=cbind(x1,x2,y)
> pairs(xy,main="scatterplot matrix")
``` | |

summary(lm(y~x1+x2))

입력후 실행	실행 결과
| ```
> summary(lm(y~x1+x2))
``` | ```
Call:
lm(formula = y ~ x1 + x2)

Residuals:
     1      2      3      4      5      6      7
  3.20  -1.80   1.80  -2.20   1.10  -3.65   1.55

Coefficients:
            Estimate Std. Error t value Pr(>|t|)
(Intercept) 69.4500    23.7297    2.927   0.0430 *
x1          -0.1000     0.6524   -0.153   0.8856
x2           3.8500     0.8388    4.590   0.0101 *
---
Signif. codes:  0 '***' 0.001 '**' 0.01 '*' 0.05 '.' 0.1 ' ' 1

Residual standard error: 3.102 on 4 degrees of freedom
Multiple R-squared:  0.888,	Adjusted R-squared:  0.832
F-statistic: 15.86 on 2 and 4 DF,  p-value: 0.01254
``` |

y_n=c(80.5,67.5,79.0,90.0,78.3,70.0,82.3)

x2_n=c(3,1,3,7,3,2,4)

summary(lm(y_n~x2_n))

입력후 실행	실행 결과
| ```
> y_n=c(80.5,67.5,79.0,90.0,78.3,70.0,82.3)
> x2_n=c(3,1,3,7,3,2,4)
> summary(lm(y_n~x2_n))
``` | ```
Call:
lm(formula = y_n ~ x2_n)

Residuals:
     1      2      3      4      5      6      7
 3.349 -2.105  1.849 -2.241  1.149 -3.378  1.377

Coefficients:
            Estimate Std. Error t value Pr(>|t|)
(Intercept) 65.8327     2.2378   29.418 8.51e-07 ***
x2_n         3.7727     0.6012    6.276  0.00151 **
---
Signif. codes:  0 '***' 0.001 '**' 0.01 '*' 0.05 '.' 0.1 ' ' 1

Residual standard error: 2.783 on 5 degrees of freedom
Multiple R-squared:  0.8873,	Adjusted R-squared:  0.8648
F-statistic: 39.38 on 1 and 5 DF,  p-value: 0.001509
``` |
```

head(swiss)

입력후 실행	실행 결과
> head(swiss)	``` Fertility Agriculture Examination Education Courtelary 80.2 17.0 15 12 Delemont 83.1 45.1 6 9 Franches-Mnt 92.5 39.7 5 5 Moutier 85.8 36.5 12 7 Neuveville 76.9 43.5 17 15 Porrentruy 76.1 35.3 9 7 Catholic Infant.Mortality Courtelary 9.96 22.2 Delemont 84.84 22.2 Franches-Mnt 93.40 20.2 Moutier 33.77 20.3 Neuveville 5.16 20.6 Porrentruy 90.57 26.6 ```

out=lm(Fertility~Agriculture+Examination+Education+Catholic+Infant.Mortality,
data=swiss)
out=lm(Fertility~.,data=swiss)
summary(out)

입력후 실행	실행 결과
> out=lm(Fertility~Agriculture+Examination+Education+Catholic-nt.Mortality,data=swiss) > out=lm(Fertility~.,data=swiss) > summary(out)	``` Call: lm(formula = Fertility ~ ., data = swiss) Residuals: Min 1Q Median 3Q Max -15.2743 -5.2617 0.5032 4.1198 15.3213 Coefficients: Estimate Std. Error t value Pr(>|t|) (Intercept) 66.91518 10.70604 6.250 1.91e-07 *** Agriculture -0.17211 0.07030 -2.448 0.01873 * Examination -0.25801 0.25388 -1.016 0.31546 Education -0.87094 0.18303 -4.758 2.43e-05 *** Catholic 0.10412 0.03526 2.953 0.00519 ** Infant.Mortality 1.07705 0.38172 2.822 0.00734 ** --- Signif. codes: 0 '***' 0.001 '**' 0.01 '*' 0.05 '.' 0.1 ' ' 1 Residual standard error: 7.165 on 41 degrees of freedom Multiple R-squared: 0.7067, Adjusted R-squared: 0.671 F-statistic: 19.76 on 5 and 41 DF, p-value: 5.594e-10 ```

library(alr3)
vif(out)

입력후 실행	실행 결과
> vif(out)	``` Agriculture Examination Education 2.284129 3.675420 2.774943 Catholic Infant.Mortality 1.937160 1.107542 ```

out2=step(out,direction="backward")

입력후 실행	실행 결과
| > out2=step(out,direction="backward") | ```
Start:  AIC=190.69
Fertility ~ Agriculture + Examination + Education + Catholic +
    Infant.Mortality

                 Df Sum of Sq    RSS    AIC
- Examination     1    53.03 2158.1 189.86
<none>                         2105.0 190.69
- Agriculture     1   307.72 2412.8 195.10
- Infant.Mortality 1  408.75 2513.8 197.03
- Catholic        1   447.71 2552.8 197.75
- Education       1  1162.56 3267.6 209.36

Step:  AIC=189.86
Fertility ~ Agriculture + Education + Catholic + Infant.Mortality

                 Df Sum of Sq    RSS    AIC
<none>                         2158.1 189.86
- Agriculture     1   264.18 2422.2 193.29
- Infant.Mortality 1  409.81 2567.9 196.03
- Catholic        1   956.57 3114.6 205.10
- Education       1  2249.97 4408.0 221.43
``` |

summary(out2)

입력후 실행	실행 결과
| > summary(out2) | ```
Call:
lm(formula = Fertility ~ Agriculture + Education + Catholic +
    Infant.Mortality, data = swiss)

Residuals:
     Min      1Q  Median      3Q     Max
-14.6765 -6.0522  0.7514  3.1664 16.1422

Coefficients:
                 Estimate Std. Error t value Pr(>|t|)
(Intercept)      62.10131    9.60489   6.466 8.49e-08 ***
Agriculture      -0.15462    0.06819  -2.267  0.02857 *
Education        -0.98026    0.14814  -6.617 5.14e-08 ***
Catholic          0.12467    0.02889   4.315 9.50e-05 ***
Infant.Mortality  1.07844    0.38187   2.824  0.00722 **
---
Signif. codes:  0 '***' 0.001 '**' 0.01 '*' 0.05 '.' 0.1 ' ' 1

Residual standard error: 7.168 on 42 degrees of freedom
Multiple R-squared:  0.6993,    Adjusted R-squared:  0.6707
F-statistic: 24.42 on 4 and 42 DF,  p-value: 1.717e-10
``` |

pairs(swiss,panel=panel.smooth)

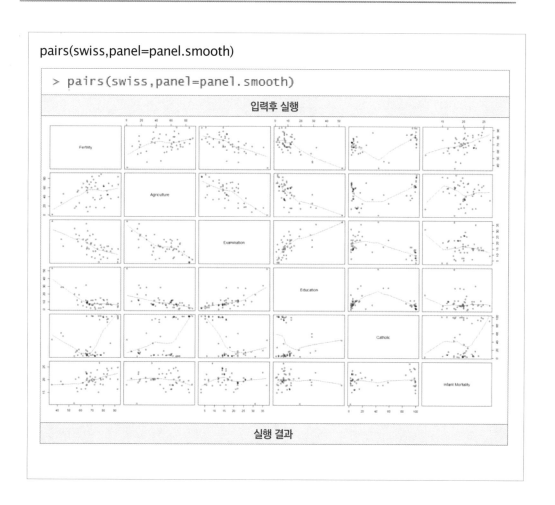

참고문헌

노맹석 외 (2016). 기초통계학: R을 이용한 통계분석. 자유아카데미

박정섭 (2015). R을 이용한 공학통계. 자유아카데미

유충현 (2015). R을 활용한 데이터 시각화. 인사이트

혁명회 외 (2015). 고급 데이터 분석. 데이터솔루션

재리드 랜더 (2015). 데이터 분석으로 배우는 알짜 R 테크닉. 인사이트

Chapter 6
그래프 사용 및
데이터 시각화

6

그래프 사용 및 데이터 시각화

INTRODUCTION

□ **학습목표**

R을 활용한 그래프 그리기를 실행한다.

R로 실행하는 다양한 그래프와 시각화를 이해

□ **목차**

□ **주요 용어**

일변량, 이변량, 범주형, 연속형, 다변량 그래프

□ **요약**

- R 프로그램을 활용하여 그래프를 그리고 다양한 변량과 범주의 자료를 그래프화 한다.

- 시각화를 나타내는 스크립트를 이해하고 실행한다.

6.1 일변량 범주형 자료 시각화

R Studio를 이용하여 다양한 범주의 자료를 그래프화하고 시각적인 표현을 통하여 데이터를 이해하고 설명하는데 유용한 결과를 제시하는 연습을 할 수 있다.

6.1.1 막대그래프

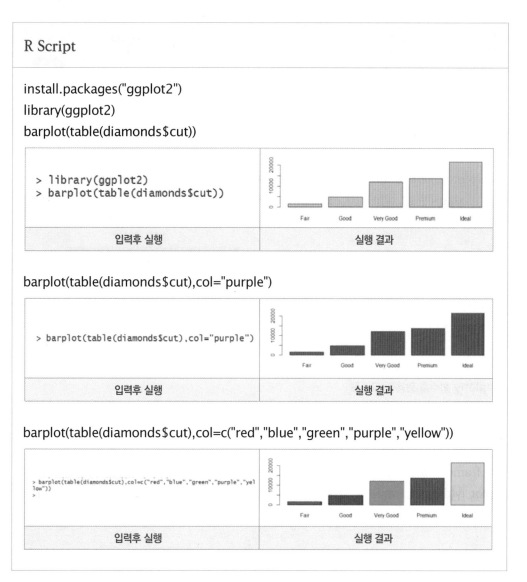

barplot(table(diamonds$cut),col=rainbow(5))

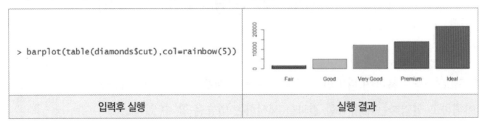

입력후 실행	실행 결과

barplot(table(diamonds$cut),col="purple",main="다이아몬드의 품질 현황",
    ylab="빈도",ylim=c(0,25000))

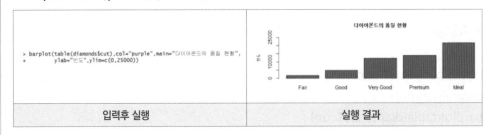

입력후 실행	실행 결과

barplot(table(diamonds$cut),col="purple",main="다이아몬드의 품질 현황",
    xlab="빈도",xlim=c(0,25000),horiz=TRUE)

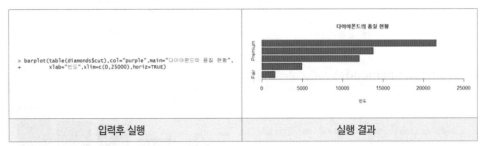

입력후 실행	실행 결과

```
#plotly 함수를 활용한 그래프
install.packages("plotly")
library(plotly)

d_frame <- as.data.frame(table(diamonds$cut))
plot_ly(data=d_frame, x=d_frame$Var1, y=d_frame$Freq, type='bar')
```

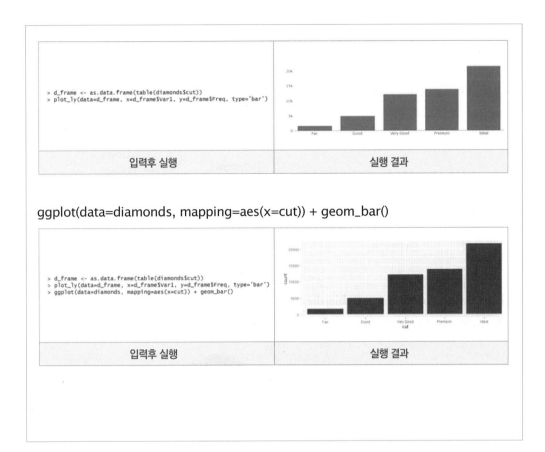

ggplot(data=diamonds, mapping=aes(x=cut)) + geom_bar()

6.1.2 원그래프

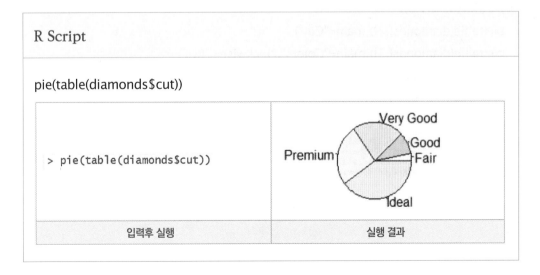

pie(table(diamonds$cut),radius = 1)

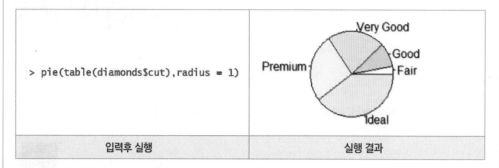

| 입력후 실행 | 실행 결과 |

d_frame <- as.data.frame(table(diamonds$cut))
plot_ly(data=d_frame, labels=~Var1, values=~Freq, type='pie')

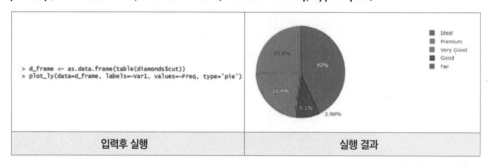

| 입력후 실행 | 실행 결과 |

par(mfrow=c(1,3))

pie(table(diamonds[,2]),main="Cut")

pie(table(diamonds[,3]),main="Colors",clockwise=TRUE)

pie(sort(table(diamonds[,4]),decreasing=TRUE),main="Clarity",

   clockwise=TRUE,col=gray.colors(8))

```
> par(mfrow=c(1,3))
> pie(table(diamonds[,2]),main="Cut")
> pie(table(diamonds[,3]),main="Colors",clockwise=TRUE)
> pie(sort(table(diamonds[,4]),decreasing=TRUE),main="Clarity",
+     clockwise=TRUE,col=gray.colors(8))
```

| 입력후 실행 |

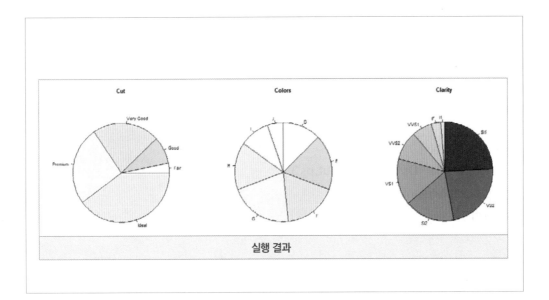

실행 결과

6.1.3 그래프 저장

R Script

```
#png 방식
png(file="D:/folder/output.png")
barplot(table(diamonds$cut))
dev.off()

#jpeg 방식
jpeg(file="D:/folder/output.jpg")
barplot(table(diamonds$cut))
dev.off()

#bmp 방식
bmp(file="D:/folder/output.bmp")
barplot(table(diamonds$cut))
dev.off()
```

```
#pdf 방식
pdf(file="D:/folder/output.pdf")
barplot(table(diamonds$cut))
dev.off()


#postscript 방식
postscript(file="D:/folder/output.ps")
barplot(table(diamonds$cut))
dev.off()
```

6.2 일변량 연속형 자료 시각화

6.2.1 히스토그램

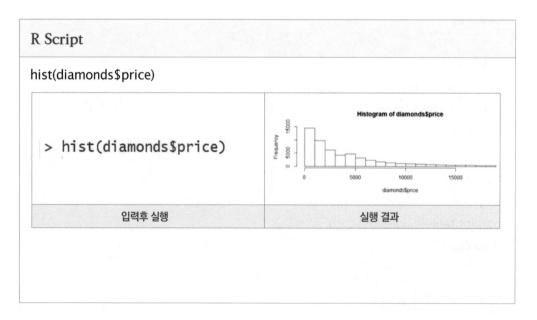

R을 이용한 웹 크롤링과 텍스트 분석

hist(diamonds$price, breaks=c(0,5000,10000,15000,20000))

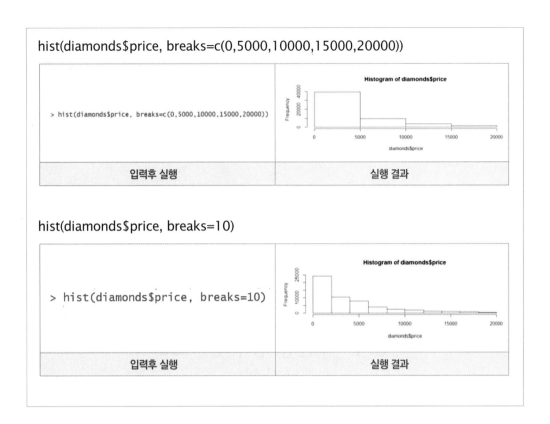

6.2.2 상자 그래프

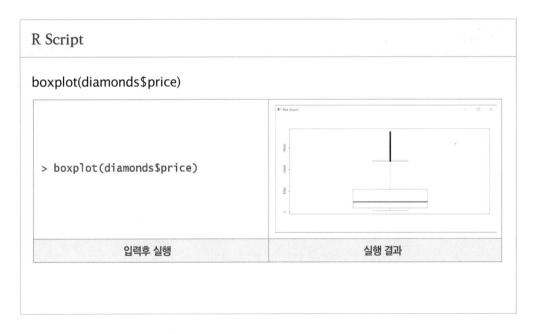

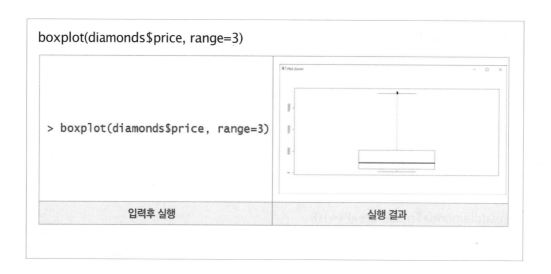

boxplot(diamonds$price, range=3)

입력후 실행	실행 결과

6.3 이변량 범주형 자료
시각화

6.3.1 누적 막대그래프

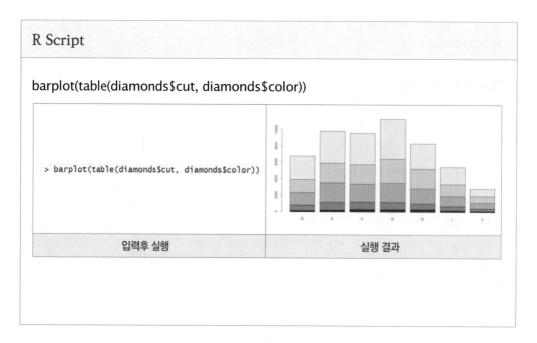

R Script

barplot(table(diamonds$cut, diamonds$color))

입력후 실행	실행 결과

barplot(table(diamonds$cut, diamonds$color), beside=TRUE)

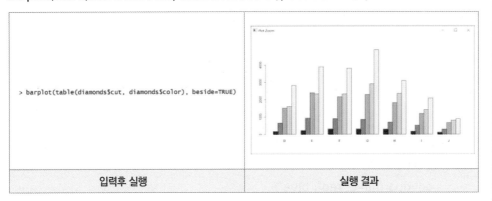

입력후 실행	실행 결과

ggplot2::ggplot(data=diamonds, mapping=aes(x=cut, y=color, fill=color)) +
  geom_bar(stat="identity")

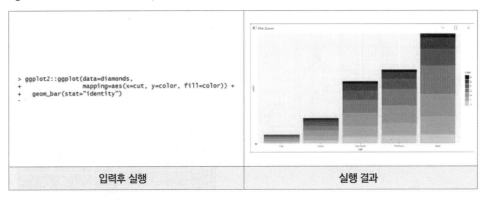

입력후 실행	실행 결과

ggplot2::ggplot(data=diamonds, mapping=aes(x=cut, y=color, fill=color)) +
  geom_bar(stat="identity", position="dodge")

입력후 실행	실행 결과

6.3.2 모자이크 그래프

R Script

install.packages("vcd")
library(vcd)

crosstable <- with(diamonds, table(cut,color))
vcd::mosaic(crosstable,
　　　gp=gpar(fill=c("red","blue")),
　　　direction="v",
　　　main="Mosaic plot of diamonds' cut and color")

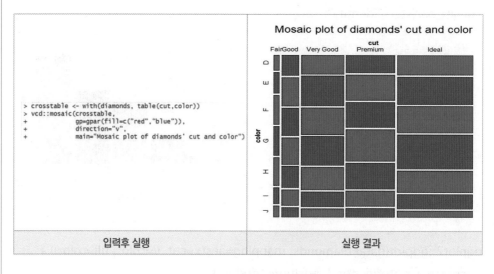

입력후 실행	실행 결과

6.4 이변량 연속형 자료 시각화

6.4.1 산점도

R Script

plot(diamonds$carat, diamonds$price)

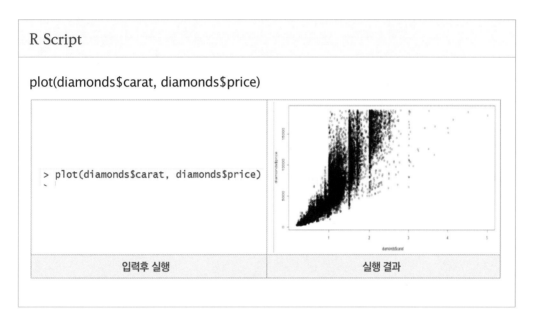

입력후 실행	실행 결과

6.4.2 산점도행렬

R Script

plot(diamonds[1:20, c("carat","price","table","x","y","z")])

pairs(diamonds[1:20, c("carat","price","table","x","y","z")])

```
> plot(diamonds$carat, diamonds$price)
> plot(diamonds[1:20, c("carat","price","table","x","y","z")])
> pairs(diamonds[1:20, c("carat","price","table","x","y","z")])
```

입력후 실행

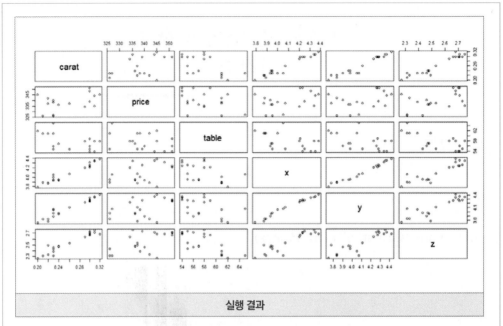

실행 결과

#car::scatterplotMatrix(~carat+price+table+x+y+z, data=diamonds[1:20,])

6.5 기타 그래프

6.5.1 히트맵 (Heat Map)

R Script

heatmap(as.matrix(mtcars), Rowv=NA, Colv=NA, scale='column')

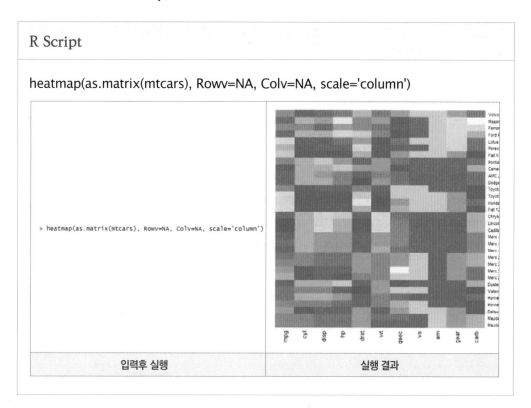

> heatmap(as.matrix(mtcars), Rowv=NA, Colv=NA, scale='column')

| 입력후 실행 | 실행 결과 |

6.5.2 버블 플랏 (Bubble Plot)

R Script

```
install.packages("HSAUR3")
library(HSAUR3)

head(HSAUR3::USairpollution)
symbols(USairpollution$temp, USairpollution$wind,
```

```
circle=USairpollution$SO2,

    xlab="temperature", ylab="wind speed",

    main="Bubble plot of temperature, wind speed and SO2")
```

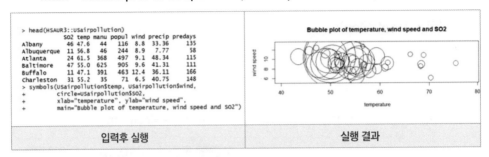

| 입력후 실행 | 실행 결과 |

```
plot(wind~temp, data=USairpollution,

    xlab="temperature", ylab="wind speed", pch=3,

    main="Bubble plot of temperature, wind speed and SO2")
with(USairpollution, symbols(temp, wind, circles=SO2,

                inches=0.5,add=TRUE))
```

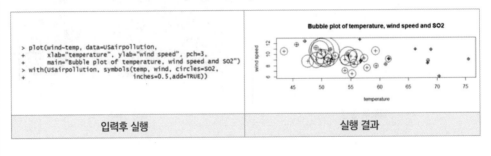

| 입력후 실행 | 실행 결과 |

6.5.3 등고선 그래프 (Contour)

R Script

```
#contour
rx <- range(x <- 10*1:nrow(volcano))
ry <- range(y <- 10*1:ncol(volcano))
par(pty='s', bg='Aliceblue', mar=c(2,2,4,2))
```

```
plot(x=0, y=0, type='n', xlim=rx, ylim=ry, xlab='', ylab='')
u <- par('usr')
rect(u[1], u[3], u[2], u[4], col='beige', border='red')
contour(x, y, volcano, col='blue', add=TRUE,
        vfont=c('sans serif','plain'))
abline(h=200*0:4, v=200*0:4, col='gray', lty=2, lwd=0.5)
title('A Topographic Map of Maunga Whau', font=4)
```

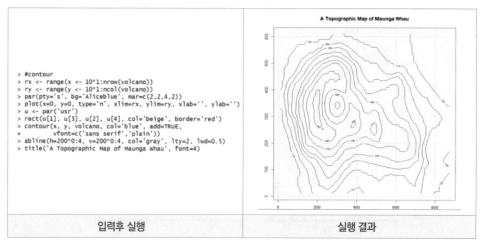

입력후 실행	실행 결과

6.5.4 투시도 (Perspective Plot)

R Script

```
#perspective plot
x <- seq(-10, 10, length=30)
y <- x
f <- function(x, y) {r <- sqrt(x^2+y^2); 10*sin(r)/r}
z <- outer(x, y, f)
z[is.na(z)] <- 1
op <- par(bg="white")
persp(x, y, z, theta=30, phi=30, expand=0.5, col='lightblue')
```

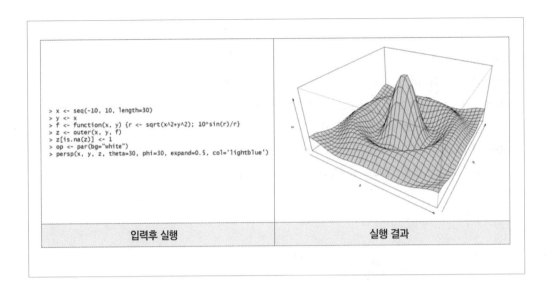

입력후 실행	실행 결과

참고문헌

김재희 (2012). R을 이용한 통계 프로그래밍 기초. 자유아카데미.

곽기영 (2019). R을 이용한 통계데이터 분석. 서울: 청람.

이현열 (2019). R을 이용한 퀀트 투자 포트폴리오 만들기: 데이터 크롤링 및 분석, 퀀트 전략을
활용한 투자 종목 선정까지!. 제이펍

장상수 (2019). 수치분석과 시뮬레이션 R프로그래밍. 느린생각

차영준, 박진표 (2019). R 통계 프로그래밍의 이해. 자유아카데미

최현희, 최영랑 (2017). R과 데이터 사이언스 : 비즈니스 시각으로 본 R의 실전 활용법. 지앤선

Chapter 7
웹(web) 크롤링
이론과 실습

웹(web) 크롤링 이론과 실습

INTRODUCTION

□ **학습목표**

R을 이용한 디지털, 모바일, 웹(web)데이터 수집

커뮤니티, 블로그, 카페, 뉴스 데이터 수집

카카오, 위키, 소셜미디어 데이터 수집

□ **목차**

□ **주요 용어**

커뮤니티, 카페, 블로그, 네이버포털, 댓글, 모바일, 포털, 뉴스 웹 크롤링

□ **요약**

- R프로그램을 이용하여 웹(web) 커뮤니티, 카페, 블로그, 네이버 포털, 댓글 등 각종 웹과
- 소셜 미디어 상의 데이터를 수집, 실행하는 방법을 학습한다.

7.0 웹(web) 스크래핑
이해하기

7.0.1 들어가기

웹(web) 크롤링(crawling) 이란 인터넷에 있는 웹페이지를 검색하여 자료(데이터, 텍스트, 사진, 댓글, 댓글, 방문자수)를 수집하는 방법과 알고리즘 프로그램을 말합니다. 텍스트, 이미지, 데이터, 정보들을 분석하기 쉽고 활용하기 쉽게 데이터를 수집하는 행위를 크롤링(crawling) 이라고 하고 크롤링하는 프로그램을 크롤러(Crawler) 라고 한다. 특정 한 페이지만 방문하는 것이 아니라 그 페이지에 하이퍼 링크되어 있는 또 다른 페이지를 차례대로 서핑한다. 이처럼 링크를 따라 웹을 돌아다니는 모습이 거미와 비슷하다고 해서 스파이(spider)더라고도 한다.

웹 크롤링(Web Crawling)은 여러 웹 페이지를 탐색하는 직업으로 이를 수행하는 프로그을램을 웹 크롤러(Web Crawler)라고 한다. 웹 패키지에서 필요한 내용을 선택하여 수집/가공하는 것은 웹 스크래핑(Web Scraping)이다. 따라서 크롤링은 다양한 웹사이트의 페이지를 브라우징 하는 것을 말한다. 그리고 원하는 텍스트와 데이터를 추출하는 것을 스크래핑(scraping)이라고 정의 한다. 일차적으로 크롤링 단계 이후 이차단계에서는 스크래핑 단계로 가는 것이 순서이다. 빅(big)데이터 시대 가상공간의 엄청난 분량의 웹문서를 일일 구별해서 모으는 일은 불가능하다. 이제 인공지능(AI) 형 스크래핑 이를 자동으로 수행하는 시대이다. 이제 이러한 웹(web) 크롤링(crawling) 과 스크래핑(scraping) 자동으로 실행할 수 있는 인공지능을 엑셀처럼 배우고 다루는 시대가 도래 했다.

웹페이지는 HTML 문서로 작성되어있고 CSS파일과 JSON, Xpath를 통해 상호작용을 위한 Javascript파일을 통해 작동한다. 이를 스크래핑하는 단계는 1단계는 HTML 페이지를 가져온다, 2단계는 HTML/CSS등을 파싱하고, 필요한 데이터만 추출한다. 3단계API(Rest API)를 제공하는 서비스에서 Open API를 불러와서 필요한 데이터만 추출한다. 마지막으로 R프로그램을 이용하여 필요한 데이터만 추출한다. 그 순서는 다음과 같다. (1) 대상 선정

(API 또는 웹 문서) -> (2) 필요한 데이터 로드 (API는 XML, JSON 문서, 웹(web) 은 HTML 문서를 다운로드)-> (3) 웹 데이터 확인 분석(수집이 필요 부분을 선정)-> (4) 웹(web) 데이터 수집한다.

본 장에서 사용된 이외의 다양한 소셜미디어(트위터, 페이스북, 유튜브, 인스타그램, 위키) 카카오톡 텍스트 스크래핑은 Nodexl, 텍스톰, 코알라등 시중의 상업프로그램이 제공하거나 서비스하고 있다.

7.0.2 실행하기

웹 크롤링은 인터넷 검색과 유사하다. HTTP는 인터넷(world wide web)상에서 데이터를 주고 받을 때 사용되며, 주로 HTML을 주고 받는다. 데이터를 주고 받는 당사자는 '클라이언트 (Client)'와 '웹서버(Web Server)' 이다. 클라이언트가 웹서버에 데이터를 요청(Request)하고, 웹서버는 해당 요청에 대한 결과를 응답(Response)한다. 클라이언트가 요청할 때 사용할 수 있는 방식(Method)에는 여러 가지가 있으며, 가장 많이 사용되는 것이 GET 방식과 POST 방식이다.

'크롬 개발자도구'는 웹 페이지에서 수집하려는 내용을 담고 있는 HTML 요소를 찾거나, HTTP 요청 과정에서 클라이언트와 웹 서버 간 주고 받은 (사용자에게 보이지 않는) 리소스를 찾고자 할 때 사용한다.

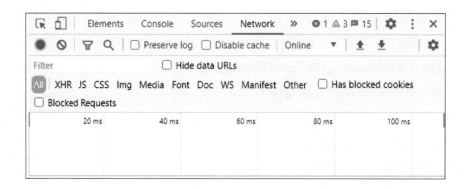

크롬 메뉴에서 '도구 더보기(More Tools) -> 개발자도구(Developer Tools)'를 선택하면 된다. 크롬 개발자도구에서 제공되는 탭은 Elements 외 8개중 Elements와 Network가 주로 사용된다.

1단계. 크롬 개발자도구 화면에서 (빨간 전선으로 표시된) 버튼을 한 번 클릭한 다음 웹 페이지에서 원하는 정보를 선택하면, Elements 탭에서 해당 HTML 요소가 파란색으로 표시된다.

2단계. HTML 요소 위에 마우스 오른쪽 버튼을 클릭한 다음 'Copy'를 선택하면 하위 메뉴창이 열린다. 이 때, 'Copy selector' 또는 'Copy XPath'를 선택한다.

〈표1〉 CSS Selector와 XPath 표기법

목표	CSS Selector	XPath
모든 요소	*	//*
p태그를 포함하는 모든 요소	p	//p
p태그의 모든 자식 요소	p > *	//p/*
id가 'foo'인 모든 요소	#foo	//*[@id='foo']
class가 'foo'인 모든 요소	.foo	//*[@class='foo']
title='header' 속성을 포함하는 모든 요소	*[title='header']	//*[@title='header']
li 태그 중 n번째인 요소	li:nth-child(n)	//li[n]
ul 자식 태그인 li 태그 중 n번째인 요소	ul > li:nth-child(n)	//ul/li[n]

〈표2〉 CSS Selector와 XPath 표기법

CSS Selector		XPath	
표현식	의미	표현식	의미
태그명	태그명이 같은 모든 태그를 선택	노드명	노드명이 같은 모든 노드를 선택
>	앞 태그의 직계 자손 태그만 선택	/	루트노드부터 탐색. 직계로 연결
#	속성명이 'id'인 태그를 선택	//	위치와 상관없이 지정된 노드부터 탐색
.	속성명이 'class'인 태그를 선택	.	현재노드 선택('..'는 부모노드 선택)
[]	속성을 지정할 때 사용	@	속성노드 선택
:nth-child	n번째 태그를 선택	[]	속성 지정 및 n번째 노드를 선택

3단계. CSS는 HTML의 디자인을 구성한다. HTML요소에 포함된 Selector를 참조하여 웹 브라우저에 출력되는 모습으 변경한다. (폰트, 컬러, 크기, 굵기 등) Xpath는 XML Path Language를 나타내며, 계층 구조를 갖는 XML 문서에서 노드(HTML의 태그)를 탐색하는 경로로 사용된다. CSS Selector은 가독성이 좋기 때문에 조금 더 사용하기 좋다. 다만 XPath의 경우, python의 Selenium에서 사용될 경우 좀 더 빠르다. 이는 인터넷에서 정보를 검색하는 방법과 웹 크롤링은 유사 방식이 적용되고 웹의 기술과 정보의 업데이트가 매우 빠르므로 실행의 반복적인 노력이 필요해 보인다. 많이 듣는것보다 실행이 필요하고 빠른 웹기술의 이해도 동시에 요구된다.

7.1 커뮤니티 게시판
본문 수집 예제

R Script

```
# 클리앙 알뜰구매에서 검색어로 게시판 글 수집하기
# --------------------------------------------------------------------------------

# 필요한 패키지를 불러온다.
library(tidyverse)
library(httr)
library(rvest)

# 클리앙에서 검색어를 입력한 다음 알뜰구매 게시판을 선택한다. (검색어 : 노트북)
```

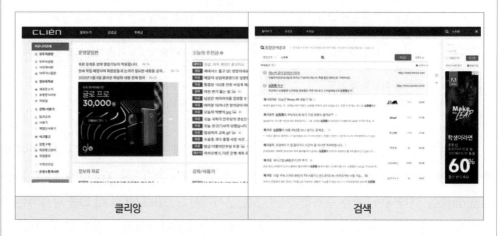

클리앙	검색

```
# 웹 브라우저의 주소창에 보이는 URI를 복사하여 아래와 같이 분해한다.
'https://www.clien.net/service/search'
'?q=%EB%85%B8%ED%8A%B8%EB%B6%81'
'&sort=recency'
'&boardCd=jirum'
```

```r
'&isBoard=true'

# 검색어를 설정한다.
searchWord <- '노트북'

# HTTP 요청을 실행한다.
res <- GET(url = 'https://www.clien.net/service/search',
        query = list(q = searchWord,
                sort = 'recency',
                boardCd = 'jirum',
                isBoard = 'true'))

# 응답 결과를 확인한다.
print(x = res)
```

```> # 검색어를 설정합니다.```
```> searchword <- '노트북'```
``` ```
```> # HTTP 요청을 실행합니다.```
```> res <- GET(url = 'https://www.clien.net/service/search',```
```+   query = list(q = searchword,```
```+   sort = 'recency',```
```+   boardCd = 'jirum',```
```+   isBoard = 'true'))```
```>```
```> # 응답 결과를 확인합니다.```
```> print(x = res)```
	```Response [https://www.clien.net/service/search?q=```
	```ardCd=jirum&isBoard=true]```
	``` Date: 2020-07-02 09:34```
	``` Status: 200```
	``` Content-Type: text/html;charset=UTF-8```
	``` Size: 79.1 kB```
	
	```<!DOCTYPE HTML>```
	```<html lang="ko">```
	```<head>```
	``` <title>클리앙 : 검색</title>```
	```...```
	```> |```

입력후 실행	실행 결과

```r
# 크롬 개발자도구 Elements 탭으로 이동한 다음 상품 정보를 포함하는 HTML 요소에
# 해당하는 CSS Selector를 찾아 items 객체에 할당한다.
res %>%
  read_html() %>%
  html_nodes(css = 'div.contents_jirum > div.list_item') -> items

# items 객체를 출력한다.
print(x = items)
```

``` > # 흐름 개발자도구 elements 탭요를 이용한 다음 상품 정보를 포함하는 HTML 요소에 > # 해당하는 CSS Selector를 찾아 items 객체에 할당합니다. > res %>% + read_html() %>% + html_nodes(css = 'div.contents_jirum > div.list_item') -> items > > # items 객체를 출력합니다. > print(x = items) ```	``` {xml_nodeset (20)} [1] <div class="list_item symph_row jirum" data-role="list-row" data-author-id="yuanz [2] <div class="list_item symph_row jirum" data-role="list-row" data-author-id="x1dd1 [3] <div class="list_item symph_row jirum" data-role="list-row" data-author-id="jjhwa [4] <div class="list_item symph_row jirum" data-role="list-row" data-author-id="taeyo [5] <div class="list_item symph_row jirum" data-role="list-row" data-author-id="sugar [6] <div class="list_item symph_row jirum" data-role="list-row" data-author-id="pand4 [7] <div class="list_item symph_row jirum" data-role="list-row" data-author-id="taeyo [8] <div class="list_item symph_row jirum" data-role="list-row" data-author-id="echoc [9] <div class="list_item symph_row jirum" data-role="list-row" data-author-id="taeyo [10] <div class="list_item symph_row jirum" data-role="list-row" data-author-id="taeyo [11] <div class="list_item symph_row jirum" data-role="list-row" data-author-id="elbee [12] <div class="list_item symph_row jirum" data-role="list-row" data-author-id="ieh57 [13] <div class="list_item symph_row jirum" data-role="list-row" data-author-id="pand4 [14] <div class="list_item symph_row jirum" data-role="list-row" data-author-id="uredr [15] <div class="list_item symph_row jirum" data-role="list-row" data-author-id="dkfau [16] <div class="list_item symph_row jirum" data-role="list-row" data-author-id="xamad [17] <div class="list_item symph_row jirum" data-role="list-row" data-author-id="denci [18] <div class="list_item blocked">\n\t<div class="list_symph">\n\t\t<button class="b [19] <div class="list_item symph_row jirum" data-role="list-row" data-author-id="taeyo [20] <div class="list_item symph_row jirum" data-role="list-row" data-author-id="abido ```
입력후 실행	실행 결과

items 객체의 첫 번째 원소만 출력한다.

items[1] %>% as.character() %>% cat()

``` > # items 객체의 첫 번째 원소만 출력합니다. > items[1] %>% as.character() %>% cat() ```	``` <div class="list_item symph_row jirum" data-role="list-row" data-author-id="yuanzh oard-sn="15130090" data-comment-count="12"> <div class="list_symph view_symph" data-ro ike-count"></div> <div class="list_title oneline" data-role= e" data-toggle-custom="dropdown"> <span class="list_subject" data-ro ring"> <a href="/service/board/ji 907combine=true&q=%E8%85%88%E0%8A%A8%E8%0%8%8%81&p=O&sort=recency&boa &isBoard=true" class="subject_fixed" data-role="list-title-text" title="UAG 통 0%">UAG 통행배럴 40%</a> </span> <span class="icon_pic fa f o"></span> <a class="list_reply reply_symph" : vice/board/jirum/151300907combine=true&q=%E8%85%88%E0%8A%A8%E8%0%8%8%81&p=O& cency&boardCd=jirum&isBoard=true#comment-point" data-role="ele-after" tit1 개> <span class="rSymph05">12< </a> <div class="preview"> <span>톤톤하고 폭직한게 이걸 i 용했을까 실미군요. 그래서 아이폰5E2 케이스도 UAG로 바꾸고, Jc트폭 케이스도 바꾸려고 밌</span> ```
입력후 실행	실행 결과

관리자에 의해 삭제된 게시물 또는 에러가 발생된 게시물 제외한다.

items %>%
  keep(. %>%
      as.character() %>%
      str_detect(pattern = 'blocked|DOCTYPE', negate = TRUE)) -> items

---

게시글 제목을 수집한다.

items %>%
  html_node(css = 'div.list_title > span > a') %>%
  html_text(trim = TRUE) -> head

```
print(x = head)
```

입력후 실행	실행 결과

`> # 게시글 제목을 수집합니다.`
`> items %>%`
`+   html_node(css = 'div.list_title > span > a') %>%`
`+   html_text(trim = TRUE) -> head`
`>`
`> print(x = head)`
	`[1] "UAG 동행세일 40%"`
	`[2] "[쿠팡] 레노버 AMD 트누와르 노트북 (카드`
	`[3] "AKG EO-IC500 삼성공홈 3만5천"`
	`[4] "[BenQ US] ScreenBar 시리즈 $10 할인`
	`[5] "[Amazon] Marshall Acton II Wireles`

게시글 링크를 수집한다.

```
items %>%
  html_node(css = 'div.list_title > span > a') %>%
  html_attr(name = 'href') -> link
```

```
print(x = link)
```

입력후 실행	실행 결과

`> # 게시글 링크를 수집합니다.`
`> items %>%`
`+   html_node(css = 'div.list_title > span > a') %>%`
`+   html_attr(name = 'href') -> link`
`>`
`> print(x = link)`
	`[1] "/service/board/jirum/15130090?combine=true&q=%EB%85%B8%`
	`ncy&boardCd=jirum&isBoard=true"`
	`[2] "/service/board/jirum/15122699?combine=true&q=%EB%85%B8%`
	`ncy&boardCd=jirum&isBoard=true"`
	`[3] "/service/board/jirum/15120334?combine=true&q=%EB%85%B8%`
	`ncy&boardCd=jirum&isBoard=true"`
	`[4] "/service/board/jirum/14993856?combine=true&q=%EB%85%B8%`
	`ncy&boardCd=jirum&isBoard=true"`
	`[5] "/service/board/jirum/14992198?combine=true&q=%EB%85%B8%`
	`ncy&boardCd=jirum&isBoard=true"`

게시글 작성자 nick(글자)을 수집한다.

```
items %>%
  html_node(css = 'div.list_author_line > span > span') %>%
  html_text(trim = TRUE)
```

만약 nick이 NA인 건은 이미지가 사용된 것이다.
따라서 이미지 태그에 있는 닉네임을 별도로 수집한다.

```
items %>%
  html_node(css = 'div.list_author_line > span > img') %>%
  html_attr(name = 'alt')
```

게시글 작성자 nick을 수집하는 코드를 하나로 합치면 다음과 같다.
관라자에 의해 삭제된 게시글은 NA를 갖도록 추가한다.

```
items %>%
```

```
html_node(css = 'div.list_author_line > span > span, img') %>%
sapply(FUN = function(x) {
  if (str_sub(string = as.character(x = x), start = 2, end = 5) == 'span') {
    x %>% html_text(trim = TRUE)
  } else if (str_sub(string = as.character(x = x), start = 2, end = 5) == 'img ') {
    x %>% html_attr(name = 'alt')
  } else {
    NA
  }
}) -> nick
```

```
print(x = nick)
```

입력후 실행	실행 결과

> # 게시글 작성자 nick을 수집하는 코드를 하나로 합치면 다음과 같습니다.
> # 관리자에 의해 삭제된 게시글은 NA를 갖도록 추가합니다.
> items %>%
+   html_node(css = 'div.list_author_line > span > span, img')
+   sapply(FUN = function(x) {
+   if (str_sub(string = as.character(x = x), start = 2, end
+   x %>% html_text(trim = TRUE)
+   } else if (str_sub(string = as.character(x = x), start =
+   x %>% html_attr(name = 'alt')
+   } else {
+   NA
+   }
+   }) -> nick
>
> print(x = nick)
	[1] "LONGMAN" "굴러들어온돌" "Moderate" "우주대괴수b" "Gobi"
	[6] "아른트엘" "우주대괴수b" "loxop" "우주대괴수b" "우주대괴수b"
	[11] "clein8" "함화지생도백" "아코르엘" "ZARDBEST" "알면좀히2"
	[16] "xVauung" "Youtube" "우주대괴수b" "HarveySpector"

```
# 게시글 조회수를 수집한다.
items %>%
  html_node(css = 'div.list_hit > span') %>%
  html_text(trim = TRUE) -> view
```

```
print(x = view)
```

입력후 실행	실행 결과
> # 게시글 조회수를 수집합니다. > items %>% + html_node(css = 'div.list_hit > span') %>% + html_text(trim = TRUE) -> view > > print(x = view)	[1] "8268" "19.0 k" "7718" "11.0 k" "13.6 k" "11.1 k" [10] "10.6 k" "15.7 k" "33.2 k" "15.2 k" "18.2 k" "13.1 k" [19] "21.5 k"

조회수는 1만 단위가 넘어가는 경우 천 단위로 바뀌기 때문에 정확한 숫자를 알 수 없다. 대신

링크를 타고 개별 게시글에 가면 수집할 수 있다.

게시글 등록일을 수집한다.
items %>%
  html_node(css = 'div.list_time > span > span.timestamp') %>%
  html_text(trim = TRUE) -> date

print(x = date)

입력후 실행	실행 결과

# 지금까지 수집한 벡터를 컬럼으로 하는 데이터프레임을 생성한다.
board <- data.frame(head, link, nick, date)

# board 객체를 새 창에서 연다.
View(x = board)

입력후 실행	실행 결과

클리앙 알뜰구매에서 검색어로 게시판 글 수집하기 (2페이지부터)

웹 페이지 하단에 다음 페이지로 이동할 수 있는 '페이지 내비게이션'이 있다.
'2' 버튼을 클릭한 다음 웹 브라우저 주소창에서 URI를 복사하여 아래에 붙인다.
'https://www.clien.net/service/search?q=%EB%A7%88%EC%8A%A4%ED%81%AC&s
ort=recency&p=1&boardCd=jirum&isBoard=true'
# Query String을 살펴보면 '&p=1'이 추가되어 있다.

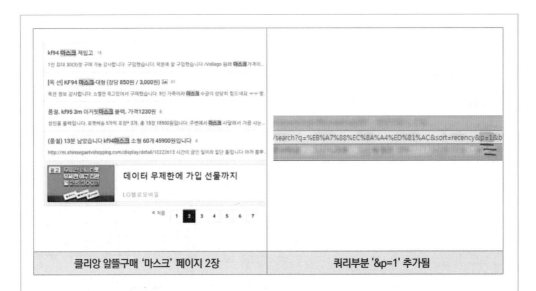

클리앙 알뜰구매 '마스크' 페이지 2장	쿼리부분 '&p=1' 추가됨

'3' 버튼을 클릭한 다음 웹 브라우저 주소창에서 URI를 복사하여 아래에 붙인다.
'https://www.clien.net/service/search?q=%EB%A7%88%EC%8A%A4%ED%81%AC&sort=recency&p=2&boardCd=jirum&isBoard=true'
Query String을 살펴보면 '&p=2'로 바뀌었다.

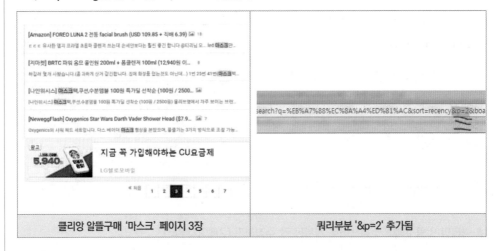

클리앙 알뜰구매 '마스크' 페이지 3장	쿼리부분 '&p=2' 추가됨

이상의 내용으로 추정할 수 있는 것은, 첫 페이지는 0으로 시작한다는 것이다.
이미 첫 페이지를 수집하여 board 객체에 할당했으니 2페이지(po=1)부터 시작한다.

페이지가 바뀌어도 HTML 구조는 같을 것이므로, 반복문을 만들어 수집할 수 있다.
반복문을 실행할 최대 페이지를 정한다. 만약 3페이지까지 수집하고 싶으면 2로 지정한다.

```
n <- 2

# 반복문을 실행한다.
for (i in 1:n) {

  # HTTP 요청을 실행한다.
  res <- GET(url = 'https://www.clien.net/service/search',
          query = list(q = searchWord,
                  sort = 'recency',
                  boardCd = 'jirum',
                  isBoard = 'true',
                  p = i))

  # 현재 진행상황을 출력한다.
  cat('현재', i, '페이지 수집 중! 상태코드는', status_code(x = res), '이다.\n')

  # 크롬 개발자도구 Elements 탭으로 이동한 다음 상품 정보를 포함하는 HTML 요소에
  # 해당하는 CSS Selector를 찾아 items 객체에 할당한다.
  res %>%
    read_html() %>%
    html_nodes(css = 'div.contents_jirum > div.list_item') -> items

  # 관리자에 의해 삭제된 게시물 또는 에러가 발생된 게시물 제외한다.
  items %>%
    keep(. %>%
        as.character() %>%
        str_detect(pattern = 'blocked|DOCTYPE', negate = TRUE)) -> items

  # 게시글 제목을 수집한다.
  items %>%
    html_node(css = 'div.list_title > span > a') %>%
    html_text(trim = TRUE) -> head
```

```r
# 게시글 링크를 수집한다.
items %>%
  html_node(css = 'div.list_title > span > a') %>%
  html_attr(name = 'href') -> link

# 게시글 작성자 nick(글자)을 수집한다.
# 관라자에 의해 삭제된 게시글은 NA를 갖도록 추가한다.
items %>%
  html_node(css = 'div.list_author_line > span > span, img') %>%
  sapply(FUN = function(x) {
    if (str_sub(string = as.character(x = x), start = 2, end = 5) == 'span') {
      x %>% html_text(trim = TRUE)
    } else if (str_sub(string = as.character(x = x), start = 2, end = 5) == 'img ') {
      x %>% html_attr(name = 'alt')
    } else {
      NA
    }
  }) -> nick

# 게시글 등록일을 수집한다.
items %>%
  html_node(css = 'div.list_time > span > span.timestamp') %>%
  html_text(trim = TRUE) -> date

# 지금까지 수집한 벡터를 컬럼으로 하는 데이터프레임을 생성한다.
df <- data.frame(head, link, nick, date)

# df 객체를 최종 데이터프레임인 board에 행 기준으로 추가한다.
board <- rbind(board, df)

# 1초간 쉰다.
Sys.sleep(time = 1)

}
```

``` + # 1초간 쉽니다. + Sys.sleep(time = 1) + + } ```	``` 현재 1 페이지 수집 중! 상태코드는 200 입니다. 현재 2 페이지 수집 중! 상태코드는 200 입니다. > | ```
입력후 실행	실행 결과

\# board 객체의 구조를 확인한다.

str(object = board)

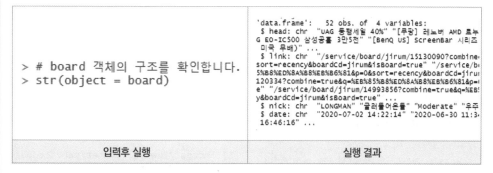

입력후 실행	실행 결과

\# board 객체를 새로운 탭에서 연다.

View(x = board)

입력후 실행	실행 결과

\# NA인 행을 삭제한다.

board <- board[complete.cases(board),]

\# link 컬럼에 클리앙의 도메인('https://www.clien.net')을 추가한다.

board$link <- str_c('https://www.clien.net', board$link)

\# date 컬럼에서 날짜 부분만 추출한 다음 date 컬럼에 재할당한다.

board$date %>%

  as.POSIXct() %>%

  format(format = '%Y-%m-%d') -> board$date

\# 행번호를 초기화한다.

```
rownames(x = board) <- NULL


# --------------------------------------------------------------------------
# 알뜰구매 게시물별 본문과 조회, 공감, 댓글수를 수집한다.


# 알뜰구매 게시판에서 게시글의 요약 정보를 수집하였다면 이제 개별 링크로 들어가서
# 각 게시글의 본문과 조회수 및 공감수를 수집한다.


# 반복문 설정에 좋도록 i를 설정한다.
i <- 1


# link 컬럼의 첫 번째 원소를 출력한다.
print(x = board$link[i])
```

입력후 실행	실행 결과

`> # link 컬럼의 첫 번째 원소를 출력합니다.`
`> print(x = board$link[i])`
	`[1] "https://www.clien.net/service/boa`
	`B8%B6%81&p=0&sort=recency&boardCd=jirun`
	`>`

```
# 첫 번째 link로 HTTP 요청을 실행한다.
res <- GET(url = board$link[i])


# 응답 결과를 확인한다.
print(x = res)
```

입력후 실행	실행 결과

`> # 첫 번째 link로 HTTP 요청을 실행합니다.`
`> res <- GET(url = board$link[i])`
`>`
`> # 응답 결과를 확인합니다.`
`> print(x = res)`
	`Response [https://www.clien.net/service/`
	`B8%EB%B6%81&p=0&sort=recency&boardCd=jir`
	`Date: 2020-07-02 14:53`
	`Status: 200`
	`Content-Type: text/html;charset=UTF-8`
	`Size: 101 kB`

```
# 본문을 수집한다.
res %>%
  read_html() %>%
```

```
html_node(css = 'div.post_article') %>%
html_text(trim = TRUE)
```

입력후 실행	실행 결과

<pre>> # 본문을 수집합니다.
> res %>%
+   read_html() %>%
+   html_node(css = 'div.post_article') %>%
+   html_text(trim = TRUE)</pre>
	<pre>[1] "저는 에어팟2 케이스를 시작으로 UAG 브랜드를 차
	이제야 사용했을까 싶더군요. \n 그래서 아이폰SE2
	그건 사이즈가 안 맞고..ㅜㅜ \n 뱅샵에서 스탠다드
	색상이 빠져있더군요. \n 그래서 공홈에 들어가봤더
	까지 입니다. \n 즐지름되세요~ ^^"
	> |</pre>

조회수를 수집한다.

```
res %>%
  read_html() %>%
  html_node(css = 'span.view_count > strong') %>%
  html_text(trim = TRUE) %>%
  str_remove_all(pattern = ',') %>%
  as.numeric()
```

입력후 실행	실행 결과

<pre>> # 조회수를 수집합니다.
> res %>%
+   read_html() %>%
+   html_node(css = 'span.view_count > strong') %>%
+   html_text(trim = TRUE) %>%
+   str_remove_all(pattern = ',') %>%
+   as.numeric()</pre>
	<pre>[1] 9073
	> |</pre>

공감수를 수집한다.

```
res %>%
  read_html() %>%
  html_node(css = '#comment-head > a.symph_count > strong') %>%
  html_text(trim = TRUE) %>%
  str_remove_all(pattern = ',') %>%
  as.numeric()
```

입력후 실행	실행 결과

<pre>> # 공감수를 수집합니다.
> res %>%
+   read_html() %>%
+   html_node(css = '#comment-head > a.symph_count > strong') %>%
+   html_text(trim = TRUE) %>%
+   str_remove_all(pattern = ',') %>%
+   as.numeric()</pre>
	<pre>[1] 1</pre>

```
# 댓글수를 수집한다.
res %>%
  read_html() %>%
  html_node(css = '#comment-point > span > strong') %>%
  html_text(trim = TRUE) %>%
  str_remove_all(pattern = ',') %>%
  as.numeric()
```

입력후 실행	실행 결과

`> # 댓글수를 수집합니다.`
`> res %>%`
`+    read_html() %>%`
`+    html_node(css = '#comment-point > span > strong') %>%`
`+    html_text(trim = TRUE) %>%`
`+    str_remove_all(pattern = ',') %>%`
`+    as.numeric()`
	`[1]  NA`

```
# --------------------------------------------------------------------------------
# 게시글의 본문과 조회수, 공감수를 저장할 컬럼을 생성한다.
board[c('body', 'view', 'like', 'comt')] <- NA

# board 객체의 행길이를 반복문 실행건수로 지정한다.
n <- nrow(x = board)

# 반복문을 실행한다.
for (i in 1:n) {

  # 현재 진행상황을 출력한다.
  cat('현재', i, '번째 게시글 정보를 수집 중이다.\n')

  # link로 HTTP 요청을 실행한다.
  res <- GET(url = board$link[i])

  # 본문을 수집한다.
  res %>%
    read_html() %>%
    html_node(css = 'div.post_article') %>%
```

```r
    html_text(trim = TRUE) -> board$body[i]

  # 조회수를 수집한다.
  res %>%
    read_html() %>%
    html_node(css = 'span.view_count > strong') %>%
    html_text(trim = TRUE) %>%
    str_remove_all(pattern = ',') %>%
    as.numeric() -> board$view[i]

  # 공감수를 수집한다.
  res %>%
    read_html() %>%
    html_node(css = '#comment-head > a.symph_count > strong') %>%
    html_text(trim = TRUE) %>%
    str_remove_all(pattern = ',') %>%
    as.numeric() -> board$like[i]

  # 댓글수를 수집한다.
  res %>%
    read_html() %>%
    html_node(css = '#comment-point > span > strong') %>%
    html_text(trim = TRUE) %>%
    str_remove_all(pattern = ',') %>%
    as.numeric() -> board$comt[i]

  # 1초간 쉰다.
  Sys.sleep(time = 1)

}
```

입력후 실행	실행 결과
| ```
+   # 댓글수를 수집합니다.
+   res %>%
+     read_html() %>%
+     html_node(css = '#comment-point > span > strong') %>%
+     html_text(trim = TRUE) %>%
+     str_remove_all(pattern = ',') %>%
+     as.numeric() -> board$comt[i]
+
+   # 1초간 쉽니다.
+   Sys.sleep(time = 1)
+
+ }
``` | 현재 48 번째 게시글 정보를 수집 중입니다.<br>현재 49 번째 게시글 정보를 수집 중입니다.<br>현재 50 번째 게시글 정보를 수집 중입니다.<br>현재 51 번째 게시글 정보를 수집 중입니다.<br>현재 52 번째 게시글 정보를 수집 중입니다.<br><br>현재 1 번째 게시글 정보를 수집 중입니다.<br>현재 2 번째 게시글 정보를 수집 중입니다.<br>현재 3 번째 게시글 정보를 수집 중입니다.<br>현재 4 번째 게시글 정보를 수집 중입니다. |

board 객체의 구조를 확인한다.

str(object = board)

입력후 실행	실행 결과
| ```
> # board 객체의 구조를 확인합니다.
> str(object = board)
``` | ```
'data.frame':   52 obs. of  8 variables:
 $ head: chr  "UAG 통행세일 40%" "[루팡] 레노버
 G EO-IC500 삼성공룸 3만5천" "[BenQ US] ScreenBa
 미국 무배)" ...
 $ link: chr  "https://www.clien.net/service/
 D%8A%B8%EB%B6%81&p=0&sort=recency&"| __trunca
 m/15122699?combine=true&q=%EB%85%B8%ED%8A%B8
 ps://www.clien.net/service/board/jirum/151203
 =0&sort=recency&"| __truncated__ "https://www
 =true&q=%EB%85%B8%ED%8A%B8%EB%B6%81&p=0&sort
 $ nick: chr  "LONGMAN" "굴러들어온돌" "Moderat
 $ date: chr  "2020-07-02" "2020-06-30" "2020
 $ body: chr  "저는 에어팟2 케이스를 시작으로 UAG
``` |

현재 작업경로를 확인한다.

getwd()

데이터를 저장할 폴더로 작업경로를 이동한다.

폴더를 만드세요(예시처럼)

setwd(dir = 'c:/강대한')

RDS 파일로 저장한다.

saveRDS(object = board, file = 'Clien_board.RDS')
```

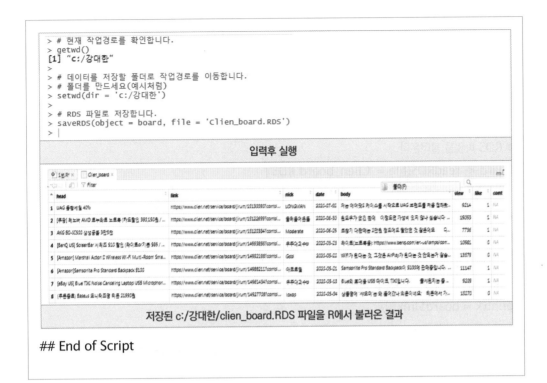

```
> # 현재 작업경로를 확인합니다.
> getwd()
[1] "c:/강대한"
>
> # 데이터를 저장할 폴더로 작업경로를 이동합니다.
> # 폴더를 만드세요(예시처럼)
> setwd(dir = 'c:/강대한')
>
> # RDS 파일로 저장합니다.
> saveRDS(object = board, file = 'clien_board.RDS')
> |
```

입력후 실행

저장된 c:/강대한/clien_board.RDS 파일을 R에서 불러온 결과

End of Script

7.2 커뮤니티 댓글 수집 예제

R Script

알뜰구매 게시글의 댓글을 수집한다.

# 필요한 패키지를 불러온다.
library(tidyverse)
library(httr)
library(rvest)

현재 작업경로를 확인하고 RDS 파일이 포함된 폴더가 아니면 변경한다.

```
getwd()
```

> # 현재 작업경로를 확인하고 RDS 파일이 포함된 폴더가 아니면 변경합니다. > getwd()	[1] "c:/강대한"
입력후 실행	실행 결과

RDS 파일을 불러온다.

```
board <- readRDS(file = 'Clien_board.RDS')
```

반복문 설정에 좋도록 i를 설정한다.

```
i <- 1
```

link 컬럼의 첫 번째 원소를 출력한다.

```
print(x = board$link[i])
```

> # link 컬럼의 첫 번째 원소를 출력합니다. > print(x = board$link[i])	[1] "https://www.clien.net/service/boa EB%85%B8%ED%8A%B8%EB%B6%81&p=0&sort=re
입력후 실행	실행 결과

HTTP 요청을 실행한다.

```
res <- GET(url = board$link[i])
```

응답 결과를 확인한다.

```
print(x = res)
```

> # 응답 결과를 확인합니다.
> print(x = res)
	Response [https://www.cl
	e&q=%EB%85%B8%ED%8A%B8%El
	rue]
	  Date: 2020-07-02 15:51
	  Status: 200
	  Content-Type: text/htm
	  Size: 108 kB

입력후 실행	실행 결과

댓글을 포함하는 HTML 요소를 items에 할당한다.

```
res %>%
  read_html() %>%
```

```
html_nodes(css = 'div.comment_row') -> items
```

댓글을 쓴 사용자 닉네임을 출력한다.

```
items %>%
  html_node(css = 'span.nickname > span') %>%
  html_text(trim = TRUE)
```

입력후 실행	실행 결과

`> # 댓글을 쓴 사용자 닉네임을 출력합니다.`
`> items %>%`
`+   html_node(css = 'span.nickname > span') %>%`
`+   html_text(trim = TRUE)`
	`[1] "sinoon"        "chryth"        "seaven7"`
	`    "EATALY"        "LONGMAN"       "시냇7`
	`[8] NA              "June케이"       NA`
	`온나무" "또하나의가족"  "시냇가에심은나무" "귀엽냐도토리"`
	`[15] NA             "oh호라"        "꼬장만단"`

닉네임이 이미지인 경우, HTML 요소의 img 파라미터 값을 수집한다.

```
items %>%
  html_node(css = 'span.nickname > img') %>%
  html_attr(name = 'alt')
```

입력후 실행	실행 결과

`> # 닉네임이 이미지인 경우, HTML 요소의 img 파라미터 값을 수집합니다.`
`> items %>%`
`+   html_node(css = 'span.nickname > img') %>%`
`+   html_attr(name = 'alt')`
	`[1] NA    NA    NA    NA    NA`
	`            NA    "멋진수컷"  NA    "라버니블루" NA`
	`[12] NA   NA    NA    "Estere"    NA`

댓글 작성자 nick을 수집하는 코드를 하나로 합치면 다음과 같다.

```
items %>%
  html_node(css = 'span.nickname > span, img') %>%
  sapply(FUN = function(x) {
    if (str_sub(string = as.character(x = x), start = 2, end = 5) == 'span') {
      x %>% html_text(trim = TRUE)
    } else if (str_sub(string = as.character(x = x), start = 2, end = 5) == 'img ') {
      x %>% html_attr(name = 'alt')
    } else {
      NA
    }
  })
```

```
+          x %>% html_attr(name = 'alt')
+       } else {
+          NA
+       }
+    })
```

입력후 실행	실행 결과

(code above)	```[1] "sinoon" "chryth"```
	``` "EATALY" "LONGMAN"```
	``` [8] "멋진수컷" "June케이"```
	```무" "또하나의가족" "시냇가에심은나무" '```
	```[15] "Estere" "oh호라"```

댓글 공감수(like)를 수집한다.

items %>%

  html_node(css = 'button.comment_symph > strong') %>%

  html_text(trim = TRUE) %>%

  str_remove_all(pattern = ',') %>%

  as.numeric()

입력후 실행	실행 결과

```> # 댓글 공감수(like)를 수집합니다.```
```> items %>%```
```+   html_node(css = 'button.comment_symph > strong') %>%```
```+   html_text(trim = TRUE) %>%```
```+   str_remove_all(pattern = ',') %>%```
```+   as.numeric()```
	```[1] 5 0 0 0 4 0 0 0 0 0 0 1 0 0 0 0 0```

댓글 등록일을 수집한다.

수정일이 있는 경우, 날짜 데이터가 2개이므로 첫 등록일만 수집하도록 한다.

items %>%

  html_node(css = 'span.timestamp') %>%

  html_text(trim = TRUE) %>%

  str_split(pattern = ' / ') %>%

  sapply(FUN = `[[`, 1)

입력후 실행	실행 결과

```> # 댓글 등록일을 수집합니다.```
```> # 수정일이 있는 경우, 날짜 데이터가 2개이므로 첫 등록일만 수집하도록 합니다.```
```> items %>%```
```+   html_node(css = 'span.timestamp') %>%```
```+   html_text(trim = TRUE) %>%```
```+   str_split(pattern = ' / ') %>%```
```+   sapply(FUN = `[[`, 1)```
	```[1] "2020-07-02 15:05:52" "2020-07-02 17:15:29" "2020-07-02 15:48```
	``` "2020-07-02 16:28:21" "2020-07-02 16:36:15 " "2020-07-02 16:40:4```
	``` [7] "2020-07-02 16:42:45" "2020-07-02 16:52:41" "2020-07-02 16:59```
	``` "2020-07-02 17:04:04" "2020-07-03 00:18:18" "2020-07-02 17:18:30```
	```[13] "2020-07-03 00:20:16" "2020-07-02 17:27:58" "2020-07-02 18:44```
	``` "2020-07-02 21:13:12" "2020-07-02 23:27:02"```

댓글 본문을 수집한다.

items %>%

  html_node(css = 'div.comment_view') %>%

html_text(trim = TRUE)

입력후 실행	실행 결과
| ```
> # 댓글 본문을 수집합니다.
> items %>%
+   html_node(css = 'div.comment_view') %>%
+   html_text(trim = TRUE)
``` | ```
> html_text(trim = TRUE)
  [1] "uag는 공홀이랑 한국세일가 비교해보시고 사시는게 좋습
보다 비싼경우가 많아요"

  [2] "@sinoon님 대부분의 xxx 코리아가 그렇지요 ㅋㅋ"

  [3] "12.9 4세대 가격 봤더니 출시 때 699인가 했는데 지금
네요 ㅋㅋ역시 무슨무슨 세일 붙이고 다 말장난뿐이에요.옵션징
건 어떤건 오픈마켓 신품이 더 저렴하네요."
  [4] "아쉽게도 기본가격이 너무 높네요..."
``` |

```
# --------------------------------------------------------------
# 반복문을 실행하여 전체 댓글을 수집
# --------------------------------------------------------------


# 최종 결과 객체를 생성한다.
comment <- data.frame()


# 반복문을 수행할 횟수를 지정한다.
n <- nrow(x = board)


# 반복문을 수행한다.
for (i in 1:n) {

  # 현재 진행상황을 출력한다.
  cat('현재', i, '페이지 실행 중!\n')


  # 댓글이 없는 글도 있으므로 tryCatch() 함수를 추가한다.
  tryCatch({

    # HTTP 요청을 실행한다.
    res <- GET(url = board$link[i])


    # 댓글을 포함하는 HTML 요소를 items에 할당한다.
    res %>%
```

```r
  read_html() %>%
  html_nodes(css = 'div.comment_row') -> items


# 댓글을 쓴 사용자 닉네임을 출력한다.
items %>%
  html_node(css = 'span.nickname > span, img') %>%
  sapply(FUN = function(x) {
    if (str_sub(string = as.character(x = x), start = 2, end = 5) == 'span') {
      x %>% html_text(trim = TRUE)
    } else if (str_sub(string = as.character(x = x), start = 2, end = 5) == 'img ') {
      x %>% html_attr(name = 'alt')
    } else {
      NA
    }
  }) -> nick


# 댓글 공감수(like)를 수집한다.
items %>%
  html_node(css = 'button.comment_symph > strong') %>%
  html_text(trim = TRUE) %>%
  str_remove_all(pattern = ',') %>%
  as.numeric() -> like


# 댓글 등록일을 수집한다.
# 수정일이 있는 경우, 날짜 데이터가 2개이므로 첫 등록일만 수집하도록 한다.
items %>%
  html_node(css = 'span.timestamp') %>%
  html_text(trim = TRUE) %>%
  str_split(pattern = ' / ') %>%
  sapply(FUN = `[[`, 1) -> date


# 댓글 본문을 수집한다.
items %>%
```

```
      html_node(css = 'div.comment_view') %>%
      html_text(trim = TRUE) -> body


    # 댓글 데이터를 하나의 데이터프레임에 저장한다.
    # 수집 데이터는 게시글 링크, 댓글수, 댓글 본문, 닉네임, 등록일, 공감수로 한다.
    df <- data.frame(
      link = board$link[i],
      comt = length(x = items),
      body = body,
      nick = nick,
      date = date,
      like = like)


    # 최종 결과 객체에 추가한다.
    comment <- rbind(comment, df)


    # 1초간 쉰다.
    Sys.sleep(time = 1)

  }, error = function(e) cat('-->> 댓글이 없다!\n'))


}
```

입력후 실행	실행 결과
``+   # 1초간 쉽니다.
+   Sys.sleep(time = 1)
+
+ }, error = function(e) cat('-->> 댓글이 없습니다!\n'))
+
+ }```	현재 48 페이지 실행 중! -->> 댓글이 없습니다! 현재 49 페이지 실행 중! 현재 50 페이지 실행 중! 현재 51 페이지 실행 중! 현재 52 페이지 실행 중! -->> 댓글이 없습니다!

```
# 댓글 데이터프레임의 구조를 확인한다.
str(object = comment)
```

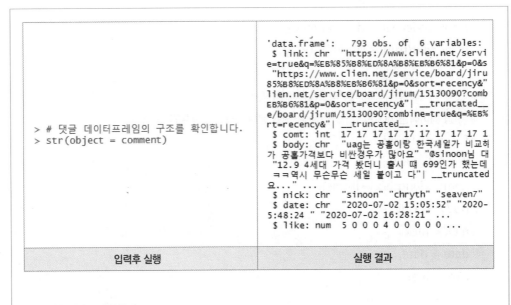

입력후 실행	실행 결과

```
> # 댓글 데이터프레임의 구조를 확인합니다.
> str(object = comment)
```

```
'data.frame':  793 obs. of  6 variables:
 $ link: chr  "https://www.clien.net/servi
e=true&q=%EB%85%B8%ED%8A%B8%EB%B6%81&p=0&s
 "https://www.clien.net/service/board/jiru
85%B8%ED%8A%B8%EB%B6%81&p=0&sort=recency&"
lien.net/service/board/jirum/15130090?comb
EB%B6%81&p=0&sort=recency&"| __truncated__
e/board/jirum/15130090?combine=true&q=%EB%
rt=recency&"| __truncated__ ...
 $ comt: int  17 17 17 17 17 17 17 17 17 1
 $ body: chr  "uag는 공홈이랑 한국세일가 비교히
가 공홈가격보다 비싼경우가 많아요" "@sinoon님 대
 "12.9 4세대 가격 봤더니 출시 때 699인가 했는데
ㅋㅋ역시 무슨무슨 세일 붙이고 다"| __truncated
요..." ...
 $ nick: chr  "sinoon" "chryth" "seaven7"
 $ date: chr  "2020-07-02 15:05:52" "2020-
5:48:24 " "2020-07-02 16:28:21" ...
 $ like: num  5 0 0 0 4 0 0 0 0 0 ...
```

```
# RDS 파일로 저장한다.
saveRDS(object = comment, file = 'Clien_comment.RDS')


## End of Script
```

여기까지는 온라인 커뮤니티 대상으로 자료를 수집하는 예제를 실습하였다. 지금부터는 온라인 대형 포털 사이트인 네이버를 대상으로 자료를 수집하는 방법에 대해 예제들로 실습할 것이다.

대형 포털 사이트 네이버 (www.naver.com)	네이버 개발자 센터 (developers.naver.com)

7.3 대형 포털 쇼핑 상품 정보, 평점, 리뷰 수집 예제

R Script

```
# 네이버 쇼핑 가격 비교 상품 정보 수집
# --------------------------------------------------------------------


# 네이버 쇼핑 페이지(https://shopping.naver.com)에서 검색어를 입력했을 때 열리는
# 웹 페이지 URI를 복사하여 붙인다.
'https://search.shopping.naver.com/search/all.nhn?query=마스크'


# url : https://search.shopping.naver.com/search/all.nhn
# query strings : query=검색어
```

네이버 쇼핑 마스크 검색 페이지	페이지 주소의 구조.query=검색어

```
# 상세 검색 항목별 파라미터를 정리하면 아래와 같다.

# 페이지 : pagingIndex=1
# 건수 : pagingSize=40 (20, 40, 60, 80 중 택1)
# 정렬 : sort=rel(네이버쇼핑 랭킹순), sort=price_asc(낮은 가격순), sort=price_dsc(높은 가격순),
# 정렬 : sort=date(등록일순), sort=review(리뷰 많은순)
# 쇼핑몰선택 : 없음(상품타입전체), agency=true(해외보기), exagency=true(해외제외),
```

```
# 쇼핑몰선택 : used=true(중고보기), exused=true(중고제외)

# ----------------------------------------------------------------------

# 필요한 패키지를 불러온다.
library(tidyverse)
library(httr)
library(rvest)

# 검색어를 설정한다.
searchWord <- '노트북'

# HTTP 요청을 실행한다.
res <- GET(url = 'https://search.shopping.naver.com/search/all.nhn',
       query = list(query = searchWord) )

# 응답 결과를 확인한다.
print(x = res)
```

> # 응답 결과를 확인합니다.
> print(x = res)
	Response [https://search.shopping.naver.c
	D%8A%B8%EB%B6%81]
	  Date: 2020-07-02 16:12
	  Status: 200
	  Content-Type: text/html; charset=utf-8
	  Size: 1.02 MB

입력후 실행	실행 결과

```
# 상품 정보를 담고 있는 HTML 요소를 추출한다.
res %>%
  read_html() %>%
  html_nodes(css = 'ul.goods_list > li > div.info') -> items

# items 객체의 길이를 확인한다.
length(x = items)
```

입력후 실행	실행 결과
> # items 객체의 길이를 확인합니다. > length(x = items)	[1] 0

제목을 추출한다.

items %>%

  html_node(css = 'a.tit') %>%

  html_text(trim = TRUE) -> head

print(x = head)

입력후 실행	실행 결과

# 제목을 추출합니다. 	
items %>%
  html_node(css = 'a.tit') %>%
  html_text(trim = TRUE) -> head
 	
print(x = head)
	character(0)

링크를 추출한다.

items %>%

  html_node(css = 'a.tit') %>%

  html_attr(name = 'href') -> link

print(x = link)

입력후 실행	실행 결과
> # 링크를 추출합니다. > items %>% + html_node(css = 'a.tit') %>% + html_attr(name = 'href') -> link > > print(x = link)	character(0)

가격을 추출한다.

items %>%

  html_node(css = 'span.price > em > span.num') %>%

html_text(trim = TRUE) %>%

str_remove_all(pattern = ',') %>%

as.numeric() -> price

print(x = price)

| ```
> # 가격을 추출합니다.
> items %>%
+   html_node(css = 'span.price > em > span.num') %
>%
+   html_text(trim = TRUE) %>%
+   str_remove_all(pattern = ',') %>%
+   as.numeric() -> price
>
> print(x = price)
``` | `numeric(0)` |
|---|---|
| 입력후 실행 | 실행 결과 |

평점을 추출한다.

items %>%

  html_node(css = 'span.star_graph > span') %>%

  html_attr(name = 'style') %>%

  str_extract(pattern = '\\d+(\\.\\d+)*') %>%

  as.numeric() / 20 -> stars

print(x = stars)

| ```
> # 평점을 추출합니다.
> items %>%
+   html_node(css = 'span.star_graph > span') %>%
+   html_attr(name = 'style') %>%
+   str_extract(pattern = '\\d+(\\.\\d+)*') %>%
+   as.numeric() / 20 -> stars
>
> print(x = stars)
``` | `numeric(0)` |
|---|---|
| 입력후 실행 | 실행 결과 |

리뷰수를 추출한다.

items %>%

  html_node(css = 'span.etc > a > em') %>%

  html_text(trim = TRUE) %>%

  str_remove_all(pattern = ',') %>%

  as.numeric() -> reviews

print(x = reviews)

<table>
<tr>
<td>

```
> # 리뷰수를 추출합니다.
> items %>%
+   html_node(css = 'span.etc > a > em') %>%
+   html_text(trim = TRUE) %>%
+   str_remove_all(pattern = ',') %>%
+   as.numeric() -> reviews
>
> print(x = reviews)
```

</td>
<td>

numeric(0)

</td>
</tr>
<tr>
<td align="center">입력후 실행</td>
<td align="center">실행 결과</td>
</tr>
</table>

등록일을 추출한다.

items %>%

  html_node(css = 'span.etc > span.date') %>%

  html_text(trim = TRUE) %>%

  str_remove(pattern = '등록일 ') -> date

print(x = date)

<table>
<tr>
<td>

```
> # 등록일을 추출합니다.
> items %>%
+   html_node(css = 'span.etc > span.date') %>%
+   html_text(trim = TRUE) %>%
+   str_remove(pattern = '등록일 ') -> date
>
> print(x = date)
```

</td>
<td>

character(0)

</td>
</tr>
<tr>
<td align="center">입력후 실행</td>
<td align="center">실행 결과</td>
</tr>
</table>

데이터프레임으로 저장한다.

itemList <- data.frame(head, link, price, stars, reviews, date)

itemList 객체의 구조를 파악한다.

str(object = itemList)

<table>
<tr>
<td>

```
> # 데이터프레임으로 저장합니다.
> itemList <- data.frame(head, link, price, stars, r
eviews, date)
> # itemList 객체의 구조를 파악합니다.
> str(object = itemList)
```

</td>
<td>

```
'data.frame':   0 obs. of  6 variables:
 $ head   : chr
 $ link   : chr
 $ price  : num
 $ stars  : num
 $ reviews: num
 $ date   : chr
```

</td>
</tr>
<tr>
<td align="center">입력후 실행</td>
<td align="center">실행 결과</td>
</tr>
</table>

--

```
# 반복문을 실행하여 전체 상품정보를 수집한다.
# ---------------------------------------------------------------------

'https://search.shopping.naver.com/search/all.nhn'
'?query=%EB%AF%B8%EC%84%B8%EB%A8%BC%EC%A7%80+%EB%A7%88%EC%8A%A
4%ED%81%AC'

# 웹 페이지 아래로 이동하여 '2' 버튼을 클릭하면 URI에 몇 가지 query가 추가된다.
'https://search.shopping.naver.com/search/all.nhn'
'?query=%EB%AF%B8%EC%84%B8%EB%A8%BC%EC%A7%80+%EB%A7%88%EC%8A%A
4%ED%81%AC'
'&pagingIndex=2&pagingSize=40'

# 추가로 수집할 페이지수를 지정한다.
n <- 3

# 반복문을 실행한다.
for (i in 2:n) {

  # 현재 진행상황을 출력한다.
  cat('현재', i, '페이지를 수집하고 있다.\n')

  # HTTP 요청을 실행한다.
  res <- GET(url = 'https://search.shopping.naver.com/search/all.nhn',
          query = list(query = searchWord,
                  pagingIndex = i,
                  pagingSize = 40) )

  # 상품 정보를 담고 있는 HTML 요소를 추출한다.
  res %>%
    read_html() %>%
    html_nodes(css = 'ul.goods_list > li > div.info') -> items
  # 제목을 추출한다.
  items %>%
    html_node(css = 'a.tit') %>%
```

```r
  html_text(trim = TRUE) -> head

# 링크를 추출한다.
items %>%
  html_node(css = 'a.tit') %>%
  html_attr(name = 'href') -> link

# 가격을 추출한다.
items %>%
  html_node(css = 'span.price > em > span.num') %>%
  html_text(trim = TRUE) %>%
  str_remove_all(pattern = ',') %>%
  as.numeric() -> price

# 평점을 추출한다.
items %>%
  html_node(css = 'span.star_graph > span') %>%
  html_attr(name = 'style') %>%
  str_extract(pattern = '\\d+\\.\\d+') %>%
  as.numeric() / 20 -> stars

# 리뷰수를 추출한다.
items %>%
  html_node(css = 'span.etc > a > em') %>%
  html_text(trim = TRUE) %>%
  str_remove_all(pattern = ',') %>%
  as.numeric() -> reviews

# 등록일을 추출한다.
items %>%
  html_node(css = 'span.etc > span.date') %>%
  html_text(trim = TRUE) %>%
  str_remove(pattern = '등록일 ') -> date

# 데이터프레임으로 저장한다.
```

```
    df <- data.frame(head, link, price, stars, reviews, date)

    # 최종 결과 객체에 추가한다.
    itemList <- rbind(itemList, df)

    # 1초간 쉰다.
    Sys.sleep(time = 1)


}
```

``+   # 최종 결과 객체에 추가합니다.
+   itemList <- rbind(itemList, df)
+
+   # 1초간 쉽니다.
+   Sys.sleep(time = 1)
+
+ }```	현재 2 페이지를 수집하고 있습니다. 현재 3 페이지를 수집하고 있습니다. >
입력후 실행	실행 결과

```
# itemList 객체의 구조를 파악한다.
str(object = itemList)
```

``> # itemList 객체의 구조를 파악합니다.
> str(object = itemList)```	```'data.frame': 0 obs. of 6 variables:
$ head   : chr
$ link   : chr
$ price   : num
$ stars   : num
$ reviews : num
$ date   : chr```
입력후 실행	실행 결과

```
# itemList 객체를 새로운 탭에서 연다.
View(x = itemList)
```

``> # itemList 객체를 새로운 탭에서 엽니다.
> View(x = itemList)```	head	link	price	stars	reviews	date
	No data available in table					
입력후 실행	실행 결과					

```
## End of Script
```

7.4 모바일 네이버 카페
본문 수집 예제

R Script

모바일 네이버 카페에서 검색어로 본문 수집하기
--

네이버 카페(cafe.naver.com)와 모바일 카페(m.cafe.naver.com) 화면 비교

필요한 패키지를 불러온다.
```
library(tidyverse)
library(httr)
library(rvest)
library(jsonlite)
```

\# 이번 예제의 검색어는 '코로나'로 하겠다.

\# 모바일 네이버 카페로 이동하여 검색어를 입력한 URI를 복사하여 붙여넣다.

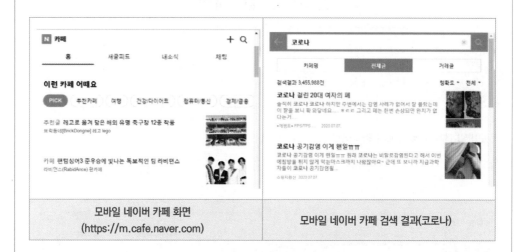

모바일 네이버 카페 화면 (https://m.cafe.naver.com)	모바일 네이버 카페 검색 결과(코로나)

'https://m.cafe.naver.com/SectionArticleSearch.nhn?query=코로나'

\# 크롬 개발자도구에서 HTTP 통신 관련 파일을 찾다.

\# Network의 Doc에 SectionArticleSearch.nhn으로 시작하는 파일을 찾았다.

\# 파일을 클릭하여 Headers에서 HTTP 관련 내용을 확인한다.

\# 검색어를 설정한다.

```
searchWord <- '코로나'
```

\# HTTP 요청을 실행한다.

```
res <- GET(url = 'https://m.cafe.naver.com/SectionArticleSearch.nhn',
       query = list(query = searchWord))
```

\# 응답 결과를 확인한다.

```
print(x = res)
```

입력후 실행	실행 결과
| ```R
> # 검색어를 설정합니다.
> searchword <- '코로나'
>
> # HTTP 요청을 실행합니다.
> res <- GET(url = 'https://m.cafe.naver.com/Section
ArticleSearch.nhn',
+            query = list(query = searchword))
>
> # 응답 결과를 확인합니다.
> print(x = res)
``` | ```
Response [https://m.cafe.naver.com/SectionArticleSea
rch.nhn?query=%EC%BD%94%EB%A1%9C%EB%82%98]
  Date: 2020-07-10 03:32
  Status: 200
  Content-Type: text/html;charset=utf-8
  Size: 35.7 kB


<!DOCTYPE html>
<html lang="ko">
<head>
    <title>네이버 카페</title>
``` |

크롬 개발자도구 Element로 이동하여 관련 HTML 요소들을 찾다.

'ul#searchList > li'

입력후 실행	실행 결과
| ```R
> # 크롬 개발자도구 Element로 이동하여 관련 HTML 요소들을 찾습니다.
> 'ul#searchList > li'
``` | ```
[1] "ul#searchList > li"
``` |

필요한 HTML 요소만 지정한다.

res %>%
  read_html() %>%
  html_nodes(css = 'ul#searchList > li') -> items

items를 출력한다.

print(x = items)

입력후 실행	실행 결과
| ```R
> # 필요한 HTML 요소만 지정합니다.
> res %>%
+   read_html() %>%
+   html_nodes(css = 'ul#searchList > li') -> items
>
> # items를 출력합니다.
> print(x = items)
``` | ```
{xml_nodeset (10)}
 [1] <li>\n\t\t\t<a href="https://m.cafe.naver.com/f
psgame/3700121?art=aW50ZXJuYWwtY2FmZS13ZWItc2VjdGlvb
i1 ...
 [2] <li>\n\t\t\t<a href="https://m.cafe.naver.com/s
hopjirmsin/5070715?art=aW50ZXJuYWwtY2FmZS13ZWItc2Vjd
Gl ...
 [3] <li>\n\t\t\t<a href="https://m.cafe.naver.com/g
ototheusa/500160?art=aW50ZXJuYWwtY2FmZS13ZWItc2VjdGl
``` |

카페글 링크를 수집한다.

items %>%
  html_node(css = 'a') %>%
  html_attr(name = 'href')

<table>
<tr>
<td>

```
> # 카페글 링크를 수집합니다.
> items %>%
+    html_node(css = 'a') %>%
+    html_attr(name = 'href')
```

</td>
<td>

```
  [1] "https://m.cafe.naver.com/a
rt=aW50ZXJuYWwtY2FmZS13ZWItc2Vjd
lzdA.eyJ0eXAiOiJKV1QiLCJhbGciOi:
lVHlwZSI6IkNBRkVfVVJMIiwiYXJ0aWN
ImNhZmVVcmwiOiJhdWRRpb2R1ZHUiLCJ
zg1MjA5Mjc5OH0.w7D9ljKZBvtO43U1V
_smbg-9kk&query=%EB%A7%A5%EB%B69
  [2] "https://m.cafe.naver.com/i
art=aW50ZXJuYWwtY2FmZS13ZWItc2V-
GlzdA.eyJ0eXAiOiJKV1QiLCJhbGciOi
```

</td>
</tr>
<tr>
<td align="center">입력후 실행</td>
<td align="center">실행 결과</td>
</tr>
</table>

카페글 제목을 수집한다.

items %>%

　html_node(css = 'a > div > strong.tit') %>%

　html_text(trim = TRUE)

<table>
<tr>
<td>

```
> # 카페글 제목을 수집합니다.
> items %>%
+    html_node(css = 'a > div > strong.tit') %>%
+    html_text(trim = TRUE)
```

</td>
<td>

```
 [1] "코로나 걸린 20대 여자의 폐"              "코로
나 공기감염 이게 왠일ㅠㅠ"
 [3] "코로나가 독감처럼 계속 유행한다면.."        "코로나
19 때문에 카페 조회수가 폭발적입니다."
 [5] "코로나 면접"                          "코
로나19"
 [7] "코로나대출"                           "코
로나, 너 참 싫다."
 [9] "브라질 대통령 코로나 양성판정..어쩌다가?"    "임
신...코로나"
```

</td>
</tr>
<tr>
<td align="center">입력후 실행</td>
<td align="center">실행 결과</td>
</tr>
</table>

카페글 본문을 수집한다.

items %>%

　html_node(css = 'a > div > p.desc.ellip') %>%

　html_text(trim = TRUE)

<table>
<tr>
<td>

```
> # 카페글 본문을 수집합니다.
> items %>%
+    html_node(css = 'a > div > p.desc.ellip') %>%
+    html_text(trim = TRUE)
```

</td>
<td>

```
 [1] "솔직히 코로나 코로나 하지만 주변에서는 감염 사례가 없
어서 잘 몰랐는데 이 글을 보니 확 와닿네요..... ㅎㄷㄷ 그리고
폐는 한번 손상되면 완치가 없다는거....."

 [2] "코로나 공기감염 이게 왠일ㅠㅠ 원래 코로나는 비말로감염
된다고 해서 이번에짐방을 투지 않게 막는마스크까지 나왔잖아요~
근데 또 보니까 지금과학자들이 코로나 공기감염될..."
 [3] "한동안 코로나 공포심 때문에, 경제를 제재해야한다 생각
했었는데... 요즘 코로나 집계하는 방식과 사망자 수치 통을 보
면 코로나에 좀 많이 과잉대응을 하고 있는게 아닌가..."
 [4] "기록하는데어제 코로나19 확진자 소식에 조회수가 43만입
니다.ㅠ오늘도 현재까지 33만 정도 됩니다. 지난 3월경에도 코로
나19 때문에 카페 조회수가 급격히 늘어나카페통급이..."
```

</td>
</tr>
<tr>
<td align="center">입력후 실행</td>
<td align="center">실행 결과</td>
</tr>
</table>

카페글 카페명을 수집한다.

items %>%

  html_node(css = 'a > div > div.info > span.cafe_name') %>%

  html_text(trim = TRUE)

입력후 실행	실행 결과
``` > # 카페글 카페명을 수집합니다. > items %>% + html_node(css = 'a > div > div.info > span.cafe_name') %>% + html_text(trim = TRUE) ```	[1] "●에펨포● FPS/TPS 게임 전문 커뮤니티" [2] "쇼핑지롱신" [3] "[미준모] 미국여행,유학,취업,이민,영주권,시민권 준비자들 모임" [4] "당진 부동산" [5] "전한길한국사" [6] "그랜드카니발 네이버 공식 동호회" [7] "아프니까 사장이다 [소상공인·자영업자·창업]"

카페글 작성일을 수집한다.

items %>%

  html_node(css = 'a > div > div.info > span.date') %>%

  html_text(trim = TRUE)

입력후 실행	실행 결과
``` > # 카페글 작성일을 수집합니다. > items %>% + html_node(css = 'a > div > div.info > span.date') %>% + html_text(trim = TRUE) ```	[1] "2020.07.01." "2020.06.21." "2020.06.10." 020.06.22." "2020.07.01." "2020.06.29." "5시간 [8] "2020.06.30." "2020.07.03." "16시간 전"

--

css만 입력하면 필요한 속성과 텍스트를 반환하는 함수 생성

※ CSS란?

Cascading Style Sheet의 줄임말. HTML(홈페이지 작성 기본 언어) 문서 스타일을 정의해 웹상의 페이지가 출력되는 모양을 정한다. CSS는 웹페이지 HTML 속성중 스타일을 정의한다. 이 관련성을 응용해 웹페이지내 특정요소에 들어있는 데이터를 추려내는데 유용하다.

--

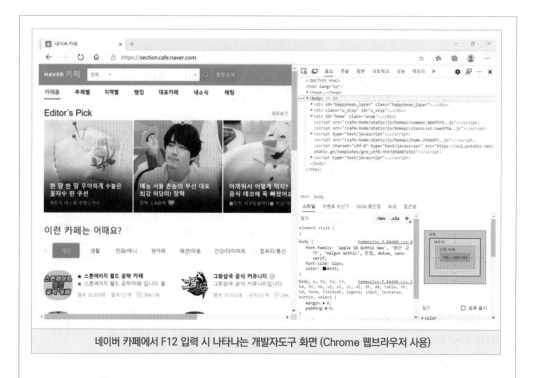

네이버 카페에서 F12 입력 시 나타나는 개발자도구 화면 (Chrome 웹브라우저 사용)

```r
getHtmlAttr <- function(css, name) {
  items %>%
    html_node(css = css) %>%
    html_attr(name = name) -> result
  return(result)
}


getHtmlText <- function(css) {
  items %>%
    html_node(css = css) %>%
    html_text(trim = TRUE) -> result
  return(result)
}


# 위 함수들을 이용하여 데이터프레임으로 저장한다.
data.frame(
  link = getHtmlAttr(css = 'a', name = 'href'),
```

```
    head = getHtmlText(css = 'a > div > strong.tit'),

    body = getHtmlText(css = 'a > div > p.desc.ellip'),

    cafe = getHtmlText(css = 'a > div > div.info > span.cafe_name'),

    date = getHtmlText(css = 'a > div > div.info > span.date')

) -> df
```

> # 위 함수들을 이용하여 데이터프레임으로 저장합니다. > data.frame(+ link = getHtmlAttr(css = 'a', name = 'href'), + head = getHtmlText(css = 'a > div > strong.tit'), + body = getHtmlText(css = 'a > div > p.desc.ellip'), + cafe = getHtmlText(css = 'a > div > div.info > span.cafe_nam e'), + date = getHtmlText(css = 'a > div > div.info > span.date') +) -> df	articleId cafeId cafeName formattedWriteDate linkList subject 1 ... 2 ... 3 ...
입력후 실행	**실행 결과(df 변수 구조 확인)**

```
# ------------------------------------------------------------
# 여러 페이지에 걸친 카페글 링크 수집하기
# ------------------------------------------------------------
```

```
# 페이지 하단의 '더보기'를 클릭한 다음, 크롬 개발자도구에서 관련 파일을 찾다.
# Network의 XHR에 'SectionArticleSearchAjax.nhn'을 찾았다.
# 클릭하여 Headers를 살펴보니 POST 방식이 사용되었다.
```

```
# HTTP 요청을 실행한다
res <- POST(url = 'https://m.cafe.naver.com/SectionArticleSearchAjax.nhn',
        body = list(query = searchWord,
              page = 2))
# 응답 결과를 확인한다.
print(x = res)
```

> # 응답 결과를 확인합니다. > print(x = res)	Response [https://m.cafe.naver.com/SectionArticleSearchAjax.nhn] Date: 2020-07-04 06:19 Status: 200 Content-Type: application/json Size: 20.7 kB
입력후 실행	**실행 결과**

```
# JSON 형식의 텍스트만 추출한다.
```

```
res %>%
  content(as = 'text', encoding = 'UTF-8') %>%
  fromJSON() -> json
```

json 객체의 구조를 파악한다.

```
str(object = json)
```

입력후 실행	실행 결과
| ```
> # json 객체의 구조를 파악합니다.
> str(object = json)
``` | ```
List of 2
 $ result    :List of 4
  ..$ page            : int 2
  ..$ perPage         : int 10
  ..$ searchItemList:'data.frame':    10 obs. of
 16 variables:
  .. ..$ art              : chr [1:10] "" "" "" ""
  ...
  .. ..$ articleId        : int [1:10] 117903 111660
 8 3690156 235643 131619 48678 215174 921620 1729348
 144443
  .. ..$ cafeId           : int [1:10] 29530296 2141
 0422 18376548 11329722 18962868 14770438 25669022 13
 018047 21737991 25717924
  .. ..$ cafeName         : chr [1:10] "대전부동산의
 모든것" "의정부 맘들의 모임" "대전세종맘스베이비(대세맘,대
 전맘,세종맘)" "우표를 사랑하는 사람들" ...
  .. ..$ commentCount     : int [1:10] 0 0 0 0 0 0 0
 0 0 0
  .. ..$ content          : chr [1:10] "부모님 동네에
 <b>코로나</b> 확진자도 나왔고 아빠가 평소에 마스크도 잘 안
 쓰시리라... 중환자실에 외식도 없이 누워"| __truncated__
 "두서는없지만..제생각은 <b>코로나</b>를 걸리고 싶어서 걸리
 는 사람은 없어요. 의정부 시민 뿐 아니라 전세계적으로.."| __
 truncated__ "대전시민을 <b>코로나</b>로부터 지켜주세요. h
``` |

필요한 원소인 searchItemList만 선택하여 df에 할당한다.

```
df <- json$result$searchItemList
```

df에서 필요한 컬럼만 선택한다.

```
df %>%
  select(articleId, cafeId, cafeName, formatedWriteDate, linkUrl, subject) -> df
```

```
## XHR에서 사용된 방식에서 page만 바꾸면 전체 데이터 수집이 가능한다.
## 다만 이 방법으로 하면 최대 100 페이지(총 1000개)만 수집할 수 있다.


# -------------------------------------------------------------------


# 반복문을 사용하여 1천 개의 카페글을 수집한다.
# -------------------------------------------------------------------


# 반복문을 실행할 횟수를 지정한다.
n <- 10


# 최종 데이터를 저장할 빈 데이터프레임을 생성한다.
cafe <- data.frame()


# 반복문을 실행한다.
for (i in 1:n) {

  # 반복문 진행상황을 출력한다.
  cat('현재', i, '페이지 수집 중!\n')

  # HTTP 요청을 실행한다
  res <- POST(url = 'https://m.cafe.naver.com/SectionArticleSearchAjax.nhn',
          body = list(query = searchWord,
                  page = i))

  # JSON 형식의 텍스트만 추출한다.
  res %>%
    content(as = 'text', encoding = 'UTF-8') %>%
    fromJSON() -> json

  # df를 생성한다.
  json$result$searchItemList %>%
    select(articleId, cafeId, cafeName, formatedWriteDate, linkUrl, subject) -> df
```

```
# 최종 데이터프레임에 추가한다.
cafe <- rbind(cafe, df)


# 1초간 쉰다.
Sys.sleep(time = 1)


}
```

입력후 실행	실행 결과

<pre>+   # 최종 데이터프레임에 추가합니다.
+   cafe <- rbind(cafe, df)
+
+   # 1초간 쉽니다.
+   Sys.sleep(time = 1)
+
+ }</pre>
	<pre>현재 1 페이지 수집 중!
	현재 2 페이지 수집 중!
	현재 3 페이지 수집 중!
	현재 4 페이지 수집 중!</pre>

```
# 컬럼명을 변경한다.
colnames(x = cafe) <- c('aid', 'cid', 'cafeNm', 'date', 'url', 'title')


# -------------------------------------------------------------------------------
# 개별 링크로 들어가 본문 수집
# -------------------------------------------------------------------------------


# 반복문 설정에 좋도록 i를 설정한다.
i <- 1


# 카페글 링크를 확인한다.
cafe$url[i]
```

입력후 실행	실행 결과

<pre>> # 카페글 링크를 확인합니다.
> cafe$url[i]</pre>
	<pre>[1] "https://m.cafe.naver.com/audiodudu/217773?
	t=aW50ZXJuYWwtY2FmZS13ZWItc2VjdGlvbi1zZWFyY2gtb
	zdA.eyJ0eXAiOiJKV1QiLCJhbGciOiJIUzI1NiJ9.eyJjYW
	VHlwZSI6IkNBRkVfVVJMIiwiYXJ0aWNsZS1kIjoyMTc3NZM
	mNhZmVVcmwiOiJhdWRpb2R1ZHUiLCJpc3N1ZWRBdCI6MTU5
	q1MjA5NDq1N3O.ELZX7Oqu5fQfGj9aQLSqbzGec7_vRHf6O</pre>

196   R을 이용한 웹 크롤링과 텍스트 분석

# HTTP 요청을 실행한다.
res <- GET(url = cafe$url[i])

# 응답 결과를 확인한다.
print(x = res)

입력후 실행	실행 결과

```> # HTTP 요정을 실행합니다.\n> res <- GET(url = cafe$url[i])\n>\n> # 응답 결과를 확인합니다.\n> print(x = res)```	Response [https://m.cafe.naver.com/audiodudu/21
	73?art=aW50ZXJuYWwtY2FmZS13ZWItc2vjdGlvbi1zZWFy
	gtbGlzdA.eyJ0eXAiOiJKV1QiLCJhbGciOiJIUzI1NiJ9.e
	jYWZlVHlwZSI6IkNBRkVfVVJMIiwiYXJ0aWNsZUlkIjoyMT
	NzMsImNhZmVVcmwiOiJhdWRpb2R1ZHUiLCJpc3N1ZWRBdCI
	TU5Mzg1MjA5NDDg1N30.ELZX7Oqu5fQfGj9aQLSqbzGec7_y
	f60i9LLovEk5I]
	  Date: 2020-07-04 08:41
	  Status: 200
	  Content-Type: text/html; charset=UTF-8

조회수를 수집한다.
res %>%
  read_html() %>%
  html_node(css = 'div#ct em') %>%
  html_text(trim = TRUE) %>%
  str_remove_all(pattern = ',') %>%
  as.numeric()

입력후 실행	실행 결과
```> # 조회수를 수집합니다.\n> res %>%\n+ read_html() %>%\n+ html_node(css = 'div#ct em') %>%\n+ html_text(trim = TRUE) %>%\n+ str_remove_all(pattern = ',') %>%\n+ as.numeric()```	[1] NA

본문을 수집한다.
res %>%
  read_html() %>%
  html_node(css = 'div#postContent') %>%
  html_text(trim = TRUE) %>%
  str_remove_all(pattern = '[\n\r\t]+') %>%
  str_replace_all(pattern = ' {2,}',
          replacement = ' ')

입력후 실행	실행 결과

```
> # 본문을 수집합니다.
> res %>%
+   read_html() %>%
+   html_node(css = 'div#postContent') %>%
+   html_text(trim = TRUE) %>%
+   str_remove_all(pattern = '[\n\r\t]+') %>%
+   str_replace_all(pattern = ' {2,}',
+                   replacement = ' ')
```

`[1] NA`

입력후 실행	실행 결과

댓글수를 수집한다.

res %>%

  read_html() %>%

  html_node(css = '#commentArea em') %>%

  html_text(trim = TRUE) %>%

  str_remove_all(pattern = ',') %>%

  as.numeric()

```
> # 댓글수를 수집합니다.
> res %>%
+   read_html() %>%
+   html_node(css = '#commentArea em') %>%
+   html_text(trim = TRUE) %>%
+   str_remove_all(pattern = ',') %>%
+   as.numeric()
```

`[1] NA`

입력후 실행	실행 결과

```
# --------------------------------------------------------------------------
```

새로 만들 컬럼을 추가한다.

cafe[, c('hits', 'body', 'comments')] <- NA

반복문을 실행할 횟수를 지정한다.

n <- 20

반복문을 실행한다.

for (i in 1:n) {

  # 반복문 진행상황을 출력한다.

  cat('현재', i, '번째 카페글 수집 중!\n')

```r
# HTTP 요청을 실행한다.
res <- GET(url = cafe$url[i])

# 조회수를 수집한다.
res %>%
  read_html() %>%
  html_node(css = 'div#ct em') %>%
  html_text(trim = TRUE) %>%
  str_remove_all(pattern = ',') %>%
  as.numeric() -> cafe$hits[i]

# 본문을 수집한다.
res %>%
  read_html() %>%
  html_node(css = 'div#postContent') %>%
  html_text(trim = TRUE) %>%
  str_remove_all(pattern = '[\n\r\t]+') %>%
  str_replace_all(pattern = ' {2,}',
          replacement = ' ') -> cafe$body[i]

# 댓글수를 수집한다.
res %>%
  read_html() %>%
  html_node(css = '#commentArea em') %>%
  html_text(trim = TRUE) %>%
  str_remove_all(pattern = ',') %>%
  as.numeric() -> cafe$comments[i]

# 1초간 쉰다.
Sys.sleep(time = 1)

}
```

<table>
<tr>
<td>

```
+    # 댓글수를 수집합니다.
+    res %>%
+      read_html() %>%
+      html_node(css = '#commentArea em') %>%
+      html_text(trim = TRUE) %>%
+      str_remove_all(pattern = ',') %>%
+      as.numeric() -> cafe$comments[i]
+
+    # 1초간 쉽니다.
+    sys.sleep(time = 1)
+
+ }
```

</td>
<td>

```
현재 1 번째 카페글 수집 중!
현재 2 번째 카페글 수집 중!
현재 3 번째 카페글 수집 중!
현재 4 번째 카페글 수집 중!
현재 5 번째 카페글 수집 중!
현재 6 번째 카페글 수집 중!
현재 7 번째 카페글 수집 중!
```

</td>
</tr>
<tr>
<td align="center">입력후 실행</td>
<td align="center">실행 결과</td>
</tr>
</table>

cafe를 열어보면 조회수와 본문, 댓글수가 NA로 되어 있는 경우가 있다.

링크를 복사하여 웹 브라우저에 붙여보면 '카페 멤버만 볼 수 있다'라는

안내문구가 뜬다. 이런 경우, referer을 추가해주면 해결되기도 한다.

referer는 크롬 개발자도구에서 찾을 수 있다.

네이버 카페는 아래 referer로 모두 적용되므로 따로 찾지 말고 이걸 쓰면 된다.

ref <- 'https://m.cafe.naver.com/SectionArticleSearch.nhn?query=1'

referer를 추가하여 7번째 링크로 HTTP 요청을 재실행한다.

res <- GET(url = cafe$url[7],

　　　add_headers(referer = ref))

조회수를 출력한다.

res %>%

　read_html() %>%

　html_node(css = 'div#ct em') %>%

　html_text(trim = TRUE) %>%

　str_remove_all(pattern = ',') %>%

　as.numeric()

<table>
<tr>
<td>

```
> # 조회수를 수집합니다.
> res %>%
+    read_html() %>%
+    html_node(css = 'div#ct em') %>%
+    html_text(trim = TRUE) %>%
+    str_remove_all(pattern = ',') %>%
+    as.numeric()
```

</td>
<td>

```
[1]  NA
```

</td>
</tr>
<tr>
<td align="center">입력후 실행</td>
<td align="center">실행 결과</td>
</tr>
</table>

본문을 수집한다.

```
res %>%
  read_html() %>%
  html_node(css = 'div#postContent') %>%
  html_text(trim = TRUE) %>%
  str_remove_all(pattern = '[\n\r\t]+') %>%
  str_replace_all(pattern = ' {2,}',
          replacement = ' ')
```

입력후 실행	실행 결과

```> # 본문을 수집합니다.```
 ```> res %>%```
 ```+   read_html() %>%```
 ```+   html_node(css = 'div#postContent') %>%```
 ```+   html_text(trim = TRUE) %>%```
 ```+   str_remove_all(pattern = '[\n\r\t]+') %>%```
 ```+   str_replace_all(pattern = ' {2,}',```
 ```+   replacement = ' ')```
	[1] NA

댓글수를 수집한다.

```
res %>%
  read_html() %>%
  html_node(css = '#commentArea em') %>%
  html_text(trim = TRUE) %>%
  str_remove_all(pattern = ',') %>%
  as.numeric()
```

입력후 실행	실행 결과

```+   # 댓글수를 수집합니다.```
 ```+   res %>%```
 ```+   read_html() %>%```
 ```+   html_node(css = '#commentArea em') %>%```
 ```+   html_text(trim = TRUE) %>%```
 ```+   str_remove_all(pattern = ',') %>%```
 ```+   as.numeric() -> cafe$comments[i]```
 ```+```
 ```+   # 1초간 쉽니다.```
 ```+   Sys.sleep(time = 1)```
 ```+```
 ```+ }```
	[1] NA

referer만 추가해도 내용이 보이는 글이 있지만, 보이지 않는 글도 있다.
그럴 때는 해당 카페에 회원 가입하고, 네이버에 로그인한 상태로 수집해야 한다만

```
# 이번 강의 내용을 벗어나기 때문에 생략하도록 하겠다.


# --------------------------------------------------------------------------


# 컬럼의 값을 NA로 강제변환한다.
cafe[, c('hits', 'body', 'comments')] <- NA


# 반복문을 실행할 횟수를 지정한다. 전체를 수집하기 위해 행의 수로 지정한다.
n <- nrow(x = cafe)


# 반복문을 실행한다.
for (i in 1:n) {

  # 반복문 진행상황을 출력한다.
  cat('현재', i, '번째 카페글 수집 중!\n')

  # HTTP 요청을 실행한다.
  res <- GET(url = cafe$url[i],
             add_headers(referer = ref))

  # 조회수를 수집한다.
  res %>%
    read_html() %>%
    html_node(css = 'div#ct em') %>%
    html_text(trim = TRUE) %>%
    str_remove_all(pattern = ',') %>%
    as.numeric() -> cafe$hits[i]

  # 본문을 수집한다.
  res %>%
    read_html() %>%
    html_node(css = 'div#postContent') %>%
    html_text(trim = TRUE) %>%
```

```
    str_remove_all(pattern = '[\n\r\t]+') %>%
    str_replace_all(pattern = ' {2,}',
            replacement = ' ') -> cafe$body[i]


  # 댓글수를 수집한다.
  res %>%
    read_html() %>%
    html_node(css = '#commentArea em') %>%
    html_text(trim = TRUE) %>%
    str_remove_all(pattern = ',') %>%
    as.numeric() -> cafe$comments[i]


  # 1초간 쉰다.
  Sys.sleep(time = 1)


}
```

입력후 실행	실행 결과

`# 댓글수를 수집합니다.`
`res %>%`
`  read_html() %>%`
`  html_node(css = '#commentArea em') %>%`
`  html_text(trim = TRUE) %>%`
`  str_remove_all(pattern = ',') %>%`
`  as.numeric() -> cafe$comments[i]`
 	
`# 1초간 쉽니다.`
`Sys.sleep(time = 1)`
	현재 1 번째 카페글 수집 중!
	현재 2 번째 카페글 수집 중!
	현재 3 번째 카페글 수집 중!
	현재 4 번째 카페글 수집 중!
	현재 5 번째 카페글 수집 중!

End of Script

7.5 PC 네이버 블로그
본문 수집 예제

R Script

네이버 블로그에서 검색어를 일자별로 수집하기
--

네이버 블로그 메인 페이지에서 검색어와 조회시작일자 및 조회종료일자를 입력한다.
검색어는 '코로나', 기간은 오늘날짜로 입력한다.

네이버 블로그 화면	검색어 '코로나' 및 기간 입력 결과

크롬 개발자도구 Network 탭의 'Doc'에는 파일이 하나도 없으므로 'XHR'로 이동한다.
파일을 하나씩 클릭해본 결과, 'SearchList.nhn'으로 시작하는 파일을 찾았다.
Preview를 확인해보니 JSON 형태로 데이터를 제공하고 있다.

'Headers'의 Request URL을 분해하면 아래와 같다.
'https://section.blog.naver.com/ajax/SearchList.nhn'
'?countPerPage=7' <- 고정
'&currentPage=1'
'&startDate=2019-07-01'
'&endDate=2019-07-01'

```
# '&keyword=%EA%B0%95%EB%82%A8%EC%97%AD%EB%A7%9B%EC%A7%91'
# '&orderBy=sim'    <- 필요 없음
# '&type=post'      <- 필요 없음
```

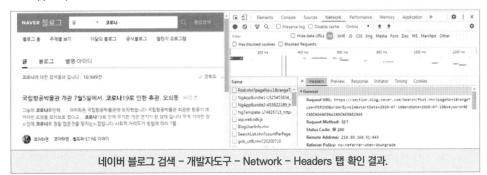

네이버 블로그 검색 – 개발자도구 – Network – Headers 탭 확인 결과.

```
# 필요한 패키지를 불러온다.
library(tidyverse)
library(httr)
library(rvest)
library(jsonlite)

# 오늘 날짜를 지정한다.
today <- Sys.Date()

# 검색어를 설정한다.
searchWord <- '코로나'

# 네이버 블로그도 referer를 추가해주어야 한다.
ref <- 'https://section.blog.naver.com/BlogHome.nhn'

# HTTP 요청한다.
res <- GET(url = 'https://section.blog.naver.com/ajax/SearchList.nhn',
        query = list(countPerPage = 7,
                currentPage = 1,
                startDate = today,
                endDate = today,
```

```
                    keyword = searchWord),
         add_headers(referer = ref) )
```

응답 결과를 확인한다.

```
print(x = res)
```

입력후 실행	실행 결과

```> # HTTP 요청합니다.```
```> res <- GET(url = 'https://section.blog.naver.co```
```m/ajax/SearchList.nhn',```
```+   query = list(countPerPage = 7,```
```+   currentPage = 1,```
```+   startDate = today,```
```+   endDate = today,```
```+   keyword = searchWord),```
```+   add_headers(referer = ref))```
```> # 응답 결과를 확인합니다.```
```> print(x = res)```
	```Response [https://section.blog.naver.com/ajax/Sea```
	```rchList.nhn?countPerPage=7&currentPage=1&startDat```
	```e=2020-07-04&endDate=2020-07-04&keyword=%EC%95%8```
	```4%EC%9D%B4%ED%8F%B0]```
	``` Date: 2020-07-04 09:08```
	``` Status: 200```
	``` Content-Type: application/json;charset=UTF-8```
	``` Size: 15.8 kB```
	```)]}',```
	```{"result":{"searchDisplayInfo":{"authUrlType":"LO```
	```GIN","authUrl":"https://nid.naver.com/nidlogin.lo```
	```g...```

JSON 형태의 데이터만 추출한다.

```
res %>%
  content(as = 'text') %>%
  fromJSON() -> json
```

입력후 실행	실행 결과

```> # JSON 형태의 데이터만 추출합니다.```
```> res %>%```
```+   content(as = 'text') %>%```
```+   fromJSON() -> json```
	```에러: lexical error: invalid char in json text.```
	```)]}', {"re```
	```sult":{"searchDisplay```
	``` (right here) ------^```

불필요한 문자열이 추가되어 있어 에러가 발생하였다.
")]}',"을 제거하고 fromJSON() 함수에 할당한다.
정규표현식에서 메타 문자로 사용되는 것은 '\\'를 추가해주어야 한다.

```
res %>%
  content(as = 'text') %>%
  str_remove(pattern = "\\)\\]\\}\\',") %>%
  fromJSON() -> json
```

json 객체의 구조를 파악한다.

str(object = json)

입력후 실행	실행 결과

``
> res %>%
+   content(as = 'text') %>%
+   str_remove(pattern = "\\)\\]\\}\\',") %>%
+   fromJSON() -> json
>
> # json 객체의 구조를 파악합니다.
> str(object = json)
``
	``
	List of 1
	 $ result:List of 5
	  ..$ searchDisplayInfo:List of 6
	  .. ..$ authUrlType : chr "LOGIN"
	  .. ..$ authUrl : chr "https://nid.na
	r.com/nidlogin.login?svctype=128&a_version=2&view
	e=1&&url=https://section.blog.naver.com/Sea"| __t
	cated__
	  .. ..$ existSuicideWord : logi FALSE
	  .. ..$ keyword : chr "코로나"
	  .. ..$ eucKrEncodedKeyword: chr "%C4%DA%B7%CE%
	A"
	  .. ..$ postUrl : chr [1:7] "https://blog.
	r.com/digmon2001/222026398030" "https://blog.nave
	om/nhicblog/222026387525" "https://blog.naver.co
	f1004/222026680997" "https://blog.naver.com/hayo
	n/222026603587" ...
	  .. ..$ title : chr [1:7] "국립항공박물관 가
	7월5일에서. <strong class=\"search_keyword\">코로
	strong>19로 인한 휴관. 오쇠동" "<strong class=\"sea
	keyword\">코로나</strong>19 확산 막는 국내 여행 방법"
	쏭달쏭 Q&A <strong class=\"search_keyword\">코
	</strong> 법률상식 4탄! 임대차 편" "하와이 <strong c
	=\"search_keyword\">코로나</strong> 뚫고 8월부터 여
	능하다고?" ...
	  .. ..$ noTagTitle : chr [1:7] "국립항공박물관 가
	``

블로그 수를 추출한 다음 숫자 벡터로 변환한다.

json$result$totalCount

입력후 실행	실행 결과
``` > # 블로그 수를 추출한 다음 숫자 벡터로 변환합니다. > json$result$totalCount ```	`[1] 1021`

블로그 데이터를 df에 할당한다.

df <- json$result$searchList

입력후 실행	실행 결과(모든 컬럼을 다가져온 df)
``` > # 블로그 데이터를 df에 할당합니다. > df <- json$result$searchList ```	blogId / logNo / gdid / postUrl / title 1 digmon2001 222026398030 90000003_0000000... https://blog.naver.c... 국립항공박물관 가... 2 nhicblog 222026387525 90000003_0000000... https://blog.naver.c... <strong class= sea...

필요한 컬럼만 남긴다.

df %>%
  select(blogId, postUrl, noTagTitle, nickName, blogName, addDate) -> df

입력후 실행	실행 결과(필요 컬럼만 가져온 df)

\# addDate 컬럼에 날짜 대신 숫자 벡터로 들어 있으므로 1000으로 나눈 후,

\# POSIXct로 속성을 바꿔줍니다.

df$addDate <- as.POSIXct(x = df$addDate / 1000, origin = '1970-01-01')

\# 컬럼명을 변경한다.

colnames(x = df) <- c('bid', 'url', 'head', 'nickNm', 'blogNm', 'date')

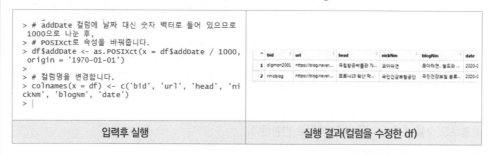

입력후 실행	실행 결과(컬럼을 수정한 df)

\# --

\# 위 내용을 사용자 정의 함수로 생성

\# --

\# 1번 함수

\# 검색어와 조회시작일자, 조회종료일자를 입력하면 조건에 맞는 블로그의 수를 반환하는

\# 사용자 정의 함수를 만듭니다.

getBlogCnt <- function(searchWord, bgnDate, endDate) {

  \# HTTP 요청한다.

  res <- GET(url = 'https://section.blog.naver.com/ajax/SearchList.nhn',

       query = list(countPerPage = 7,

           currentPage = 1,

           startDate = bgnDate,

```
                    endDate = endDate,
                    keyword = searchWord),
            add_headers(referer = ref) )


  # 응답 바디에 있는 ")]}',"을 제거하고 fromJSON() 함수에 할당한다.
  json <- res %>%
    content(as = 'text') %>%
    str_remove(pattern = "\\)\\]\\}\\',") %>%
    fromJSON()


  # 블로그 수를 추출한 다음 숫자 벡터로 변환한다.
  totalCount <- json$result$totalCount %>% as.numeric()


  # 결과를 반환한다.
  return(totalCount)


}


# 오늘 날짜로 테스트한다.
getBlogCnt(searchWord = searchWord,
        bgnDate = today,
        endDate = today)
```

입력후 실행	실행 결과
```> # 오늘 날짜로 테스트합니다.` `> getBlogCnt(searchWord = searchWord,` `+ bgnDate = today,` `+ endDate = today)```	`[1] 1084`

```
# -----------------------------------------------------------------------------


# 2번 함수
# 검색어와 조회시작일자, 조회종료일자, 페이지수를 입력하면 조건에 맞는 블로그
# 데이터를 수집하여 데이터프레임으로 반환하는 사용자 정의 함수를 만듭니다.
getBlogDf <- function(searchWord, bgnDate, endDate, page = 1) {
```

```r
# HTTP 요청한다.
res <- GET(url = 'https://section.blog.naver.com/ajax/SearchList.nhn',
        query = list(countPerPage = 7,
                currentPage = page,
                startDate = bgnDate,
                endDate = endDate,
                keyword = searchWord),
        add_headers(referer = ref) )


# 응답 바디에 있는 ")]}',"을 제거하고 fromJSON() 함수에 할당한다.
json <- res %>%
  content(as = 'text') %>%
  str_remove(pattern = "\\)\\]\\}\\',") %>%
  fromJSON()


# 데이터프레임을 출력한다.
df <- json$result$searchList


# 필요한 컬럼만 남깁니다.
df <- df[, c('blogId', 'postUrl', 'noTagTitle', 'nickName', 'blogName', 'addDate')]


# addDate 컬럼에 날짜 대신 숫자 벡터로 들어 있으므로 1000으로 나눈 후,
# POSIXct로 속성을 바꿔줍니다.
df$addDate <- as.POSIXct(x = df$addDate / 1000, origin = '1970-01-01')


# 컬럼명을 변경한다.
colnames(x = df) <- c('bid', 'url', 'head', 'nickNm', 'blogNm', 'date')


# 결과를 반환한다.
  return(df)
}
# 오늘 날짜로 테스트한다.
df <- getBlogDf(searchWord = searchWord,
        bgnDate = today,
```

```
          endDate = today,
          page = 1)


# 결과를 출력한다.
View(x = df)
```

입력후 실행	실행 결과

```
    # 컬럼명을 변경합니다.
    colnames(x = df) <- c('bid', 'url', 'head', 'nickNm', 'blogNm', 'date')
    # 결과를 반환합니다.
    return(df)
  }
> View(df)
```

	bid	url	head	nickNm	blogNm
1	sooninterior	https://blog.naver...	코로나로 인한 경제...	아롱 이소롱	쎄&Soor
2	digmon2001	https://blog.naver...	국립항공박물관 개관...	코아뚜연	코아뚜연
3	nhicblog	https://blog.naver...	코로나19 확산 막는 ...	국민건강보험공단	국민건강
4	swf1004	https://blog.naver...	알쏭달쏭 Q&A ...	서울시복지재단	서울시복
5	mount2014	https://blog.naver...	코로나19 정부 그음...	찾아죽세무사	찾아죽세
6	hayoojin	https://blog.naver...	하와이 코로나 롱고 8...	하유	하유외 인
7	miryangsi	https://blog.naver...	밀양시립도서관 코로...	밀양시	밀양시 밀

```
# --------------------------------------------------------------------------


# 3번 함수
# 1번 함수와 2번 함수를 이용하여 검색어와 조회시작일자, 조회종료일자를 지정하면
# 해당 조건의 모든 블로그 데이터를 수집하는 반복문이 포함된 사용자 정의 함수를 만듭니다.
getAllBlogDf <- function(searchWord, bgnDate, endDate) {

  # 조건에 맞는 블로그 수를 가져온다.
  blogCnt <- getBlogCnt(searchWord = searchWord,
            bgnDate = bgnDate,
            endDate = endDate)


  # 페이지 수를 계산한다.
  pages <- ceiling(x = blogCnt / 7)


  # 블로그 수와 페이지 수를 출력한다.
  cat('> 블로그 수는', blogCnt, '& 페이지 수는', pages, '이다.\n')
```

```r
# 만약 블로그의 수가 0이면 아래 라인을 실행하지 않다.
if (blogCnt >= 1) {

  # 최종 결과 객체를 빈 데이터프레임으로 생성한다.
  result <- data.frame()

  # 반복문을 실행한다.
  for (page in 1:pages) {

    # 현재 진행상황을 출력한다.
    cat('>> 현재', page, '페이지 실행 중이다.\n')

    # 해당 페이지의 블로그 데이터를 수집한 다음 df에 할당한다.
    df <- getBlogDf(searchWord = searchWord,
              bgnDate = bgnDate,
              endDate = endDate,
              page = page)

    # 최종 결과 객체에 추가한다.
    result <- rbind(result, df)

    # 1초간 멈춘다.
    Sys.sleep(time = 1)

  }

  # 최종 결과를 반환한다.
  return(result)

}
}

# 오늘 날짜로 테스트한다.
```

```
blog <- getAllBlogDf(searchWord = searchWord,
            bgnDate = today,
            endDate = today)
```

```
# 결과를 출력한다.
View(x = blog)
```

입력후 실행	실행 결과

```> # 오늘 날짜로 테스트합니다.```
```> blog <- getAllBlogDf(searchWord = searchWord,```
```+   bgnDate = today,```
```+   endDate = today)```
```> 블로그 수는 18187 & 페이지 수는 2599 입니다.```
```>> 현재 1 페이지 실행 중입니다.```
```>> 현재 2 페이지 실행 중입니다.```
```>> 현재 3 페이지 실행 중입니다.```
```>> 현재 18 페이지 실행 중입니다.```
```>> 현재 19 페이지 실행 중입니다.```
```>> 현재 20 페이지 실행 중입니다.```
```> # 결과를 출력합니다.```
```> View(x = blog)```
	표: bid / url / head / nickNm / blogNm
	1 soonInterior https://blog.naver... 크론나르 인창 경제변... 아룡 이쇼룡 純&Soon
	2 digmon2001 https://blog.naver... 국립항공박물관 개관 ... 크아라연 크아라연
	3 nhicblog https://blog.naver... 크로나19 확산 막는 ... 국민건강보험공단 국민건강...
	4 swf1004 https://blog.naver... 활쏼활쏼 Q&A ... 서울시통지채단 서울시룡
	5 mount2014 https://blog.naver... 크로나19 정부 고용안... 핮아줘세루사 핮아줘세...
	6 hayoojin https://blog.naver... 하와이 크로나 블고 8... 하유 하유외 연
	7 miryangsi https://blog.naver... 밀양시휠도서관 크로... 밀양시 밀양시룡
	8 glamstone http://glamstone.n... 크로나19가 쏼화쏘 ... 글램쇼롱 GLAMSTC
	howing 1 to 9 of 140 entries, 6 total columns

```
# ----------------------------------------------------------------------
```

```
# 4번 함수
# 마지막으로 검색어를 설정하고, 조회기간에 해당하는 일별 날짜 벡터를 생성한 다음
# 날짜를 바꿔가며 조건에 해당하는 모든 블로그를 한 번에 수집하는 반복문을 실행한다.
```

```
# 검색어를 설정한다.
searchWord <- '코로나'
```

```
## End of Script
```

7.6 PC 네이버 뉴스 본문, 반응수, 댓글 수집 예제

R Script

\# 네이버 뉴스 검색어로 수집

\# ---

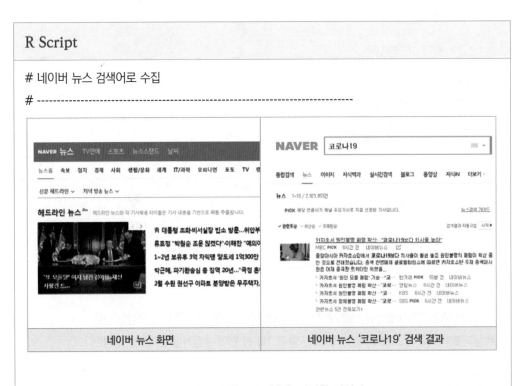

네이버 뉴스 화면	네이버 뉴스 '코로나19' 검색 결과

\# 아래는 네이버 뉴스 웹 페이지 상세 검색 항목별 내용을 정리한 것이다.

\# sort=0(관련도순), sort=1(최신순), sort=2(오래된순)

\# pd=0(기간:전체), pd=1(1주), pd=2(1개월), pd=3(직접입력), pd=4(1일), pd=6(6개월), pd=5(1년)

\# ds=yyyy.mm.dd

\# de=yyyy.mm.dd

\# field=0(영역:전체), field=1(영역:제목)

\# photo=0(유형:전체), photo=1(포토), photo=2(동영상), photo=3(지면기사), photo=4(보도자료)

```
# 필요한 패키지를 불러온다.
library(tidyverse)
library(httr)
library(rvest)
library(jsonlite)


# 검색어를 입력한다.
keyword <- '코로나19'


# 퍼센트 인코딩 결과를 출력한다.
keyword %>% URLencode()
```

입력후 실행	실행 결과
> # 검색어를 입력합니다. > keyword <- '코로나19' > > # 퍼센트 인코딩 결과를 출력합니다. > keyword %>% URLencode()	[1] "%C4%DA%B7%CE%B3%AA19"

```
# 기준일자를 'yyyy.mm.dd' 형태로 입력해야 한다.
date <- '2020.02.10'


# HTTP 요청을 실행한다.
res <- GET(url = 'https://search.naver.com/search.naver',
        query = list(where = 'news',
                query = keyword,
                sort = 0,
                photo = 0,
                filed = 0,
                pd = 3,
                ds = date,
                de = date) )
```

응답 결과를 출력한다.

print(x = res)

입력후 실행	실행 결과

`> # 응답 결과를 출력합니다.`
`> print(x = res)`
	Response [https://search.naver.com/search
	here=news&query=%EC%BD%94%EB%A1%9C%EB%82%
	t=0&photo=0&filed=0&pd=3&ds=2020.02.10&de:
	2.10]
	 Date: 2020-07-04 14:45
	 Status: 200
	 Content-Type: text/html; charset=UTF-8
	 Size: 633 kB
	`<!doctype html> <html lang="ko"> <head> <!`
	`rset="utf-8"> <meta name="referrer" conte!`
	`y...`

기준일자에 등록된 검색어 관련 뉴스의 수를 추출한다.

```
count <- res %>%
  read_html() %>%
  html_node(css = 'div.title_desc > span') %>%
  html_text()
```

count 객체를 출력한다.

print(x = count)

입력후 실행	실행 결과

`> count <- res %>%`
`+   read_html() %>%`
`+   html_node(css = 'div.ti:`
`+   html_text()`
`>`
`> # count 객체를 출력합니다.`
`> print(x = count)`
	[1] "1-10 / 885건"

count 객체를 아래와 같이 전처리해주어야 한다.

```
count %>%
  str_split(pattern = ' / ') %>%    # str_split() 함수를 거치를 리스트 객체가 반환된다.
  `[[`(1) %>%                # 리스트 객체의 첫 번째 원소를 벡터로 추출한다.
  `[`(2) %>%                 # 벡터의 두 번째 원소를 추출한다.
  str_remove(pattern = ',') %>%     # 콤마(,)를 제거한다.
```

R을 이용한 웹 크롤링과 텍스트 분석

```
  str_extract(pattern = '\\d+') %>%  # 정규식으로 숫자만 추출한다.
  as.numeric() -> count            # 숫자 벡터로 변환하여 count에 재할당한다.
## 정규표현식을 활용한 깔끔한 코드 (중상급자용)
## count %>% str_extract(pattern = '\\d+(?=건)') %>% as.numeric()
```

```
# 다시 count 객체를 출력한다.
print(x = count)
```

> # 다시 count 객체를 출력합니다. > print(x = count)	[1] 885
입력후 실행	실행 결과

```
# 뉴스를 포함하는 HTML 요소를 선택한다.
items <- res %>%
  read_html() %>%
  html_nodes(css = 'ul.type01 > li > dl')
```

```
# items 객체의 길이를 확인한다.
length(x = items)
```

> # items 객체의 길이를 확인합니다. > length(x = items)	[1] 10
입력후 실행	실행 결과

```
# items 객체를 출력한다.
print(x = items)
```

> # items 객체를 출력합니다. > print(x = items)	{xml_nodeset (10)} [1] <dl>\n<dt><a href="http://yna.kr/AKR2020021(043551009?did=1195m" target="_blank" class=" _sp. e ... [2] <dl>\n<dt><a href="https://imnews.imbc.com/(ews/2020/world/article/5659353_32640.html" targe = ... [3] <dl>\n<dt><a href="http://www.ohmynews.com/(WS_Web/View/at_pg.aspx?CNTN_CD=A0002610915&CI P ...
입력후 실행	실행 결과

뉴스 제목을 수집한다.

title <- items %>%

  html_node(css = 'dt > a._sp_each_title') %>%

  html_attr(name = 'title')

title 객체를 출력한다.

print(x = title)

입력후 실행	실행 결과
> # 뉴스 제목을 수집합니다. > title <- items %>% + html_node(css = 'dt > a._sp_each_title') %>% + html_attr(name = 'title') > > # title 객체를 출력합니다. > print(x = title)	[1] "신종코로나 소굴된 싱가포르 콘퍼런스..\"슈퍼 전파자 우려\"(종합)" [2] "홍콩서 훠궈 같이 먹다 일가족 9명 신종코로나 감염" [3] "경기도민 59% \"신종 코로나, 정부 대처 잘한다\"" [4] "상반기 채용도 신종 코로나 '불똥'...대기업들 공채 일정에 부담"

언론사 홈페이지의 뉴스 링크를 수집한다.

olink <- items %>%

  html_node(css = 'dt > a._sp_each_title') %>%

  html_attr(name = 'href')

olink 객체를 출력한다.

print(x = olink)

입력후 실행	실행 결과
> # 언론사 홈페이지의 뉴스 링크를 수집합니다. > olink <- items %>% + html_node(css = 'dt > a._sp_each_title') %>% + html_attr(name = 'href') > > # olink 객체를 출력합니다. > print(x = olink)	[1] "http://yna.kr/AKR20200210043551009?did=1195m" [2] "https://imnews.imbc.com/news/2020/world/article/5659353_32640.html" [3] "http://www.ohmynews.com/NWS_web/View/at_pg.aspx?CNTN_CD=A0002610915&CMPT_CD=P0010&utm_source=naver&utm_medium=newsearch&utm_campaign=naver_news"

언론사명을 수집한다.
공백을 기준으로 분리하면, 첫 번째 항목이 언론사명이다.

press <- items %>%

  html_node(css = 'dd.txt_inline > span._sp_each_source') %>%

```
  html_text(trim = TRUE) %>%
  str_remove(pattern = '언론사 선정')
# press 객체를 출력한다.
print(x = press)
```

입력후 실행	실행 결과

`> # press 객체를 출력합니다.`
`> print(x = press)`
	`[1] "연합뉴스"  "MBC"       "오마이뉴스" "뉴시스"`
	`    "중앙일보"  "노컷뉴스"   "국제신문"`
	`[8] "경향신문"  "연합뉴스"   "아시아경제"`

```
# 네이버뉴스 링크를 수집한다. NA인 건도 존재한다.
nlink <- items %>%
  html_node(css = 'dd.txt_inline > a._sp_each_url') %>%
  html_attr(name = 'href')


# nlink 객체를 출력한다.
print(x = nlink)
```

입력후 실행	실행 결과

`> # 네이버뉴스 링크를 수집합니다. NA인 건도 존재합니다.`
`> nlink <- items %>%`
`+   html_node(css = 'dd.txt_inline > a._sp_each_u`
`rl') %>%`
`+   html_attr(name = 'href')`
`>`
`> # nlink 객체를 출력합니다.`
`> print(x = nlink)`
	`[1] "https://news.naver.com/main/read.nhn?mode=L`
	`SD&mid=sec&sid1=104&oid=001&aid=0011391546"`
	`[2] "https://news.naver.com/main/read.nhn?mode=L`
	`SD&mid=sec&sid1=104&oid=214&aid=0001013354"`
	`[3] "https://news.naver.com/main/read.nhn?mode=L`
	`SD&mid=sec&sid1=100&oid=047&aid=0002256156"`
	`[4] "https://news.naver.com/main/read.nhn?mode=L`
	`SD&mid=sec&sid1=101&oid=003&aid=0009693353"`

```
# nlink에서 oid(언론사코드)를 추출한다.
oid <- str_extract(string = nlink, pattern = '(?<=oid=)\\d+')


# nlink에서 aid(기사코드)를 추출한다.
aid <- str_extract(string = nlink, pattern = '(?<=aid=)\\d+')


# 방금 수집한 다섯 가지 객체로 데이터프레임을 생성할 수 있다.
df <- data.frame(pdate = date, title, olink, nlink, press, oid, aid)
```

> # 방금 수집한 다섯 가지 객체로 데이터프레임을 생성할 수 있습니다. > df <- data.frame(pdate = date, title, olink, nlink, press, oid, aid) > View(df) >				

	pdate	title	olink	nlink
1	2020.02.10	신종코로나 소올된 ...	http://yna.kr/AKR20...	https:/
2	2020.02.10	올룽서 뭐꿔 같이 먹...	https://imnews.imb...	https:/

입력후 실행	실행 결과

```
# -------------------------------------------------------------------------------
# 페이지 네비게이션을 이용하여 2페이지 이상을 수집한다.
# -------------------------------------------------------------------------------


# 웹 페이지를 아래로 내려 '2' 버튼을 클릭하면 주소창의 URI에 '&start=11'이 추가된다.
# 이를 통해 start 파라미터에 1, 11, 21 등을 할당하면 해당 페이지에 등록된 뉴스를
# 수집할 수 있다고 추정할 수 있다.


# start 벡터를 생성한다.
start <- seq(from = 1, to = count, by = 10)


# start 객체를 출력한다.
print(x = start)
```

> # start 객체를 출력합니다. > print(x = start)	``` [1] 1 11 21 31 41 51 61 71 81 91 101 111 121 131 141 151 161 171 181 191 201 211 221 231 [25] 241 251 261 271 281 291 301 311 321 331 341 351 361 371 381 391 401 411 421 431 441 451 461 471 [49] 481 491 501 511 521 531 541 551 561 571 581 591 601 611 621 631 641 651 661 671 681 691 701 711 [73] 721 731 741 751 761 771 781 791 801 811 821 831 841 851 861 871 881 ```
입력후 실행	실행 결과

```
# 편의상 30개만 수집해보겠다.
start <- start[1:3]


# 최종 결과 객체를 빈 데이터프레임으로 생성한다.
news <- data.frame()


# 반복문을 사용하여 해당 일자의 전체 뉴스를 수집한다.
for (i in start) {
```

```
# 진행상황을 출력한다.
cat('현재', i, '번째 기사로 시작하는 페이지를 수집 중이다. ')

# HTTP 요청을 실행한다.
res <- GET(url = 'https://search.naver.com/search.naver',
        query = list(where = 'news',
                query = keyword,
                sort = 0,
                photo = 0,
                filed = 0,
                pd = 3,
                ds = date,
                de = date,
                start = i))

# 뉴스를 포함하는 HTML 요소를 선택한다.
items <- res %>%
  read_html() %>%
  html_nodes(css = 'ul.type01 > li > dl')

# items 객체의 길이를 확인한다.
cat('뉴스의 수는', length(x = items), '이다.\n')



# 뉴스 제목을 수집한다.
title <- items %>%
  html_node(css = 'dt > a._sp_each_title') %>%
  html_attr(name = 'title')

# 뉴스 링크를 수집한다. (언론사 홈페이지)
olink <- items %>%
  html_node(css = 'dt > a._sp_each_title') %>%
  html_attr(name = 'href')
```

```
# 언론사명을 수집한다.
press <- items %>%
  html_node(css = 'dd.txt_inline > span._sp_each_source') %>%
  html_text(trim = TRUE) %>%
  str_remove(pattern = '언론사 선정')

# 뉴스 링크를 수집한다. (네이버뉴스)
nlink <- items %>%
  html_node(css = 'dd.txt_inline > a._sp_each_url') %>%
  html_attr(name = 'href')

# nlink에서 oid(언론사코드)를 추출한다.
oid <- str_extract(string = nlink, pattern = '(?<=oid=)\\d+')

# nlink에서 aid(기사코드)를 추출한다.
aid <- str_extract(string = nlink, pattern = '(?<=aid=)\\d+')


# 데이터프레임으로 저장한다.
df <- data.frame(pdate = date, title, olink, nlink, press, oid, aid)

# news 객체에 추가한다.
news <- rbind(news, df)

# 1초간 쉰다.
Sys.sleep(time = 1)


}
```

입력후 실행	실행 결과
``+   # news 객체에 추가합니다.
+   news <- rbind(news, df)
+
+   # 1초간 쉽니다.
+   Sys.sleep(time = 1)
+
+ }```	현재 1 번째 기사로 시작하는 페이지를 수집 중입니다. 뉴스의 수는 10 입니다. 현재 11 번째 기사로 시작하는 페이지를 수집 중입니다. 뉴스의 수는 10 입니다. 현재 21 번째 기사로 시작하는 페이지를 수집 중입니다. 뉴스의 수는 10 입니다.

news 객체의 구조를 파악한다.

str(object = news)

```
> # news 객체의 구조를 파악합니다.
> str(object = news)
```
```
'data.frame':   30 obs. of  7 variables:
 $ pdate: Factor w/ 1 level "2020.02.10": 1 1 1 1
 1 1 1 1 ...
 $ title: Factor w/ 28 levels "'이번 주가 분수령'...광주
 도심 전역 신종코로나 방역(종합)",..: 7 10 3 5 9 4 8 6 1
 2 ...
 $ olink: Factor w/ 28 levels "http://news.khan.co.
 kr/kh_news/khan_art_view.html?artid=202002101435001
 &code=970100",..: 5 7 4 3 8 10 2 1 6 9 ...
 $ nlink: Factor w/ 23 levels "https://news.naver.c
 om/main/read.nhn?mode=LSD&mid=sec&sid1=100&oid=047&
 aid=0002256156",..: 7 9 1 2 3 6 NA 8 5 4 ...
 $ press: Factor w/ 19 levels "MBC","경향신문",..: 7
```

입력후 실행	실행 결과

언론사 링크로 중복이 있는지 확인한다.

duplicated(x = news$olink) %>% sum()

`> # 언론사 링크로 중복이 있는지 확인합니다.` `> duplicated(x = news$olink) %>% sum()`	`[1] 2`
입력후 실행	실행 결과

```
# ------------------------------------------------------------------------------
# 개별 뉴스의 본문을 수집한다.
# ------------------------------------------------------------------------------
```

nlink가 NA가 아닌 행번호를 확인한다.

loc <- which(x = is.na(x = news$nlink) == FALSE)

loc 객체를 출력한다.

print(x = loc)

`> # loc 객체를 출력합니다.` `> print(x = loc)`	`[1]  1  2  3  4  5  6  8  9 10 11 12 14 15 16` `[15] 17 18 19 20 21 22 24 25 29 30`
입력후 실행	실행 결과

수집할 뉴스의 순번을 지정한다.

i <- loc[1]

해당 기사의 링크를 출력한다.

print(x = news$nlink[i])

> # 해당 기사의 링크를 출력합니다. > print(x = news$nlink[i])	``` [1] https://news.naver.com/main/read.nhn?mode=LSD &mid=sec&sid1=104&oid=001&aid=0011391546 23 Levels: https://news.naver.com/main/read.nhn?m ode=LSD&mid=sec&sid1=100&oid=047&aid=0002256156 ... > ```
입력후 실행	실행 결과

HTTP 요청을 실행한다.

res <- GET(url = news$nlink[i])

> # HTTP 요청을 실행합니다. > res <- GET(url = news$nlink[i])	``` Error in request(method = y$method %||% x$method, url = y$url %||% x$url, : is.character(url) is not TRUE ```
입력후 실행	실행 결과

응답 결과를 출력한다.

print(x = res)

> # 응답 결과를 출력합니다.
> print(x = res)
	``
	Response [https://search.naver.com/search.naver?w
	here=news&query=%EC%BD%94%EB%A1%9C%EB%82%9819&sor
	t=0&photo=0&filed=0&pd=3&ds=2020.02.10&de=2020.0
	2.10&start=21]
	  Date: 2020-07-04 17:28
	  Status: 200
	  Content-Type: text/html; charset=UTF-8
	  Size: 623 kB
	<!doctype html> <html lang="ko"> <head> <met...
	>
	``

입력후 실행	실행 결과

뉴스 본문을 수집한다.

fbody <- res %>%

  read_html() %>%

  html_node(css = 'div#articleBodyContents') %>%

  html_text(trim = TRUE)

불필요한 주석이 포함되어 있다.

xpath를 이용하면 주석을 제외하고 태그 없는 텍스트만 선택할 수 있다.

쿼리언어(서버·데이터베이스 내 정보가 저장된 조건 값)중 하나로써, 주로 HTML내에 특정한 정보값이 담긴 위치/주소값을 표기하는데 활용된다. 이를 해석하면 특정한 정보값이 담긴 위치에 직접 접근이 가능해진다.

```
fbody <- res %>%
  read_html() %>%
  html_nodes(xpath = '//div[@id="articleBodyContents"]/text()') %>%
  html_text(trim = TRUE)


# 포토뉴스 등은 본문이 없을 수 있다.
# 본문의 길이를 확인하고 상황에 맞게 처리한다.
if (fbody %>% nchar() %>% sum() >= 1) {
  fbody <- fbody %>%
    keep(nchar(x = .) >= 1) %>%
    str_c(collapse = ' ')
} else {
  fbody <- NA
  cat('본문이 없다!\n')
}
```

입력후 실행	실행 결과

<pre>> # 포토뉴스 등은 본문이 없을 수 있습니다.
> # 본문의 길이를 확인하고 상황에 맞게 처리합니다.
> if (fbody %>% nchar() %>% sum() >= 1) {
+   fbody <- fbody %>%
+   keep(nchar(x = .) >= 1) %>%
+   str_c(collapse = ' ')
+ } else {
+   fbody <- NA
+   cat('본문이 없습니다!\n')
+ }</pre>
	본문이 없습니다!
	>

```
# fbody 객체를 출력한다
print(x = fbody)
```

입력후 실행	실행 결과
`> # fbody 객체를 출력합니다` `> print(x = fbody)`	`[1]  NA`

```
# ---------------------------------------------------------------

# 개별 뉴스의 본문을 저장할 컬럼을 생성한다.
news$fbody <- NA


# 반복문을 실행할 범위로 loc의 길이를 설정한다.
n <- length(x = loc)


# 반복문을 실행한다.
for (i in 1:n) {

  # 진행상황을 출력한다.
  cat('현재', i, '/', n, '번째 뉴스 데이터를 수집하고 있다.\n')


  # i는 네이버뉴스 링크가 있는 건의 순번이므로
  # 원래 데이터프레임의 행번호를 j로 지정한다.
  j <- loc[i]


  # nlink가 없는 경우 실행을 건너뛴다.
  tryCatch({

    # HTTP 요청을 실행한다.
    res <- GET(url = news$nlink[j])


    # 뉴스 본문을 수집한다.
    fbody <- res %>%
      read_html() %>%
      html_nodes(xpath = '//div[@id="articleBodyContents"]/text()') %>%
```

```
    html_text(trim = TRUE)

  # 뉴스 본문의 길이를 확인하고 길이에 따라 다르게 결과를 출력한다.
  if(fbody %>% nchar() %>% sum() >= 1) {
    news$fbody[j] <- fbody %>%
      keep(nchar(x = .) >= 1) %>%
      str_c(collapse = ' ')
  } else {
    cat('본문이 없다!\n')
  }

}, error = function(e) cat('---> 에러가 발생해서 건너뛴다!\n'))

# 1초간 쉰다.
Sys.sleep(time = 1)


}
```

입력후 실행	실행 결과
| ```
+    }, error = function(e) cat('---> 에러가 발생해서
  건너뜁니다!\n'))
+
+    # 1초간 쉽니다.
+    Sys.sleep(time = 1)
+
+ }
``` | ```
현재 1 / 24 번째 뉴스 데이터를 수집하고 있습니다.
---> 에러가 발생해서 건너뜁니다!
현재 2 / 24 번째 뉴스 데이터를 수집하고 있습니다.
---> 에러가 발생해서 건너뜁니다!
현재 3 / 24 번째 뉴스 데이터를 수집하고 있습니다.
---> 에러가 발생해서 건너뜁니다!
현재 4 / 24 번째 뉴스 데이터를 수집하고 있습니다.
---> 에러가 발생해서 건너뜁니다!
현재 5 / 24 번째 뉴스 데이터를 수집하고 있습니다.
---> 에러가 발생해서 건너뜁니다!
현재 6 / 24 번째 뉴스 데이터를 수집하고 있습니다.
---> 에러가 발생해서 건너뜁니다!
``` |

```
# ---------------------------------------------------------------

# 개별 기사의 반응수를 수집한다.
# ---------------------------------------------------------------

# 수집할 뉴스의 순번을 지정한다.
i <- loc[1]
```

\# 뉴스에 대한 반응수를 포함하는 HTTP 통신 파일을 JS 탭에서 찾았다.

\# HTTP 요청을 실행한다.

```r
res <- GET(url = 'https://news.like.naver.com/v1/search/contents',
       query = list(q = str_c('NEWS%5Bne_', news$oid[i], '_', news$aid[i], '%5D%7C',
                        'NEWS_SUMMARY%5B', news$oid[i], '_', news$aid[i], '%5D%7C',
                        'NEWS_MAIN%5Bne_', news$oid[i], '_', news$aid[i], '%5D') %>% I()))
```

\# 응답 결과를 확인한다.

```r
print(x = res)
```

입력후 실행	실행 결과

`> # 응답 결과를 확인합니다.`
`> print(x = res)`
	`Response [https://news.like.naver.com/v1/search/c`
	`ontents?q=NEWS%5Bne_001_0011391546%5D%7CNEWS_SUMM`
	`ARY%5B001_0011391546%5D%7CNEWS_MAIN%5Bne_001_0011`
	`391546%5D]`
	`  Date: 2020-07-04 17:31`
	`  Status: 200`
	`  Content-Type: application/json;charset=UTF-8`
	`  Size: 3.83 kB`

\# json 형태의 데이터를 추출한다.

```r
json <- res %>% content(as = 'text') %>% fromJSON()
```

\# json 객체의 구조를 파악한다.

```r
str(object = json)
```

입력후 실행	실행 결과

`> # json 형태의 데이터를 추출합니다.`
`> json <- res %>% content(as = 'text') %>% fromJS`
`ON()`
`>`
`> # json 객체의 구조를 파악합니다.`
`> str(object = json)`
	`List of 3`
	`  $ contents       :'data.frame':    3 obs. of`
	`  9 variables:`
	`  ..$ serviceId      : chr [1:3] "NEWS" "NEWS_S`
	`UMMARY" "NEWS_MAIN"`
	`  ..$ contentsId     : chr [1:3] "ne_001_001139`
	`1546" "001_0011391546" "ne_001_0011391546"`
	`  ..$ isDisplay      : logi [1:3] TRUE TRUE TRU`
	`E`
	`  ..$ countType      : chr [1:3] "DEFAULT" "DEF`
	`AULT" "DEFAULT"`
	`  ..$ reactions      :List of 3`
	`  .. ..$ :'data.frame': 3 obs. of  5 variables:`
	`  .. .. ..$ reactionType   : chr [1:3] "sad" "wa`
	`nt" "angry"`

\# 반응수는 json의 첫 번째 원소인 **contents**에서 다시 **reactions** 원소에 포함되어 있다.

\# 더 정확하게는 **reactions**의 첫 번째 원소인 데이터프레임에 반응수가 포함되어 있다.

```
# 반응수를 확인한다.
json$contents$reactions %>% `[[`(1) %>% `[`(c(1, 2))
```

입력후 실행	실행 결과

> # 반응수를 확인합니다.
> json$contents$reactions %>% `[[`(1) %>% `[`(c(1, 2))
	`    reactionType count`
	`1          sad     1`
	`2         want     3`
	`3        angry    39`

```
# 반응수 데이터를 데이터프레임으로 저장한다.
df <- data.frame(oid = news$oid[i],
           aid = news$aid[i],
           json$contents$reactions %>%
             `[[`(1) %>%
             `[`(c(1, 2)))
```

반응수가 없을 때는 에러가 발생하므로 순번을 바꿔서 다시 실행해본다.
반복문에서는 반응수가 없을 때 건너뛰도록 설정한다.

```
# 데이터프레임을 출력한다.
print(x = df)
```

입력후 실행	실행 결과

> # 데이터프레임을 출력합니다.
> print(x = df)
	`  oid        aid reactionType count`
	`1 001 0011391546          sad     1`
	`2 001 0011391546         want     3`
	`3 001 0011391546        angry    39`

```
# -------------------------------------------------------------------

# 전체 뉴스에 대해 반응수를 저장할 최종 객체를 빈 데이터프레임으로 생성한다.
respDf <- data.frame()

# 반복문을 실행한다.
for (i in 1:n) {
```

```r
# 진행상황을 출력한다.
cat('현재', i, '/', n, '번째 뉴스 데이터를 수집하고 있다.\n')


# 행번호 j를 지정한다.
j <- loc[i]


# HTTP 요청을 실행한다.
res <- GET(url = 'https://news.like.naver.com/v1/search/contents',
        query = list(q = str_c('NEWS%5Bne_', news$oid[j], '_', news$aid[j], '%5D%7C',
                    'NEWS_SUMMARY%5B', news$oid[j], '_', news$aid[j], '%5D%7C',
                    'NEWS_MAIN%5Bne_', news$oid[j], '_', news$aid[j], '%5D') %>% I()))


# json 형태의 데이터를 추출한다.
json <- res %>% content(as = 'text') %>% fromJSON()


# 반응이 없는 경우 실행을 건너뛴다.
tryCatch({

  # 데이터프레임으로 생성한다.
  df <- data.frame(oid = news$oid[j],
            aid = news$aid[j],
            json$contents$reactions %>% `[[`(1) %>% `[`(c(1, 2)))

  # 최종 결과 객체에 추가한다.
  respDf <- rbind(respDf, df)

}, error = function(e) cat('---> 반응이 없다!\n'))

# 1초간 쉰다.
Sys.sleep(time = 1)


}
```

	현재 1 / 24 번째 뉴스 데이터를 수집하고 있습니다. 현재 2 / 24 번째 뉴스 데이터를 수집하고 있습니다. 현재 3 / 24 번째 뉴스 데이터를 수집하고 있습니다. 현재 4 / 24 번째 뉴스 데이터를 수집하고 있습니다. 현재 5 / 24 번째 뉴스 데이터를 수집하고 있습니다. 현재 6 / 24 번째 뉴스 데이터를 수집하고 있습니다. ---> 반응이 없습니다! 현재 7 / 24 번째 뉴스 데이터를 수집하고 있습니다. 현재 8 / 24 번째 뉴스 데이터를 수집하고 있습니다. 현재 9 / 24 번째 뉴스 데이터를 수집하고 있습니다. 현재 10 / 24 번째 뉴스 데이터를 수집하고 있습니다. 현재 11 / 24 번째 뉴스 데이터를 수집하고 있습니다. ---> 반응이 없습니다!
``` + # 1초간 쉽니다. + Sys.sleep(time = 1) + + } ```	
입력후 실행	실행 결과

```
# ---------------------------------------------------------------

# 개별 기사의 댓글수를 수집한다.
# ---------------------------------------------------------------

# 수집할 뉴스의 순번을 지정한다.
i <- loc[1]

# 뉴스에 대한 댓글수를 포함하는 HTTP 통신 파일을 JS 탭에서 찾았다.
# HTTP 요청을 실행한다.
res <- GET(url =
'https://apis.naver.com/commentBox/cbox/web_neo_list_jsonp.json',
       query = list(ticket = 'news',
              pool = 'cbox5',
              lang = 'ko',
              country = 'KR',
              objectId = str_c('news', news$oid[i], ',', news$aid[i]),
              pageSize = '100',
              page = '1',
              sort = 'favorite'),
       add_headers(referer = news$nlink[i]))
```

응답 결과를 확인한다.

print(x = res)

입력후 실행	실행 결과
| ```
> # 응답 결과를 확인합니다.
> print(x = res)
``` | ```
Response [https://apis.naver.com/commentBox/cbox/
web_neo_list_jsonp.json?ticket=news&pool=cbox5&la
ng=ko&country=KR&objectId=news001%2C0011391546&pa
geSize=100&page=1&sort=favorite]
  Date: 2020-07-04 17:31
  Status: 200
  Content-Type: application/javascript; charset=U
TF-8
  Size: 155 B
<BINARY BODY>
NULL
``` |

json 형태의 데이터를 추출한다.

```
json <- res %>%
  content(as = 'text') %>%
  str_remove_all(pattern = '_callback\\(|\\);') %>%
  fromJSON()
```

json 객체의 구조를 파악한다.

str(object = json)

입력후 실행	실행 결과
| ```
> # json 객체의 구조를 파악합니다.
> str(object = json)
``` | ```
List of 7
 $ success: logi FALSE
 $ code   : chr "3999"
 $ message: chr "잘못된 접근입니다."
 $ lang   : chr "ko"
 $ country: chr "KR"
 $ result : Named list()
 $ date   : chr "2020-07-04T17:31:56+0000"
>
``` |

댓글수는 json의 여섯 번째 원소인 result에서 다시 count 원소에 포함되어 있다.
즉, count 객체가 리스트이고 그 중 첫 번째 원소인 comment가 댓글수가 되는 것이다.
reply은 대댓글수이다. 따라서 총 대댓글수를 포함한 총 댓글수는 total에 있다.

댓글수를 확인한다.
json$result$count$comment

> # 댓글수를 확인합니다. > json$result$count$comment	NULL
입력후 실행	실행 결과

# 댓글이 없는 경우 실행을 건너뛸 수 있도록 설정한다.
tryCatch({

  # 데이터프레임으로 생성한다.
  df <- data.frame(oid = news$oid[i],
              aid = news$aid[i],
              json$result$commentList %>%
                `[`(c('commentNo', 'contents', 'userName', 'regTime')))

}, error = function(e) cat('댓글이 없다!\n'))

+ }, error = function(e) cat('댓글이 없습니다!\n'))	댓글이 없습니다!
입력후 실행	실행 결과

# 한 페이지에 댓글 100개씩 출력하므로 전체 댓글을 수집하기 위한 총페이지수를 확인한다.
pages <- json$result$pageModel$totalPages

# pages 객체를 출력한다.
print(x = pages)

> # 한 페이지에 댓글 100개씩 출력하므로 전체 댓글을 수집하기 위한 총페이지수를 확인합니다. > pages <- json$result$pageModel$totalPages > > # pages 객체를 출력합니다. > print(x = pages)	NULL
입력후 실행	실행 결과

# 최종 결과 객체를 빈 데이터프레임으로 생성한다.
comtDf <- data.frame()

```r
# pages가 2보다 크다면 반복문을 실행하여 전체 댓글을 모두 수집한다.
if (pages >= 2) {

  # 반복문을 실행하여 전체 댓글을 수집한다.
  for (page in 1:pages) {

    # 진행상황을 출력한다.
    cat('현재', page, '번째 페이지의 댓글을 수집하고 있다.\n')

    # HTTP 요청을 실행한다.
    res <- GET(url =
'https://apis.naver.com/commentBox/cbox/web_neo_list_jsonp.json',
          query = list(ticket = 'news',
                pool = 'cbox5',
                lang = 'ko',
                country = 'KR',
                objectId = str_c('news', news$oid[i], ',', news$aid[i]),
                pageSize = '100',
                page = page,
                sort = 'favorite'),
          add_headers(referer = news$nlink[i]))

    # json 형태의 데이터를 추출한다.
    json <- res %>%
      content(as = 'text') %>%
      str_remove_all(pattern = '_callback\\(|\\);') %>%
      fromJSON()

    # 데이터프레임으로 생성한다.
    df <- data.frame(oid = news$oid[i],
            aid = news$aid[i],
            json$result$commentList %>%
              `[`(c('commentNo', 'contents', 'userName', 'regTime')))
```

```
   # 최종 결과 객체에 추가한다.
   comtDf <- rbind(comtDf, df)


   # 1초간 쉰다.
   Sys.sleep(time = 1)


 }
}
```

입력후 실행	실행 결과

`+        # 최종 결과 객체에 추가합니다.`
`+        comtDf <- rbind(comtDf, df)`
`+`
`+        # 1초간 쉽니다.`
`+        Sys.sleep(time = 1)`
`+`
`+    }`
`+ }`
	`Error in if (pages >= 2) { : 인자의 길이가 0입니다`

```
# 두 데이터프레임 병합하기이다.
merge(x = comtDf,
     y = news[, c('pdate', 'title', 'nlink', 'press', 'oid', 'aid')],
     by = c('oid', 'aid'),
     all.x = TRUE) -> test
```

입력후 실행	실행 결과

`> # 두 데이터프레임 병합하기입니다.`
`> merge(x = comtDf,`
`+        y = news[, c('pdate', 'title', 'nlink',`
`'press', 'oid', 'aid')],`
`+        by = c('oid', 'aid'),`
`+        all.x = TRUE) -> test`
	`Error in fix.by(by.x, x) : 'by' must specify uniq`
	`uely valid columns`

```
## 만약 x에는 oid.x, y에는 oid.y라고 한다면
## by.x = 'oid.x', by.y = 'oid.y'


# ---------------------------------------------------------------------
```

```r
# news 객체에 댓글수 컬럼을 추가한다.
news$comts <- NA

# 댓글을 저장할 최종 객체를 빈 데이터프레임으로 생성한다.
comtDf <- data.frame()

# 반복문을 실행한다.
for (i in 1:n) {

  # 진행상황을 출력한다.
  cat('현재', i, '/', n, '번째 뉴스 데이터를 수집하고 있다. ')

  # 행번호 j를 지정한다.
  j <- loc[i]

  # HTTP 요청을 실행한다.
  res <- GET(url =
'https://apis.naver.com/commentBox/cbox/web_neo_list_jsonp.json',
          query = list(ticket = 'news',
                  pool = 'cbox5',
                  lang = 'ko',
                  country = 'KR',
                  objectId = str_c('news', news$oid[j], ',', news$aid[j]),
                  pageSize = '100',
                  page = '1',
                  sort = 'favorite'),
          add_headers(referer = news$nlink[j]))

  # json 형태의 데이터를 추출한다.
  json <- res %>%
    content(as = 'text') %>%
    str_remove_all(pattern = '_callback\\(|\\);') %>%
    fromJSON()
```

```
# 댓글수를 news 객체에 컬럼으로 추가한다.
news$comts[j] <- json$result$count$comment

# 댓글수를 출력한다.
cat('댓글수는', news$comts[j], '개이다.\n')

# 댓글이 없는 경우 실행을 건너뛴다.
tryCatch({

  # 데이터프레임으로 생성한다.
  df <- data.frame(oid = news$oid[j],
              aid = news$aid[j],
              json$result$commentList %>%
                `[`(c('commentNo', 'contents', 'userName', 'regTime')))

  # 최종 결과 객체에 추가한다.
  comtDf <- rbind(comtDf, df)

}, error = function(e) cat('---> 댓글이 없다!\n'))

# 총페이지수를 확인한다.
pages <- json$result$pageModel$totalPages

# pages의 크기에 따라 3가지로 다르게 실행한다.
if (pages >= 2) {

  # 반복문을 실행하여 전체 댓글을 수집한다.
  for (page in 2:pages) {

    # 진행상황을 출력한다.
    cat('---> 현재', page, '번째 페이지의 댓글을 수집하고 있다.\n')
```

```
    # HTTP 요청을 실행한다.
    res <- GET(url =
'https://apis.naver.com/commentBox/cbox/web_neo_list_jsonp.json',
            query = list(ticket = 'news',
                    pool = 'cbox5',
                    lang = 'ko',
                    country = 'KR',
                    objectId = str_c('news', news$oid[j], ',', news$aid[j]),
                    pageSize = '100',
                    page = page,
                    sort = 'favorite'),
            add_headers(referer = news$nlink[j]))

    # json 형태의 데이터를 추출한다.
    json <- res %>%
        content(as = 'text') %>%
        str_remove_all(pattern = '_callback\\(|\\);') %>%
        fromJSON()

    # 데이터프레임으로 생성한다.
    df <- data.frame(oid = news$oid[j],
                aid = news$aid[j],
                json$result$commentList %>%
                    `[`(c('commentNo', 'contents', 'userName', 'regTime')))

    # 최종 결과 객체에 추가한다.
    comtDf <- rbind(comtDf, df)

    # 1초간 쉰다.
    Sys.sleep(time = 1)


    }
}
```

```
  # 1초간 쉰다.
  Sys.sleep(time = 1)


}
```

입력후 실행	실행 결과
``+   # 최종 결과 객체에 추가합니다.
+   comtDf <- rbind(comtDf, df)
+
+   # 1초간 쉽니다.
+   Sys.sleep(time = 1)
+
+   }
+   }
+
+   # 1초간 쉽니다.
+   Sys.sleep(time = 1)
+
+ }```	```현재 1 / 24 번째 뉴스 데이터를 수집하고 있습니다. Error
in news$comts[j] <- json$result$count$comment :
replacement has length zero
>```

```
# 댓글의 합계를 확인한다.
sum(x = news$comts, na.rm = TRUE)
```

입력후 실행	실행 결과
``> # 댓글의 합계를 확인합니다.
> sum(x = news$comts, na.rm = TRUE)```	```[1] 0```

```
# --------------------------------------------------------------------
# nlink가 NA가 아님에도 뉴스 본문과 반응이 NA인 건이 있는지 확인한다.
# --------------------------------------------------------------------


# 행번호를 확인한다.
loc <- which(x = is.na(x = news$nlink) == FALSE
        & is.na(x = news$fbody) == TRUE
        & is.na(x = news$good) == TRUE)


# 행번호를 출력한다.
print(x = loc)
```

| ```
> # 행번호를 확인합니다.
> loc <- which(x = is.na(x = news$nlink) == FALSE

+                & is.na(x = news$fbody) == TRUE
+                & is.na(x = news$good) == TRUE)
>
> # 행번호를 출력합니다.
> print(x = loc)
``` | `integer(0)` |
| 입력후 실행 | 실행 결과 |

End of Script

참고문헌

곽기영 (2018). R을 이용한 웹 데이터 수집, 시각화 웹 스크레이핑과 데이터분석. 청람.

임동훈 (2015). R을 이용한 빅데이터 분석. 자유아카데미

비그니쉬 플라자파티 (2016). R과 하둡을 이용한 빅데이터 분석. 에이콘출판사

송태민 외 (2016). R을 활용한 소셜 빅데이터 연구방법론. 한나래
```

Chapter 8
텍스트 분석

텍스트 분석

INTRODUCTION

☐ **학습목표**

R 텍스트 전 처리이해

R 프로그램을 TDM, LDA, 감정분석 실행

이론을 바탕으로한 텍스트 분석 : 프레임, 토픽프레임, 네트워크 의제설정

인공지능 기계학습 텍스트 분석

☐ **목차**

8.1 텍스트 분석의 정의와 데이터 처리

8.2 텍스트 분석을 위한 전처리 학습

8.3 뉴스 텍스트 수집과 분석

8.4 텍스트 분석 및 결과 제시

☐ **주요 용어**

형태소 분석, 핵심어구, 동시출현, 토픽모델링, 감정 분석, 의미연결망, 머신러닝 분석

☐ **요약**

• R프로그램을 이용해 주요 텍스트 분석을 수행하여 이론 검증 및 논문, 창의적인 보고서 작성 능력을 배양한다.

8.1 텍스트 분석의 정의와 데이터 처리

• 텍스트 분석 이해하기

텍스트마이닝은 사연스러운 인간의 언어로 이루어진 내용량 텍스트를 분석하는 것이다. 인간이 문서를 읽음으로써 배우는 것과 같이 대용량 텍스트로 부터 유용한 정보를 추출하는 것이다. 비정형 텍스트를 기반으로 의미있는 정보를 추출하는 기술을 텍스트 분석이라고 한다. 이는 텍스트 분석은 구조화되지 않고 자연어로 이루어진 텍스트에서 의미를 찾아내는 기술 분야이다. 기본적으로 R을 이용한 데이터 핸들링 하는 방법 및 텍스트 데이터 전처리 기법, 분석의 전반적인 흐름(flow), Corpus/DTM의 개념, 다양한 텍스트 분석기법들, 모델 평가 방법론등이 텍스분석을 이해하는 과정이다.

본장은 텍스트 분석을 통해 원하는 텍스트를 스크롤링하고, R을 통한 Top keyword추출, 워드크라우드(Wordcloud), 감성분석, 토픽모델(Topic Modeling, LDA) 등을 실행할 수 있다. 이를 통해 본장에서는 기초적인 텍스트 분석인 워드클라우드 및 클러스터링, 문서 분류 등의 고급 텍스트 분석을 할수 있다. 문서를 비슷한 주제를 자동으로 군집화하여 이를 시각적으로 나타낼 수 있다. 수준 이론검증 리포트 논문 작성 등 다양한 활용이 가능하다. 기본적인 분석 유형은 다음과 같다.

1. **형태소(단어) 분석:** 의미의 최소단위인 형태소(morpheme)나 단어에 대한 기본적인 분석이다. 문법적 규칙 혹은 확률에 의한 품사 태깅(part of speech tagging), 개체명 인식(named entity recognition), 철자 교정, 단어 식별(tokenization) 기법 등을 이용한다.

2. **문자열 분석:** 영어의 음운이나 한국어의 글자의 갯수(n-gram)를 지정하여 전체 텍스트 코퍼스를 분석함으로써 해당 문자열이 나왔을 때 그 다음에 어떤 글자가 나올지를 확률분포를 통해 예측한다.

3. **핵심어구 추출:** 텍스트를 어휘적으로 상호 관련 있는 단어들로 나누는 청킹(chunking)을 통해 핵심어구를 추출하거나, 개체명 인식, 관계 추출(relation extraction) 그리고. TF-IDF, 카이제곱 검정, 코사인 유사도 등을 통해 단어의 빈도수 분포에서 중요하지 않은 단어를 걸러

내고, 문서의 유사도를 구한다.

4. 동시출현 단어 분석: 단어들 사이의 의미상의 관계성을 파악하기 위해 일정한 문맥 내에서 두 단어가 동시출현하는 빈도를 구한 후, 다양한 통계적 방법을 활용하여 유의미한 단어쌍을 추출해 낼 수 있다.

5. 토픽 모델링: 구조화되지 않은 대량의 텍스트로부터 숨겨져 있는 주제 구조를 발견하고 카테고리화 하기 위한 통계적 추론 알고리즘으로, LDA (Latent Dirichlet Allocation) 모델이 주로 활용된다. 각각의 창발적인(emergent) 주제를 각 행에 배열되는 단어들의 확률분포를 통해 표현한다.

6. 텍스트의 감성 분석: 감성 사전을 기반으로 분석 대상이 되는 전체 텍스트의 감성 비율을 정량화하는 기법이다. 통상적으로 긍정, 중립, 부정 등의 '평가어' 분석이 감성분석으로 이해되나 이는 실제론 기쁨, 우울, 화남 등 심리학적인 감성 카테고리에 기반한 정량화의 한 특수한 사례이다.

7. 의미연결망 분석: 키워드 동시출현 분석 기법에 기반하거나 그 한계를 넘어 단어간의 의미 혹은 맥락상의 연결관계를 정의하고, 해당 연결 관계를 시각화하거나 중요한 컨셉을 네트워크 속의 위상(centrality)에 따라 추출하는 방법이다.

8. 머신러닝: 최근 '인공지능'이라는 마케팅 용어를 통해 텍스트 분석에서 활용되는 머신러닝 기법을 설명하는 경우들이 있으나, 엄밀히 얘기하면 머신러닝의 여러 기법들 역시 대부분 학계에서 이미 수십년간 알려진 것들이다. SVM(Support Vector Machine), 의사결정트리(Decision Tree), 랜덤 포레스트(Random Forest) 등이 대표적이고, 최근에는 딥 러닝(Deep Learning) 기법이 활용되고 있다.[1]

---

1) 참고 웹사이트: 텍스트 마이닝의 방법론과 실제: 경험적 관점
   https://www.arspraxia.com/policy/text-mining-method/
   http://blog.naver.com/PostView.nhn?blogId=chunjein&logNo=220896344134&categoryNo=17&parentCategoryNo=0&viewDate=&currentPage=1&postListTopCurrentPage=1&from=search

8.1.1 텍스트 분석을 위한 기초 예제

R Script

```
# 텍스트 분석을 위한 기초적 R 함수들
#####################################

#리스트와 벡터의 구분
myvector <- c(1:6,'a')
myvector

mylist <- list(1:6,'a')
mylist
```

```
> #벡터로 구성된 자료의 경우 []를 사용하지만, 리스트형식은 [[]]을 사용한다
> #예를 들어 아래와 같이 []을 사용하면 리스트를, [[]]을 사용하면 벡터를 얻을 수 있다.
> mylist[[3]][1]; mylist[[3]][[1]]
[[1]]
[1] 1 2 3 4

[1] 1 2 3 4
>
> #[[]]와 []에 익숙해지면 아래의 표현도 이해할 수 있다.
> mylist[[3]][[1]][2]
[1] 2
```

입력후 실행 결과

```
#list 형식의 오브젝트 소개
obj1 <- 1:4
obj2 <- 6:10
#간단한 리스트 형식의 오브젝트는 다음과 같다.
obj3 <- list(obj1,obj2)
obj3
```

```
> #list 형식의 오브젝트 소개
> obj1 <- 1:4
> obj2 <- 6:10
> #간단한 리스트 형식의 오브젝트는 다음과 같다.
> obj3 <- list(obj1,obj2)
> obj3
[[1]]
[1] 1 2 3 4

[[2]]
[1]  6  7  8  9 10

> |
```

入력후 실행 결과

#list함수는 연이어 사용할 수도 있다.

mylist <- list(obj1,obj2,obj3)

mylist

```
> mylist <- list(obj1,obj2,obj3)
> mylist
[[1]]
[1] 1 2 3 4

[[2]]
[1]  6  7  8  9 10

[[3]]
[[3]][[1]]
[1] 1 2 3 4

[[3]][[2]]
[1]  6  7  8  9 10

> |
```

入력후 실행 결과

#벡터로 구성된 자료의 경우 []를 사용하지만, 리스트형식은 [[]]을 사용한다

#예를 들어 아래와 같이 []을 사용하면 리스트를, [[]]을 사용하면 벡터를 얻을 수 있다.

mylist[[3]][1]; mylist[[3]][[1]]

#[[]]와 []에 익숙해지면 아래의 표현도 이해할 수 있다.

mylist[[3]][[1]][2]

R을 이용한 웹 크롤링과 텍스트 분석

```
> #벡터로 구성된 자료의 경우 []를 사용하지만, 리스트형식은 [[]]을 사용한다
> #예를 들어 아래와 같이 []을 사용하면 리스트를, [[]]을 사용하면 벡터를 얻을 수 있다.
> mylist[[3]][1]; mylist[[3]][[1]]
[[1]]
[1] 1 2 3 4

[1] 1 2 3 4
>
> #[[]]와 []에 익숙해지면 아래의 표현도 이해할 수 있다.
> mylist[[3]][[1]][2]
[1] 2
> |
```
입력후 실행 결과

#unlist함수는 리스트를 벡터형식으로 돌려주는 역할이다.
#unlist 함수는 유용하지만 조심하여 사용하기 바란다.
myvector <- c(1:6,'a')
mylist <- list(1:6,'a')
unlist(mylist)
unlist(mylist) == myvector
#예를 들어 mylist의 모든 관측값의 평균을 구한다고 가정하자.
mean(mylist[[1]][1:6])
mean(unlist(mylist)[1:6])

```
> myvector <- c(1:6,'a')
> mylist <- list(1:6,'a')
> unlist(mylist)
[1] "1" "2" "3" "4" "5" "6" "a"
> unlist(mylist) == myvector
[1] TRUE TRUE TRUE TRUE TRUE TRUE TRUE
> #예를 들어 mylist의 모든 관측값의 평균을 구한다고 가정하자.
> mean(mylist[[1]][1:6])
[1] 3.5
> mean(unlist(mylist)[1:6])
[1] NA
```
입력후 실행 결과

#텍스트형 자료(문자에서 단어로)
name1 <- "Donald"
myspace <- " "
name2 <- "Trump"
list(name1, myspace, name2)
unlist(list(name1, myspace, name2))

```
> #텍스트형 자료(문자에서 단어로)
> name1 <- "Donald"
> myspace <- " "
> name2 <- "Trump"
> list(name1, myspace, name2)
[[1]]
[1] "Donald"

[[2]]
[1] " "

[[3]]
[1] "Trump"

> unlist(list(name1, myspace, name2))
[1] "Donald" " "        "Trump"
> |
```

입력후 실행 결과

#오브젝트의 속성이 입력된 경우가 많으며, 상황에 따라 속성값을 저장할 필요가 있다

name <- c('갑','을','병','정')

gender <- c(2,1,1,2)

mydata <- data.frame(name,gender)

attr(mydata$name,"what the variable means") <- "응답자의 이름"

mydata$name

attr(mydata$gender,"what the variable means") <- "응답자의 성별"

myvalues <- gender

for (i in 1:length(gender)) {myvalues[i] <- ifelse(gender[i]==1,"남성","여성")}

attr(mydata$gender,"what the value means") <- myvalues

mydata$gender

```
> name <- c('갑','을','병','정')
> gender <- c(2,1,1,2)
> mydata <- data.frame(name,gender)
> attr(mydata$name,"what the variable means") <- "응답자의 이름"
> mydata$name
[1] "갑" "을" "병" "정"
attr(,"what the variable means")
[1] "응답자의 이름"
> attr(mydata$gender,"what the variable means") <- "응답자의 성별"
> myvalues <- gender
> for (i in 1:length(gender)) {myvalues[i] <- ifelse(gender[i]==1,"남성","여성")}
> attr(mydata$gender,"what the value means") <- myvalues
> mydata$gender
[1] 2 1 1 2
attr(,"what the variable means")
[1] "응답자의 성별"
attr(,"what the value means")
[1] "여성" "남성" "남성" "여성"
> |
```

입력후 실행 결과

#속성값 추출

attr(mydata$gender,"what the value means")

#속성값을 추출한 후 mydata에 새로운 변수로 추가해 보자.

mydata$gender.character <- attr(mydata$gender,"what the value means")

mydata

#리스트 형식인 경우 lapply 함수가 매우 유용하다.

mylist <- list(1:4,6:10,list(1:4,6:10))

lapply(mylist[[3]],mean)

```
> #속성값 추출
> attr(mydata$gender,"what the value means")
[1] "여성" "남성" "남성" "여성"
> #속성값을 추출한 후 mydata에 새로운 변수로 추가해 보자.
> mydata$gender.character <- attr(mydata$gender,"what the value means")
> mydata
  name gender gender.character
1   갑      2             여성
2   을      1             남성
3   병      1             남성
4   정      2             여성
>
> #리스트 형식인 경우 lapply 함수가 매우 유용하다.
> mylist <- list(1:4,6:10,list(1:4,6:10))
> lapply(mylist[[3]],mean)
[[1]]
[1] 2.5

[[2]]
[1] 8

>
```

입력후 실행 결과

#그러나 [[]][[]]의 형태를 가질 경우 주의할 필요가 있다.

lapply(mylist,mean)

lapply(mylist[c(1,2,c(1,2))],mean)

```
> #그러나 [[]][[]]의 형태를 가질 경우 주의할 필요가 있다.
> lapply(mylist,mean)
[[1]]
[1] 2.5

[[2]]
[1] 8

[[3]]
[1] NA

경고메시지(들):
In mean.default(x[[i]], ...) :
    인자가 수치형 또는 논리형이 아니므로 NA를 반환합니다
> lapply(mylist[c(1,2,c(1,2))],mean)
[[1]]
[1] 2.5

[[2]]
[1] 8

[[3]]
[1] 2.5

[[4]]
[1] 8
```

입력후 실행 결과

#sapply 함수의 경우 lapply 함수 결과와 유사하지만 결과값에 unlist 함수를 적용한다는 점이 다르다

sapply(mylist[c(1,2,c(1,2))],sum)

unlist(lapply(mylist[c(1,2,c(1,2))],sum))

```
> #sapply 함수의 경우 lapply 함수 결과와 유사하지만 결과값에 unlist 함수를 적용한다는 점이 다르다
> sapply(mylist[c(1,2,c(1,2))],sum)
[1] 10 40 10 40
> unlist(lapply(mylist[c(1,2,c(1,2))],sum))
[1] 10 40 10 40
> |
```

입력후 실행 결과

#tapply는 텍스트 데이터에서 종종 사용된다.

#다음과 같은 빈도표 2개를 가정해 보자.

wordlist <- c("the","is","a","the")

doc1freq <- c(3,4,2,4)

doc2freq <- rep(1,4)

#아래의 사례를 보면 tapply() 함수가 어떤 역할을 하는지 알 수 있다.

tapply(doc1freq,wordlist,length)

tapply(doc2freq,wordlist,length)

tapply(doc1freq,wordlist,sum)

tapply(doc2freq,wordlist,sum)

```
> doc1freq <- c(3,4,2,4)
> doc2freq <- rep(1,4)
> #아래의 사례를 보면 tapply() 함수가 어떤 역할을 하는지 알 수 있다.
> tapply(doc1freq,wordlist,length)
  a  is the
  1   1   2
> tapply(doc2freq,wordlist,length)
  a  is the
  1   1   2
> tapply(doc1freq,wordlist,sum)
  a  is the
  2   4   7
> tapply(doc2freq,wordlist,sum)
  a  is the
  1   1   2
> |
```

입력후 실행 결과

#다음과 같은 단어들의 연쇄로 구성된 세 문장들을 생각해 보자.

sent1 <- c("earth","to","earth")

sent2 <- c("ashes","to","ashes")

sent3 <- c("dust","to","dust")

#한 문장에서 to는 1회, to가 아닌 단어는 2회 등장했다.

#3문장에서 등장한 단어빈도가 어떠한지 tapply함수를 이용해 계산하자.

myfreq <- c(rep(1,length(sent1)),rep(1,length(sent2)),rep(1,length(sent3)))

tapply(myfreq,c(sent1,sent2,sent3),sum)

```
> #다음과 같은 단어들의 연쇄로 구성된 세 문장들을 생각해 보자.
> sent1 <- c("earth","to","earth")
> sent2 <- c("ashes","to","ashes")
> sent3 <- c("dust","to","dust")
> #한 문장에서 to는 1회, to가 아닌 단어는 2회 등장했다.
> #3문장에서 등장한 단어빈도가 어떠한지 tapply함수를 이용해 계산하자.
> myfreq <- c(rep(1,length(sent1)),rep(1,length(sent2)),rep(1,length(sent3)))
> tapply(myfreq,c(sent1,sent2,sent3),sum)
ashes  dust earth    to
    2     2     2     3
> |
```

입력후 실행 결과

8.1.2 텍스트 데이터 처리 연습

본 절에서는 스트링r, 정규문장, 텍스트전처리, 토크나이저(Tokenizing), 시각화, 연관어 분석을 통해 텍스트 분석을 실행한다.

(1) Stringr

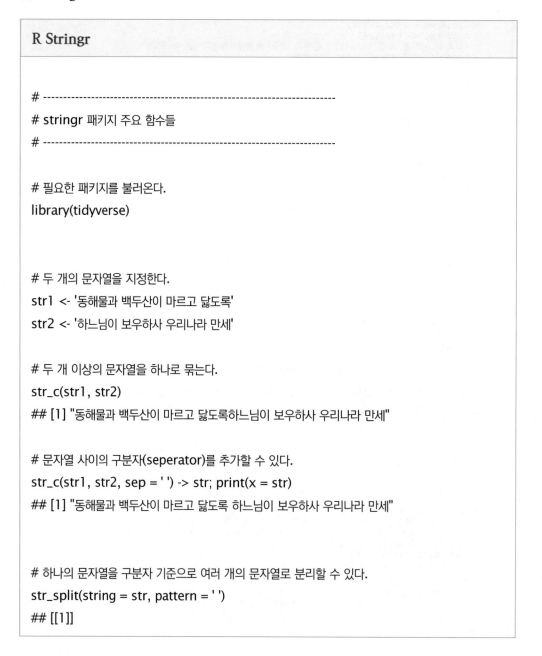

```
R Stringr


# ------------------------------------------------------------------------
# stringr 패키지 주요 함수들
# ------------------------------------------------------------------------


# 필요한 패키지를 불러온다.
library(tidyverse)



# 두 개의 문자열을 지정한다.
str1 <- '동해물과 백두산이 마르고 닳도록'
str2 <- '하느님이 보우하사 우리나라 만세'

# 두 개 이상의 문자열을 하나로 묶는다.
str_c(str1, str2)
## [1] "동해물과 백두산이 마르고 닳도록하느님이 보우하사 우리나라 만세"

# 문자열 사이의 구분자(seperator)를 추가할 수 있다.
str_c(str1, str2, sep = ' ') -> str; print(x = str)
## [1] "동해물과 백두산이 마르고 닳도록 하느님이 보우하사 우리나라 만세"



# 하나의 문자열을 구분자 기준으로 여러 개의 문자열로 분리할 수 있다.
str_split(string = str, pattern = ' ')
## [[1]]
```

```
## [1] "동해물과" "백두산이" "마르고"  "닳도록"  "하느님이" "보우하사"
## [7] "우리나라" "만세"

# str_split() 함수를 실행하면, 결과가 리스트로 반환된다.
# 벡터로 변환하려면 unlist() 함수를 이용해야 한다.
str_split(string = str, pattern = ' ') %>% unlist() -> strs
print(x = strs)



# str_c() 함수에 여러 문자열을 하나의 커다란 문자열로 합칠 때에는
# `sep` 인자를 추가할 수 있었다.
# 그런데 여러 문자열 대신 벡터를 지정할 때는 `sep` 인자를 넣으면 안된다.
# 오히려 `collapse` 인자를 추가해주어야 원하는 결과를 얻을 수 있다.

# 벡터의 원소들을 하나의 커다란 문자열로 합친다.
str_c(strs, sep = ' ')
str_c(strs, collapse = ' ')



# 문자열에 패턴이 포함되어 있는지 확인한다.
str_detect(string = str, pattern = '우리나라')
## [1] TRUE

str_detect(string = str, pattern = '하나님')
## [1] FALSE



# 처음 나오는 패턴을 한 번 삭제한다.
str_remove(string = str, pattern = ' ')
## [1] "동해물과백두산이 마르고 닳도록 하느님이 보우하사 우리나라 만세"

# 지정한 패턴이 여러 번 나오는 경우, 모두 삭제할 수 있다.
str_remove_all(string = str, pattern = ' ')
```

```
## [1] "동해물과백두산이마르고닳도록하느님이보우하사우리나라만세"

# 처음 나오는 패턴으로 한 번 교체한다.
str_replace(string = str, pattern = ' ', replacement = '_')
## [1] "동해물과_백두산이 마르고 닳도록 하느님이 보우하사 우리나라 만세"

# 지정한 패턴이 여러 번 나오는 경우, 모두 교체할 수 있다.
str_replace_all(string = str, pattern = ' ', replacement = '_')
## [1] "동해물과_백두산이_마르고_닳도록_하느님이_보우하사_우리나라_만세"


# 처음 나오는 패턴으로 한 번 추출한다.
str_extract(string = str, pattern = '우')
## [1] "우"

# 지정한 패턴이 여러 번 나오는 경우, 모두 추출할 수 있다.
str_extract_all(string = str, pattern = '우')
## [[1]]
## [1] "우" "우"

# str_extract_all() 함수도 결과를 리스트로 반환한다.
# `string` 인자에 벡터를 지정하면 원소별로 실행된 결과를 반환한다.

# '우'를 포함하는 문자열 원소가 여러 개인 벡터를 생성한다.
strs <- c('우수', '우우', '수수', '우우우', '우수우수')

# 지정한 패턴이 여러 번 나오는 경우, 모두 추출할 수 있다.
str_extract_all(string = strs, pattern = '우')
## [[1]]
## [1] "우"
##
## [[2]]
## [1] "우" "우"
```

```
##
## [[3]]
## character(0)
##
## [[4]]
## [1] "우" "우" "우"
##
## [[5]]
## [1] "우" "우"
```

```
# 새로 생성한 벡터에서 원소별로 '우'가 포함되어 있으면 모두 추출하여
# 하나의 문자열로 합친 다음 벡터로 변환하여 결과를 반환한다.
strs %>%
  str_extract_all(pattern = '우') %>%
  sapply(FUN = function(x) str_c(x, collapse = '')) %>%
  unlist()
## [1] "우"    "우우"   "우우우" "우우"
```

```
## 결과를 확인하니 원소가 4개인 벡터로 반환되었다.
## 왜냐하면 NULL은 공간 자체가 없기 때문이다.
```

```
# 지정한 패턴이 없으면 ''를 반환하도록 마지막 라인을 추가한다.
strs %>%
  str_extract_all(pattern = '우') %>%
  sapply(FUN = function(x) str_c(x, collapse = '')) %>%
  sapply(FUN = function(x) if(length(x = x) == 0) '' else x)
## [1] "우"    "우우"   ""       "우우우" "우우"
```

```
# 이제 위에서 얻은 벡터에 대해 글자수를 반환하도록 하면
# strs 객체에 포함된 패턴의 개수를 확인할 수 있다.
strs %>%
  str_extract_all(pattern = '우') %>%
  sapply(FUN = function(x) str_c(x, collapse = '')) %>%
  sapply(FUN = function(x) if(length(x = x) == 0) '' else x) %>%
```

```
nchar()
```

벡터의 원소마다 찾는 패턴이 몇 개씩 포함되어 있는지를 확인하려면
str_count() 함수를 사용한다.
```
str_count(string = strs, pattern = '우')
```

문자열의 인덱스를 이용하여 필요한 부분만 자를 수 있다.
```
str_sub(string = str, start = 1, end = 2)
## [1] "동해"
```

```
str_sub(string = str, start = 3, end = 4)
## [1] "물과"
```

```
str_sub(string = str, start = 6, end = 7)
## [1] "백두"
```

문자열의 양 옆에 있는 공백을 제거한다.
```
str <- '\r\n\t\t\t\t\t 하느님이 \t 보우하사 \r\n\t\t\t\t\t'
str_trim(string = str)
## [1] "하느님이 \t 보우하사"
## End of Documen
```

```
> library(tidyverse)
> # 두 개의 문자열을 지정합니다.
> str1 <- '동해물과 백두산이 마르고 닳도록'
> str2 <- '하느님이 보우하사 우리나라 만세'
> # 두 개 이상의 문자열을 하나로 묶습니다.
> str_c(str1, str2)
[1] "동해물과 백두산이 마르고 닳도록하느님이 보우하사 우리나라 만세"
> # 문자열 사이의 구분자(seperator)를 추가할 수 있습니다.
> str_c(str1, str2, sep = ' ') -> str; print(x = str)
[1] "동해물과 백두산이 마르고 닳도록 하느님이 보우하사 우리나라 만세"
> # 문자열의 양 옆에 있는 공백을 제거합니다.
> str <- '\r\n\t\t\t\t\t 하느님이 \t 보우하사 \r\n\t\t\t\t\t'
> str_trim(string = str)
[1] "하느님이 \t 보우하사"
>
> |
```

입력후 실행 결과

정규표현식(regex)

```
# ----------------------------------------------------------------
# 정규표현식(regex)
# ----------------------------------------------------------------


# 필요한 패키지를 불러온다.
library(tidyverse)



# 문자열을 지정한다.
str <- 'abCD가나123 \r\n\t-_,./?\\'

# 문자열의 길이를 확인한다.
nchar(x = str)
## [1] 20



# '\\w' : 영어 대소문자, 한글, 숫자 및 _(언더바)를 지정한다.
str_extract_all(string = str, pattern = '\\w')
## [[1]]
## [1] "a"  "b"  "C"  "D"  "가" "나" "1"  "2"  "3"  "_"

# '\\W' : \\w를 제외한 문자를 지정한다.
str_extract_all(string = str, pattern = '\\W')
## [[1]]
## [1] " "  "\r" "\n" "\t" "-"  ","  "."  "/"  "?"  "\\"



# '\\d' : 숫자만 지정한다.
str_extract_all(string = str, pattern = '\\d')
## [[1]]
```

```
## [1] "1" "2" "3"

# '\\D' : \\d를 제외한 문자를 지정한다.
str_extract_all(string = str, pattern = '\\D')
## [[1]]
##  [1] "a" "b" "C" "D" "가" "나" " " "\r" "\n" "\t" "-" "_" ","
## [14] "." "/" "?" "\\"



# '\\s' : 공백과 개행(\r\n) 및 탭(\t)을 지정한다.
str_extract_all(string = str, pattern = '\\s')
## [[1]]
## [1] " " "\r" "\n" "\t"

# '\\S' : \\s를 제외한 문자를 지정한다.
str_extract_all(string = str, pattern = '\\S')
## [[1]]
##  [1] "a" "b" "C" "D" "가" "나" "1" "2" "3" "-" "_" "," "."
## [14] "/" "?" "\\"



# '\\p{Hangul}' : 한글을 지정한다.
str_extract_all(string = str, pattern = '\\p{Hangul}')
## [[1]]
## [1] "가" "나"

# '.' : 개행(\r\n)을 제외한 모든 문자를 지정한다.
str_extract_all(string = str, pattern = '.')
## [[1]]
##  [1] "a" "b" "C" "D" "가" "나" "1" "2" "3" " " "\t" "-" "_"
## [14] "," "." "/" "?" "\\"
```

```
# ----------------------------------------------------------------------
# 'or' 조건으로 패턴 지정
# ----------------------------------------------------------------------

# 문자열 벡터를 지정한다.
strs <- c('abc', 'bcd', 'cde', 'def')

# '|' : 앞뒤 문자열을 'or' 조건으로 지정한다.
str_extract(string = strs, pattern = 'ab|cd')
## [1] "ab" "cd" "cd" NA

# '[]' : 대괄호 안 문자들을 'or' 조건으로 지정한다.
str_extract(string = strs, pattern = '[af]')
## [1] "a" NA  NA  "f"


# 문자열을 지정한다.
str <- 'abcdEFGH0123가나다라ㄱㅏㄴㅑ'

# '[a-z]' : 영어 소문자만 지정한다.
str_extract_all(string = str, pattern = '[a-z]')
## [[1]]
## [1] "a" "b" "c" "d"

# '[A-Z]' : 영어 대문자만 지정한다.
str_extract_all(string = str, pattern = '[A-Z]')
## [[1]]
## [1] "E" "F" "G" "H"

# '[a-zA-Z]' : 영어 대소문자만 지정한다.
str_extract_all(string = str, pattern = '[a-zA-Z]')
## [[1]]
## [1] "a" "b" "c" "d" "E" "F" "G" "H"
```

```
# '[0-9]' : 숫자만 지정한다.
str_extract_all(string = str, pattern = '[0-9]')
## [[1]]
## [1] "0" "1" "2" "3"


# '[ㄱ-ㅎ]' : 한글 자음만 지정한다.
str_extract_all(string = str, pattern = '[ㄱ-ㅎ]')
## [[1]]
## [1] "ㄱ" "ㄴ"


# '[ㅏ-ㅣ]' : 한글 모음만 지정한다.
str_extract_all(string = str, pattern = '[ㅏ-ㅣ]')
## [[1]]
## [1] "ㅏ" "ㅑ"


# '[ㄱ-ㅣ]' : 한글 자음/모음만 지정한다.
str_extract_all(string = str, pattern = '[ㄱ-ㅣ]')
## [[1]]
## [1] "ㄱ" "ㅏ" "ㄴ" "ㅑ"


# '[가-힣]' : 한글 글자만 지정한다.
str_extract_all(string = str, pattern = '[가-힣]')
## [[1]]
## [1] "가" "나" "다" "라"


# '[^]' : 대괄호 안 문자를 제외한다.
str_extract_all(string = str, pattern = '[^ㄱ-ㅣ가-힣]')
## [[1]]
## [1] "a" "b" "c" "d" "E" "F" "G" "H" "0" "1" "2" "3"
```

```
# -------------------------------------------------------
# 탐욕적 수량자 : +, *, ?, {n}, {n,}, {n,m}
# -------------------------------------------------------

# 문자열 벡터를 지정한다.
strs <- c('12', '345', '가나', '다라마')

# + : 앞 패턴이 1 ~ 무한대 연속 일치
str_detect(string = strs, pattern = '\\d+')
## [1]  TRUE  TRUE FALSE FALSE

str_extract(string = strs, pattern = '\\d+')
## [1] "12"  "345" NA    NA

# * : 앞 패턴이 0 ~ 무한대 연속 일치
str_detect(string = strs, pattern = '\\d*')
## [1] TRUE TRUE TRUE TRUE

str_extract(string = strs, pattern = '\\d*')
## [1] "12"  "345" ""    ""

# ? : 앞 패턴이 0 ~ 1회 일치
str_detect(string = strs, pattern = '\\d?')
## [1] TRUE TRUE TRUE TRUE

str_extract(string = strs, pattern = '\\d?')
## [1] "1" "3" "" ""

# {n} : 앞 패턴이 정확하게 n번 연속 일치
str_detect(string = strs, pattern = '\\d{3}')
## [1] FALSE  TRUE FALSE FALSE

str_extract(string = strs, pattern = '\\d{3}')
```

```
## [1] NA    "345" NA    NA

# {n,} : 앞 패턴이 정확하게 n번 ~ 무한대 연속 일치. 콤마(,) 뒤에 공백 없음
str_detect(string = strs, pattern = '\\d{2,}')
## [1] FALSE  TRUE FALSE FALSE

str_extract(string = strs, pattern = '\\d{2,}')
## [1] "12" "345" NA    NA

# {n,m} : 앞 패턴이 정확하게 n ~ m번 연속 일치. 콤마(,) 뒤에 공백 없음
str_detect(string = strs, pattern = '\\d{3,4}')
## [1] FALSE  TRUE FALSE FALSE

str_extract(string = strs, pattern = '\\d{3,4}')
## [1] NA    "345" NA    NA



# ---------------------------------------------------------------
# 게으른 수량자 : 탐욕적 수량자에 '?'를 붙여 최소 단위로 일치하는 패턴 지정
# ---------------------------------------------------------------


# 문자열을 지정한다.
str <- '<p>이것은<br>HTML<br>입니다</p>'

# 탐욕적 수량자 : 문자열 전체에서 일치하는 패턴을 찾는다.
str_extract(string = str, pattern = '<.+>')
## [1] "<p>이것은<br>HTML<br>입니다</p>"

# 게으른 수량자 : 최소 단위로 일치하는 패턴을 찾는다.
str_extract(string = str, pattern = '<.+?>')
## [1] "<p>"


# ---------------------------------------------------------------
# 이스케이프(escape) 문자
# ---------------------------------------------------------------
```

```
# 문자열을 지정한다.
str <- '우리집 강아지는 (복슬강아지)입니다.'

# 소괄호 안의 문자열만 출력하는 것을 시도한다.
# 하지만 원하는 결과를 얻을 수 없습니다. 소괄호가 메타문자이기 때문이다.
str_extract(string = str, pattern = '(.+)')
## [1] "우리집 강아지는 (복슬강아지)입니다."

# 따라서 이스케이프를 사용하여 메타문자의 기능을 제거해야 한다.
# '\\' : 정규표현식 메타문자를 모습 그대로 지정. 정규표현식 기능을 상실함
str_extract(string = str, pattern = '\\(.+\\)')
## [1] "(복슬강아지)"


# ----------------------------------------------------------------
# 문자열에서의 위치 설정
# ----------------------------------------------------------------


# 문자열 벡터를 지정한다.
strs <- c('가나다', '나다라', '가다라', '라가나', '다라가')

# '^' : 문자열의 시작 위치를 지정한다. 주의! '[^]'와 혼동하기 쉽다.
str_extract(string = strs, pattern = '^가')
## [1] "가" NA   "가" NA   NA

# '$' : 문자열의 끝 위치를 지정한다.
str_extract(string = strs, pattern = '가$')
## [1] NA   NA   NA   NA   "가"


# 문자열을 지정한다.
str <- '가방에 가위와 종이 쪼가리를 넣어라'

# '\\b' : 문자열 중 어절의 시작 위치를 지정한다.
str_remove_all(string = str, pattern = '\\b가')
## [1] "방에 위와 종이 쪼가리를 넣어라"
```

```
# '\\B' : '\\b'가 아닌 위치를 지정한다.
str_remove_all(string = str, pattern = '\\B가')
## [1] "가방에 가위와 종이 쪼리를 넣어라"



# ------------------------------------------------------------
# 문자열에서의 그룹 설정
# ------------------------------------------------------------


# 문자열 벡터를 지정한다.
str <- '매경부동산과 한경부동산보다 KB부동산이 더 자세한다. '

# '()' : 소괄호 안 문자열을 그룹으로 지정한다.
str_extract_all(string = str, pattern = '(부동산)')
## [[1]]
## [1] "부동산" "부동산" "부동산"

# '\\숫자' : 그룹의 번호를 가리킵니다. (역참조) + 탐욕적 수량자
str_extract(string = str, pattern = '(부동산).+\\1')
## [1] "부동산과 한경부동산보다 KB부동산"

# '\\숫자' : 그룹의 번호를 가리킵니다. (역참조) + 게으른 수량자
str_extract(string = str, pattern = '(부동산).+?\\1')
## [1] "부동산과 한경부동산"



# ------------------------------------------------------------
# 전방탐색과 후방탐색
# ------------------------------------------------------------


# 문자열 벡터를 지정한다.
strs <- c('100원', '300달러', '450엔', '800위안')

# 'A(?=B)' : B패턴 앞의 A패턴을 지정한다. (전방탐색)
# 단, 추출할 때는 A패턴만 가지고 온다.
```

str_extract(string = strs, pattern = '\\d+(?=[가-힣]{1,2})')
[1] "100" "300" "450" "800"

'(?<=A)B' : A패턴 뒤의 B패턴을 지정한다. (후방탐색)

단, 추출할 때는 B패턴만 가지고 온다.

str_extract(string = strs, pattern = '(?<=\\d)[가-힣]+')
[1] "원"   "달러" "엔"   "위안"

End of Document


```
> str_extract(string = str, pattern = '\\(.+\\)')
[1] "(복슬강아지)"
> # 문자열 벡터를 지정합니다.
> strs <- c('가나다', '나다라', '가다라', '라가나', '다라가')
> # '^' : 문자열의 시작 위치를 지정합니다. 주의! '[^]'와 혼동하기 쉽습니다.
> str_extract(string = strs, pattern = '^가')
[1] "가" NA   "가" NA   NA
> # '$' : 문자열의 끝 위치를 지정합니다.
> str_extract(string = strs, pattern = '가$')
[1] NA   NA   NA   NA   "가"
> # 문자열을 지정합니다.
> str <- '가방에 가위와 종이 쪼가리를 넣어라'
> # '\\b' : 문자열 중 어절의 시작 위치를 지정합니다.
> str_remove_all(string = str, pattern = '\\b가')
[1] "방에 위와 종이 쪼가리를 넣어라"
> # '\\B' : '\\b'가 아닌 위치를 지정합니다.
> str_remove_all(string = str, pattern = '\\B가')
[1] "가방에 가위와 종이 쪼리를 넣어라"
> # 문자열 벡터를 지정합니다.
> str <- '매경부동산과 한경부동산보다 KB부동산이 더 자세합니다. '
> # '()' : 소괄호 안 문자열을 그룹으로 지정합니다.
> str_extract_all(string = str, pattern = '(부동산)')
[[1]]
[1] "부동산" "부동산" "부동산"

> # '\\숫자' : 그룹의 번호를 가리킵니다. (역참조) + 탐욕적 수량자
> str_extract(string = str, pattern = '(부동산).+\\1')
[1] "부동산과 한경부동산보다 KB부동산"
> # '\\숫자' : 그룹의 번호를 가리킵니다. (역참조) + 게으른 수량자
> str_extract(string = str, pattern = '(부동산).+?\\1')
[1] "부동산과 한경부동산"
> # 문자열 벡터를 지정합니다.
> strs <- c('100원', '300달러', '450엔', '800위안')
> # 'A(?=B)' : B패턴 앞의 A패턴을 지정합니다. (전방탐색)
> # 단, 추출할 때는 A패턴만 가지고 옵니다.
> str_extract(string = strs, pattern = '\\d+(?=[가-힣]{1,2})')
[1] "100" "300" "450" "800"
> # '(?<=A)B' : A패턴 뒤의 B패턴을 지정합니다. (후방탐색)
> # 단, 추출할 때는 B패턴만 가지고 옵니다.
> str_extract(string = strs, pattern = '(?<=\\d)[가-힣]+')
[1] "원"   "달러" "엔"   "위안"
>
```

입력후 실행 결과
```
```

블로그 본문처리

```
# -------------------------------------------------------------------
# 네이버 블로그 본문 전처리
# -------------------------------------------------------------------


# 필요한 패키지를 불러온다.
library(tidyverse)
library(magrittr)


# 현재 작업경로를 확인한다.
getwd()


# RDS 파일이 저장된 폴더로 작업경로를 변경한다. (필요시)
# setwd(dir = './data')


# RDS 파일을 불러온다.
blog <- readRDS(file = 'Naver_Blog_4_TM.RDS')


# blog 객체의 구조를 파악한다.
str(object = blog)


# body 컬럼의 첫 30개 원소에 포함된 영어 문자열을 출력한다.
blog$body[1:30] %>%
  str_extract_all(pattern = '[A-Za-z]+') %>%
  unlist()


# 알파벳 소문자를 모두 대문자로 바꿉니다.
blog$body <- toupper(x = blog$body)


# 알파벳과 숫자 및 관련 기호로된 문자열을 추출한다.
blog$body %>%
```

```
str_extract_all(pattern = '[A-Z0-9:/\\.\\?&=%]+') %>%
unlist() %>%
keep(.p = nchar(x = .) >= 10)
```

```
# 홈페이지 패턴에 해당하는 문자열을 지정한다.
p <- '(HTTPS?://)?([A-Z0-9]+(-?[A-Z0-9])*\\.)+[A-Z0-9]{2,}(/\\S*)?'
```

```
# 홈페이지 패턴에 해당하는 문자열을 출력한다.
blog$body %>% str_extract_all(pattern = p) %>% unlist()
```

```
# 홈페이지 패턴을 모두 삭제한다.
blog$body %>% str_remove_all(pattern = p) -> blog$body
```

```
# 날짜 패턴에 해당하는 문자열을 지정한다.
p <- '(19|20)*\\d{2}[-/\\.][0-3]?\\d[-/\\.][0-3]?\\d'
```

```
# 날짜 패턴에 해당하는 문자열을 출력한다.
blog$body %>% str_extract_all(pattern = p) %>% unlist()
```

```
# 날짜 패턴을 모두 삭제한다.
blog$body %>% str_remove_all(pattern = p) -> blog$body
```

```
# 전화번호 패턴에 해당하는 문자열을 지정한다.
p <- '( )?0\\d{1,3}[- ]*\\d{2,4}[- ]*\\d{4}'
```

```
# 전화번호 패턴에 해당하는 문자열을 출력한다.
blog$body %>% str_extract_all(pattern = p) %>% unlist()
```

```
# 전화번호 패턴을 모두 삭제한다.
blog$body %>% str_remove_all(pattern = p) -> blog$body
```

```
# 이메일 패턴에 해당하는 문자열을 지정한다.
p <- '[A-Z0-9\\.-]+@[A-Z0-9\\.-]+'

# 이메일 패턴에 해당하는 문자열을 출력한다.
blog$body %>% str_extract_all(pattern = p) %>% unlist()

# 이메일 패턴을 모두 삭제한다.
blog$body %>% str_remove_all(pattern = p) -> blog$body

# 한글 자음과 모음에 해당하는 문자열을 지정한다.
p <- '[ㄱ-ㅣ]+'

# 한글 자음과 모음에 해당하는 문자열을 출력한다.
blog$body %>% str_extract_all(pattern = p) %>% unlist()

# 한글 자음과 모음을 모두 삭제한다.
blog$body %>% str_remove_all(pattern = p) -> blog$body

# 기호에 해당하는 문자열을 지정한다.
p <- '[:punct:]'

# 기호에 해당하는 문자열을 출력한다.
blog$body %>% str_extract_all(pattern = p) %>% unlist()

# 문자열에 포함된 기호의 빈도수를 확인한다.
blog$body %>%
  str_extract_all(pattern = p) %>%
  unlist() %>%
  table() %>%
  as.data.frame(stringsAsFactors = FALSE) %>%
  set_colnames(c('String', 'Freq')) %>%
  arrange(desc(x = Freq))
```

R을 이용한 웹 크롤링과 텍스트 분석

```r
# 기호를 모두 삭제한다.
blog$body %>% str_remove_all(pattern = p) -> blog$body

# 완성형 한글, 알파벳, 숫자를 제외한 나머지 문자 패턴을 지정한다.
p <- '[^A-Z0-9가-힣]'

# 완성형 한글, 알파벳, 숫자를 제외한 나머지 문자 패턴을 출력한다.
blog$body %>% str_extract_all(pattern = p) %>% unlist()

# 기타 문자의 빈도수를 확인한다.
blog$body %>%
  str_extract_all(pattern = p) %>%
  unlist() %>%
  table() %>%
  as.data.frame(stringsAsFactors = FALSE) %>%
  set_colnames(c('String', 'Freq')) %>%
  arrange(desc(x = Freq))

# 완성형 한글, 알파벳, 숫자만 남기고 모두 삭제한다.
blog$body %>% str_remove_all(pattern = p) -> blog$body

# RDS 파일로 저장한다.
saveRDS(object = blog, file = 'Naver_Blog_4_TM_Prep.RDS')

## End of Document
```

```
> blog$body %>% str_remove_all(pattern = p) -> blog$body
> # 기호에 해당하는 문자열을 지정합니다.
> p <- '[:punct:]'
> # 기호에 해당하는 문자열을 출력합니다.
> blog$body %>% str_extract_all(pattern = p) %>% unlist()
  [1] ":"  ")"  "!"  "."  "#"  "#"  "!"  "?"  "-"  "."  "!"  "!"  "."  "!"  ":"  "!"  "!"  "!"
 [19] "!"  "-"  "!"  "["  "]"  "!"  "/"  ")"  "!"  "!"  "?"  "?"  "."  "."  "."  "."  "!"  "!"
 [37] "!"  "("  ")"  "#"  "#"  "#"  "#"  "#"  "#"  "#"  "#"  "#"  "#"  "#"  "#"  "#"  "#"  "#"
 [55] "#"  "#"  "#"  "#"  "#"  "#"  "#"  "#"  "#"  "#"  "#"  "#"  "#"  "#"  "#"  "#"  "#"  "#"
 [73] "#"  "#"  "#"  "#"  "#"  "#"  "#"  "#"  "#"  "#"  "#"  "#"  "#"  "#"  "#"  "#"  "#"  "#"
 [91] "#"  "#"  "#"  "#"  "#"  "#"  "#"  "#"  "#"  "#"  "#"  "#"  "#"  "#"  "#"  "#"  "#"  "#"
[109] "#"  "#"  "("  ")"  "."  "."  "."  "."  "."  "."  "."  "."  "."  "."  "("  ")"  "."  "."
[127] "."  "."  "."  "#"  "#"  "#"  "#"  "#"  "#"  "#"  "."  "."  "("  ")"  "-"  "."  "."
[145] "("  "%"  ")"  "."  "."  "."  "."  "."  "."  "."  "."  "."  "."  "."  "!"  "."  "."
[163] "."  "."  "."  "."  "?"  "."  "."  "."  "."  "."  "."  "."  "."  "."  "."  "."  "."
[181] "."  "."  "."  "."  "."  "."  "."  "."  "."  "."  "."  "."  "."  "."  "."  "."  "."
[199] "."  "("  "."  "."  ")"  "."  "*"  "."  "."  "."  "."  "("  ")"  "*"  "."  "-"  "."
[217] "."  "*"  "."  "."  "."  "."  "."  "."  "."  "."  "."  "."  "."  "."  "."  "*"
[235] ":"  "("  ")"  "."  "."  "."  "."  "."  "."  "!"  "!"  "."  "."  "."  "."  "."
[253] "?"  "."  "."  "."  "."  "."  "."  "."  "."  "."  "%"  "."  "."  "."  "."  "."
[271] "."  "-"  "."  "."  "."  "."  "."  "."  "?"  "?"  "."  "."  "."  "."  "("  ")"  "%"  "."  "."
[289] "."  "."  "."  "."  "."  "."  "."  "."  "."  "."  "."  "."  "."  "%"  "."  "."
[307] "."  "#"  "#"  "-"  "#"  "#"  "."  "."  "."  "/"  "."  "\\"  "\\"  "."  "("  ")"  "."
[325] "*"  "."  "."  "."  "."  "."  "/"  "."  "."  "/"  "."  "\\"  "\\"  "."  "\\"  "."  "."
[343] "."  "."  "."  "."  "["  "%"  "]"  "."  "."  "/"  "."  "/"  "."  "-"  "."  "."  "."
[361] "."  "."  "."  "."  "."  "."  "("  ")"  "."  "."  "-"  "."  "/"  "."  "."
[379] "/"  "."  "."  "."  "."  "("  ")"  "-"  "."  "#"  "#"  "#"  "-"  "#"  "."  "."
[397] "※"  "/"  "."  "."  "."  "."  "."  "?"  "."  "."  "."  "."  "."  "["  "]"  "※"  "."  "/"
[415] ":"  "("  ")"  "."  "."  "/"  "("  ")"  "."  "."  "/"  "?"  "."  "."  "-"  "/"
[433] "#"  "#"  "#"  "#"  "#"  "#"  "."  "."  "."  "."  "."  "."  "."  "."  "."  "."
[451] "!"  "!"  "!"  "."  "."  "."  "."  "."  "!"  "!"  "."  "."  "."  "."  "."  "."
[469] "."  "."  "."  "."  "."  "."  "."  "!"  "!"  "."  "."  "!"  "."  "."  "."  "."
[487] "."  "."  "."  "."  "."  "."  "."  "."  "!"  "!"  "."  "."  "."  "."  "."
[505] "."  "."  "."  "."  "."  "("  "%"  ")"  "."  "."  "."  "."  "."  "."  "."  "."
[523] "."  "-"  "."  "."  "."  "."  "."  "."  "."  "."  "."  "."  "."  "."  "."  "?"
[541] "."  "."  "."  "."  "."  "."  "."  "."  "."  "."  "."  "."  "."  "."  "."
[559] "."  "?"  "."  "."  "."  "."  "."  "."  "."  "."  "."  "."  "("  ")"  "."  "."
[577] "?"  "!"  "!"  "."  "."  "."  "."  ")"  "("  ")"  "("  ")"  "?"  ")"  ")"  ")"
[595] "."  "."  "."  "."  "."  "."  ")"  "("  ")"  "("  ")"  "?"  ")"  ")"  "."
[613] ")"  ")"  ")"  ")"  ")"  ")"  "."  "."  "."  "!"  "!"  "."  "("  ")"  ")"  ")"
[631] "."  "."  "."  "."  "."  "["  "]"  "."  "."  "."  "!"  "!"  "["  "]"  "."  "."
[649] "."  "."  "."  "%"  "."  "."  "["  "]"  "."  "%"  "]"  "."  "("  ")"  "."
[667] "%"  "."  "["  "]"  "("  ")"  "("  "."  "."  "."  "%"  "."  "["  "]"  "["  "]"  "."
```

입력후 실행 결과

형태소 분석 관련 NLP4kec 패키지 설치

```
# -------------------------------------------------------------------------
# 형태소 분석 관련 NLP4kec 패키지 설치
# -------------------------------------------------------------------------

# NLP4kec 패키지 압축파일이 있는 github로 이동한다.
# https://github.com/NamyounKim/NLP4kec
```

```
# 자신의 운영체제(OS)에 맞는 압축파일을 적당한 폴더에 저장한다.
# Linux/Mac : http://bit.ly/NLP4kec_mac_1_3
# Windows : http://bit.ly/NLP4kec_win_1_3



# 현재 작업경로를 확인한다.
getwd()

# 패키지 압축파일이 저장되어 있는 폴더로 작업경로를 변경한다. (필요시)
# setwd(dir = '폴더를 지정하세요')

# NLP4kec 패키지를 설치한다. (Linux/Mac)
# install.packages('NLP4kec_1.3.0.tgz', repos = NULL)

# NLP4kec 패키지를 설치한다. (Windows)
# install.packages('NLP4kec_1.3.0.zip', repos = NULL)



# -----------------------------------------------------------------------
# 분석 데이터 준비
# -----------------------------------------------------------------------

# 필요한 패키지를 불러온다.
library(tidyverse)



# 전처리한 네이버 블로그 RDS가 저장되어 있는 폴더로 작업경로를 변경한다.
# setwd(dir = './Text Mining/data')

# RDS 파일을 읽어온다.
texts <- readRDS(file = 'Naver_Blog_4_TM_Prep.RDS')

# texts 객체의 구조를 파악한다.
```

```
str(object = texts)

# 필요한 컬럼만 선택한다.
texts <- texts[, c('blogId', 'logNo', 'body')]

# NA가 포함된 행을 제거한다.
texts <- texts[complete.cases(texts), ]

# body 컬럼에 중복이 있는지 확인한다.
duplicated(x = texts$body) %>% sum()

# 만약 중복이 있고, 제거해야 한다고 판단되면 다음과 같이 중복을 제거한다.
texts <- texts[!duplicated(x = texts$body), ]

# 행의 수를 확인한다.
nrow(x = texts)


# body 컬럼의 글자수를 확인한다.
texts$body %>% nchar() %>% range()

# 글자수가 100자 미만인 문서를 출력하여 육안으로 확인한다.
texts$body[nchar(x = texts$body) < 100]

# 글자수가 100자 이상인 행만 남긴다.
texts <- texts[nchar(x = texts$body) >= 100, ]


# 분석 데이터 행의 수가 상당히 많은 경우, 전체 데이터로 진행하면 속도가
# 느려질 수 있으므로 1000 건만 임의로 선택한다.
# set.seed(seed = 1234)
# index <- sample(x = 1:nrow(x = texts), size = 1000, replace = FALSE)
# texts <- texts[index, ]
```

```
# ----------------------------------------------------------------------
# 형태소 분석 (without 사전)
# ----------------------------------------------------------------------


# 필요한 패키지를 불러온다.
library(NLP4kec)

# 형태소를 분석하여 parsed 객체에 할당한다. 이 때 띄어쓰기가 구분된다.
parsed <- r_parser_r(contentVector = texts$body, language = 'ko')

# 형태소 분석 결과 중 일부를 출력하여 육안으로 확인한다.
parsed[1:10]



# NA가 포함되어 있는지 확인한다.
parsed[is.na(x = parsed) == TRUE]

# 형태소 분석된 글자수를 확인한다.
parsed %>% nchar() %>% table()

# 중복 건수를 확인한다.
duplicated(x = parsed) %>% sum()


# ----------------------------------------------------------------------
# 말뭉치 생성
# ----------------------------------------------------------------------


# 필요한 패키지를 불러온다.
library(tm)
library(RWeka)

# parsed를 벡터 소스로 변경한 다음 말뭉치로 변환한다.
parsed %>% VectorSource() %>% VCorpus() -> corpus
```

```r
# 생성된 말뭉치를 출력한다.
print(x = corpus)


# 말뭉치의 길이를 확인한다.
length(x = corpus)


# corpus의 첫 번째 원소를 확인한다.
corpus[[1]]$content
corpus[[1]]$meta


class(x = corpus[[1]])
class(x = parsed[1])


# ----------------------------------------------------------------------
# bi-gram 생성
# ----------------------------------------------------------------------


# bi-gram용 함수를 생성한다.
bigram <- function(x, min = 2, max = 2) {
  NGramTokenizer(x = x,
            control = Weka_control(min = min,
                              max = max))
}


# 말뭉치(corpus)로 bi-gram을 생성한다.
corpus %>%
  TermDocumentMatrix(control = list(tokenize = bigram)) %>%
  apply(MARGIN = 1, FUN = sum) %>%
  sort(decreasing = TRUE) -> bigramList


# bigramList의 길이를 확인한다.
length(x = bigramList)
```

```r
# 고빈도 bi-gram의 일부를 출력한다.
bigramList[1:300]

# 문서의 2%에 해당하는 bi-gram만 남긴다.
# bigramList[bigramList >= 20]



# 반복되어 사용된 동사 위주로 삭제할 단어를 설정한다.
delete <- c('있다', '같다', '하다', '먹다', '보다', '주다',
            '좋다', '싶다', '없다', '되다', '않다', '오다',
            '지다', '가다', '많다')

# delete에 포함된 단어를 삭제한다.
names(x = bigramList) %>%
  keep(.p = function(x) {
    str_detect(string = x,
               pattern = str_c(delete, collapse = '|')) == FALSE
  }) -> bigramNames

# 고빈도 bi-gram의 일부를 다시 출력한다.
bigramNames[1:300]

# bigramNames을 최대 300개까지 선택한다.
cnt <- min(length(x = bigramNames), 300)
top <- bigramNames[1:cnt]



# ------------------------------------------------------------
# 사전 생성
# ------------------------------------------------------------

# top 객체로 spacing.txt를 생성한다.
write.table(x = top,
```

```
                quote = FALSE,
                file = 'spacing.txt',
                fileEncoding = 'UTF-8',
                row.names = FALSE,
                col.names = FALSE)


# spacing.txt를 읽어 spacing 객체에 할당한다.
read.table(file = 'spacing.txt',
        sep = '\t',
        stringsAsFactors = FALSE,
        fileEncoding = 'UTF-8') -> spacing


# 컬럼명을 'before'로 지정한다.
colnames(x = spacing) <- 'before'


# 중복을 제거한다.
spacing <- unique(x = spacing)


# 띄어쓰기 없앤 문자벡터를 after 컬럼으로 추가한다.
spacing$before %>% str_remove_all(pattern = ' ') -> spacing$after


# spacing 객체를 RDS로 저장한다.
saveRDS(object = spacing, file = 'spacing.RDS')


# spacing.RDS 파일을 불러온다.
spacing <- readRDS(file = 'spacing.RDS')



# 필요시, 인명과 브랜드명과 같은 고유명사를 사전에 추가한다.
terms <- c(spacing$after, '페이스북', '인스타그램', '유튜브',
        '회원제', '육아맘', '경단녀')


# spacing 객체를 dictionary.txt로 저장한다.
```

```
write.table(x = terms,
            quote = FALSE,
            file = 'dictionary.txt',
            fileEncoding = 'UTF-8',
            row.names = FALSE,
            col.names = FALSE)



# ------------------------------------------------------------------
# 형태소 분석 (with 사전)
# ------------------------------------------------------------------

# 새로 만든 사전으로 형태소 분석을 다시 실행한다.
parsed <- r_parser_r(contentVector = texts$body,
                     language = 'ko',
                     korDicPath = 'dictionary.txt')

# 형태소 분석 결과 중 일부를 출력하여 육안으로 확인한다.
parsed[1:3]

# NA가 포함되어 있는지 확인한다.
parsed[is.na(x = parsed) == TRUE]

# 형태소 분석된 글자수를 확인한다.
parsed %>% nchar() %>% table()

# 중복 건수를 확인한다.
duplicated(x = parsed) %>% sum()
```

```
# --------------------------------------------------------------------
# [참고] 품사 부착
# --------------------------------------------------------------------

# 필요한 패키지를 불러온다.
library(RcppMeCab)

# 형태소 분석할 문자열을 원소로 갖는 벡터를 생성한다.
strs <- c('아버지가방에들어가신다',
         '아버지 가방에 들어가신다',
         '어머니는거실에서TV를보신다')

# 문자열에 대해 형태소 분석과 품사 부착을 동시에 실행한다.
pos(sentence = strs)

# 명사만 선택한다.
pos(sentence = strs) %>%
  sapply(FUN = function(x) str_subset(string = x, pattern = 'NN.+'))

# 동사만 선택한다.
pos(sentence = strs) %>%
  sapply(FUN = function(x) str_subset(string = x, pattern = 'VV(.+)*'))



# --------------------------------------------------------------------
# 말뭉치 생성 (with 사전) 및 추가 전처리 작업
# --------------------------------------------------------------------

# 말뭉치를 생성한다.
parsed %>% VectorSource() %>% VCorpus() -> corpus

# 말뭉치의 속성을 확인한다.
str(object = corpus[[1]])
```

```r
# 사전으로도 처리되지 않는 단어 띄어쓰기 강제로 변환하는 함수를 생성한다.
changeTerms <- function(corpus, before, after) {
  for (i in 1:length(x = corpus)) {
    corpus[[i]]$content %>%
      str_replace_all(pattern = before,
                replacement = after) -> corpus[[i]]$content
  }
  return(corpus)
}


# spacing의 before와 after로 띄어쓰기 되지 않은 단어들을 강제로 변경한다.
# corpus 및 사전의 길이가 길수록 상당한 시간이 소요된다.
for (i in 1:nrow(x = spacing)) {
  changeTerms(corpus = corpus,
          before = spacing$before[i],
          after = spacing$after[i]) -> corpus
}


# 의심되는 단어가 여전히 바뀌지 않은 채로 포함되어 있는지 확인한다.(List 마드는 방법)
checkTerms <- function(corpus, term) {
  corpus %>%
    sapply(FUN = `[[`, 'content') %>%
    str_detect(pattern = term) %>%
    sum() %>%
    print()
  }


# 의심되는 단어가 corpus에 포함된 개수를 확인한다.
checkTerms(corpus = corpus, term = '모 짜다 렐라')
checkTerms(corpus = corpus, term = '패션 리더')
# 원하는 단어로 강제 변경한다.
corpus <- changeTerms(corpus = corpus,
              before = '모 짜다 렐라',
              after = '모짜렐라')
```

```
corpus <- changeTerms(corpus = corpus,
              before = '패션 리더',
              after = '패션리더')
# corpus 객체 첫 번째 원소의 속성을 확인한다.
class(x = corpus[[1]])


# 만약 corpus 객체 첫 번째 원소의 속성이 문자(character)이면
# PlainTextDocument 형식으로 변환해야 한다.
corpus <- tm_map(x = corpus, FUN = PlainTextDocument)


# 알파벳 소문자를 대문자로 변경한다.
corpus <- tm_map(x = corpus,
            FUN = content_transformer(FUN = toupper))


# 특수문자를 제거한다.
corpus <- tm_map(x = corpus, FUN = removePunctuation)


# 숫자를 삭제한다.
corpus <- tm_map(x = corpus, FUN = removeNumbers)



# 필요시, 불용어에 포함될 단어를 추가한다.
delete <- c(delete, '마리텔', '백종원')


# 앞에서 설정한 불용어를 삭제한다.
corpus <- tm_map(x = corpus, FUN = removeWords, delete)


# 공백을 제거한다.
corpus <- tm_map(x = corpus, FUN = stripWhitespace)
```

```
# --------------------------------------------------------------
# TF를 원소로 갖는 DTM 생성
# --------------------------------------------------------------

# TF를 원소로 하는 DTM을 생성한다. 단, 2음절 이상인 단어만 남긴다.
DocumentTermMatrix(
  x = corpus,
  control = list(wordLengths = c(2, Inf))
  ) -> dtmTf

# 단어(=컬럼명) 양옆의 공백을 제거한다.
colnames(x = dtmTf) <- trimws(x = colnames(x = dtmTf), which = 'both')

# dtmTf의 차원을 확인한다.
dim(x = dtmTf)


# 원소가 희박한(sparse) 컬럼을 제거하는 방식으로 dtmTf의 차원을 줄인다.
# `sparse` 인자에 할당된 값이 작을수록 열의 크기가 크게 줄어든다.
dtmTf <- removeSparseTerms(x = dtmTf, sparse = 0.99)

# dtmTf의 차원을 다시 확인한다.
dim(x = dtmTf)


# dtmTf 객체를 일반 행렬로 변환하여 일부를 출력한다.
as.matrix(x = dtmTf)[1:10, 1:10]

# dtmTf 객체의 행이름의 일부를 육안으로 확인한다.
dtmTf$dimnames$Docs[1:40]

# dtmTf 객체의 열이름의 일부를 육안으로 확인한다.
dtmTf$dimnames$Terms[1:40]
```

```
# -------------------------------------------------------------------------
# TF-IDF를 원소로 갖는 DTM 생성
# -------------------------------------------------------------------------

# TF-IDF를 원소로 하는 DTM을 생성한다. 단, 2음절 이상인 단어만 남긴다.
DocumentTermMatrix(
  x = corpus,
  control = list(wordLengths = c(2, Inf),
              weighting = function(x) weightTfIdf(x, normalize = TRUE))
  ) -> dtmTfIdf

# 단어(=컬럼명) 양옆의 공백을 제거한다.
colnames(x = dtmTfIdf) <- trimws(x = colnames(x = dtmTfIdf), which = 'both')

# dtmTfIdf의 차원을 확인한다.
dim(x = dtmTfIdf)

# 원소가 희박한(sparse) 컬럼을 제거하는 방식으로 dtmTfIdf의 차원을 줄인다.
# `sparse` 인자에 할당된 값이 작을수록 열의 크기가 크게 줄어든다.
dtmTfIdf <- removeSparseTerms(x = dtmTfIdf, sparse = 0.95)

# dtmTfIdf의 차원을 다시 확인한다.
dim(x = dtmTfIdf)


# dtmTfIdf 객체를 일반 행렬로 변환하여 일부를 출력한다.
as.matrix(x = dtmTfIdf)[1:10, 1:10]

# dtmTfIdf 객체의 행이름의 일부를 육안으로 확인한다.
dtmTfIdf$dimnames$Docs[1:40]

# dtmTfIdf 객체의 열이름의 일부를 육안으로 확인한다.
dtmTfIdf$dimnames$Terms[1:40]
```

```
# Rdata로 저장한다.

save(list = c('texts', 'parsed', 'corpus', 'dtmTf', 'dtmTfIdf'),
    file = 'Text_Mining.Rdata')


## End of Document
```

```
Source                                                                    ⊟ ☐

Console   Terminal ×   Jobs ×                                              ⊟ ☐
C:/Users/User/Desktop/data/Documents/R/R for Text Analysis Code (공유)-20191102T011059Z-001/R for Text Analysis Code (공유)/  ⬤

    character(0)      0
    character(0)      0
    character(0)      0
    character(0)      0
    character(0)      0
>
> # dtmTf 객체의 행이름의 일부를 육안으로 확인합니다.
> dtmTf$dimnames$Docs[1:40]
 [1] "character(0)" "character(0)" "character(0)" "character(0)" "character(0)" "character(0)"
 [7] "character(0)" "character(0)" "character(0)" "character(0)" "character(0)" "character(0)"
[13] "character(0)" "character(0)" "character(0)" "character(0)" "character(0)" "character(0)"
[19] "character(0)" "character(0)" "character(0)" "character(0)" "character(0)" "character(0)"
[25] "character(0)" "character(0)" "character(0)" "character(0)" "character(0)" "character(0)"
[31] "character(0)" "character(0)" "character(0)" "character(0)" "character(0)" "character(0)"
[37] "character(0)" "character(0)" "character(0)" "character(0)"
>
> # dtmTf 객체의 열이름의 일부를 육안으로 확인합니다.
> dtmTf$dimnames$Terms[1:40]
 [1] "가감"       "가게"        "가격"        "가격구매"     "가격구매가능" "가격대"
 [7] "가격대비"    "가격정보확인" "가격할인정보" "가공"        "가구"        "가깝다"
[13] "가능"       "가동"        "가량"        "가로"        "가루"        "가르다"
[19] "가리다"     "가방"        "가볍다"      "가성"        "가스"        "가스레인지"
[25] "가슴"       "가시다"      "가열"        "가요"        "가운데"      "가위"
[31] "가을"       "가입"        "가전"        "가전제품"     "가정"        "가져가다"
[37] "가져오다"    "가족"        "가지"        "가지다"
>
>
> # ----------------------------------------------------------------
> # TF-IDF를 원소로 갖는 DTM 생성
> # ----------------------------------------------------------------
>
> # TF-IDF를 원소로 하는 DTM을 생성합니다. 단, 2음절 이상인 단어만 남깁니다.
> DocumentTermMatrix(
+   x = corpus,
+   control = list(wordLengths = c(2, Inf),
+               weighting = function(x) weightTfIdf(x, normalize = TRUE))
+   ) -> dtmTfIdf
>
> # 단어(=컬럼명) 양옆의 공백을 제거합니다.
> colnames(x = dtmTfIdf) <- trimws(x = colnames(x = dtmTfIdf), which = 'both')
>
> # dtmTfIdf의 차원을 확인합니다.
> dim(x = dtmTfIdf)
[1]   934 18331
```

입력후 실행 결과

시각화(Visualization)

```
# -----------------------------------------------------------------
# 고빈도 단어 시각화
# -----------------------------------------------------------------

# 필요한 패키지를 불러온다.
library(tidyverse)
library(tm)
library(RColorBrewer)
library(wordcloud2)
library(treemap)



# 현재 작업경로를 확인한다.
getwd()

# Rdata가 저장되어 있는 폴더로 작업경로를 변경한다. (필요시)
# setwd(dir = './data')

# Rdata 파일을 불러온다.
load(file = 'Text_Mining.Rdata')

# dtmTf에 포함된 단어(term)별 빈도수를 생성한다.
wordsFreq <- dtmTf %>% as.matrix() %>% colSums()

# 단어의 총 개수를 확인한다.
length(x = wordsFreq)

# 내림차순으로 정렬하고, 상위 20개만 출력한다.
wordsFreq <- wordsFreq[order(wordsFreq, decreasing = TRUE)]
head(x = wordsFreq, n = 20L)
```

```r
# 데이터프레임으로 변환한 다음 내림차순으로 정렬한다.
data.frame(word = names(x = wordsFreq),
       freq = wordsFreq,
       row.names = NULL,
       stringsAsFactors = FALSE) %>%
  arrange(desc(x = freq)) -> wordDfTf


# dtmTfIdf로 실행한 경우, 소수점 첫째 자리에서 반올림한다.
wordsFreq <- dtmTfIdf %>% as.matrix() %>% colSums()
wordsFreq <- round(x = wordsFreq, digits = 1L)

# 단어의 총 개수를 확인한다.
length(x = wordsFreq)

# 내림차순으로 정렬하고, 상위 20개만 출력한다.
wordsFreq <- wordsFreq[order(wordsFreq, decreasing = TRUE)]
head(x = wordsFreq, n = 20L)

# 데이터프레임으로 변환한 다음 내림차순으로 정렬한다.
data.frame(word = names(x = wordsFreq),
       freq = wordsFreq,
       row.names = NULL,
       stringsAsFactors = FALSE) %>%
  arrange(desc(x = freq)) -> wordDfTfIdf



# ------------------------------------------------------------------------
# 막대그래프 시각화
# ------------------------------------------------------------------------

# 그래프 창 설정을 변경한다.
par(family = 'NanumGothic', mar = c(5, 0, 4, 0))
```

```
# 고빈도 상위 20개 단어로만 그린다.
highFreq <- wordDfTf[1:20, ]

# wordDf 객체로 막대그래프를 그린다.
barplot(height = highFreq$freq,
     names.arg = highFreq$word,
     axes = FALSE,
     las = 2,
     ylim = c(0, max(highFreq$freq)*1.1),
     main = '고빈도 단어') -> bp

# 막대그래프에 빈도수를 추가한다.
text(x = bp,
   y = highFreq$freq,
   labels = highFreq$freq,
   pos = 3,
   cex = 0.8,
   font = 2)

# 그래프 창 마진 설정을 원복한다.
par(mar = c(5, 4, 4, 4))




# --------------------------------------------------------------------
# 워드클라우드 및 트리맵
# --------------------------------------------------------------------

# 전체 팔레트를 출력한다.
display.brewer.all()

# 관심 있는 팔레트만 확대 출력한다.
display.brewer.pal(n = 11, name = 'Spectral')
```

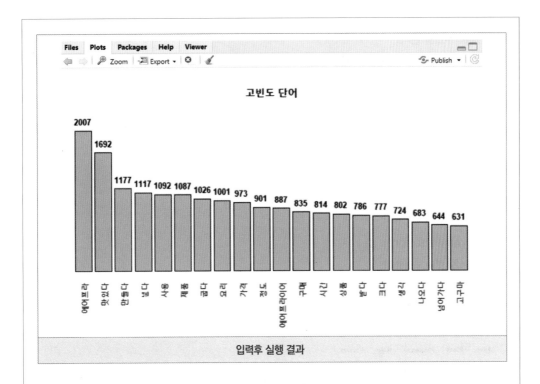

입력후 실행 결과

\# 나만의 팔레트를 설정한다.

mypal <- brewer.pal(n = 11, name = 'Spectral')

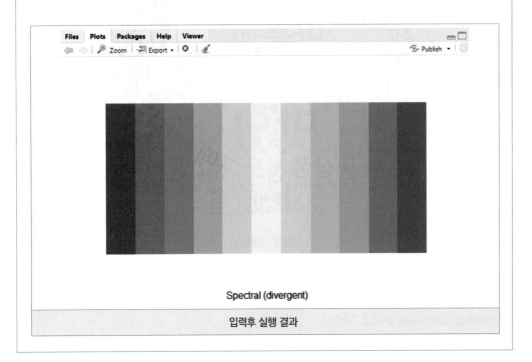

Spectral (divergent)

입력후 실행 결과

```
# 워드클라우드를 온다.
wordcloud2(data = wordDf[1:30, ],
        size = 0.5,
        fontFamily = 'NanumGothic',
        color = mypal,
        backgroundColor = 'white',
        shape = 'circle',
        ellipticity = 0.75,
        minRotation = -pi / 4,
        maxRotation = pi / 4,
        shuffle = TRUE,
        rotateRatio = 0.25)
```

입력후 실행 결과

```
# 트리맵을 불러 온다.
treemap(dtf = wordDf[2:300, ],
```

```
            title = '고빈도 단어 트리맵',

            index = 'word',

            vSize = 'freq',

            fontfamily.labels = 'NanumGothic',

            fontsize.labels = 14,

            palette = mypal,

            border.col = 'white')
# 실행 연습이 필요한 부분이다.



## End of Document
```

```
Source                                                                        ⊟▭

Console  Terminal ×  Jobs ×                                                    ▬▢
C:/Users/User/Desktop/data/Documents/R/R for Text Analysis Code (공유)-20191102T011059Z-001/R for Text Analysis Code (공유)/ ⇨
>
> # --------------------------------------------------------------------
> # 말뭉치 생성 (with 사전) 및 추가 전처리 작업
> # --------------------------------------------------------------------
>
> # 말뭉치를 생성합니다.
> parsed %>% VectorSource() %>% VCorpus() -> corpus
>
> # 말뭉치의 속성을 확인합니다.
> str(object = corpus[[1]])
List of 2
 $ content: chr "쉴러 에어프라 번개장터 판매 중 번개장터 연락 주세요 에어프라 가격 100000원 쉴러 에어프라 네이버
 최저 상태 좋다 "| __truncated__
 $ meta    :List of 7
 ..$ author      : chr(0)
 ..$ datetimestamp: POSIXlt[1:1], format: "2020-08-07 12:55:08"
 ..$ description  : chr(0)
 ..$ heading      : chr(0)
 ..$ id           : chr "1"
 ..$ language     : chr "en"
 ..$ origin       : chr(0)
 ..- attr(*, "class")= chr "TextDocumentMeta"
 - attr(*, "class")= chr [1:2] "PlainTextDocument" "TextDocument"
>
>
> # 사전으로도 처리되지 않는 단어 띄어쓰기 강제로 변환하는 함수를 생성합니다.
> changeTerms <- function(corpus, before, after) {
+   for (i in 1:length(x = corpus)) {
+     corpus[[i]]$content %>%
+       str_replace_all(pattern = before,
+                       replacement = after) -> corpus[[i]]$content
+   }
+   return(corpus)
+ }
>
> # spacing의 before와 after로 띄어쓰기 되지 않은 단어들을 강제로 변경합니다.
> # corpus 및 사전의 길이가 길수록 상당한 시간이 소요됩니다.
> for (i in 1:nrow(x = spacing)) {
+   changeTerms(corpus = corpus,
+               before = spacing$before[i],
+               after = spacing$after[i]) -> corpus
+ }
|
```

입력후 실행 결과

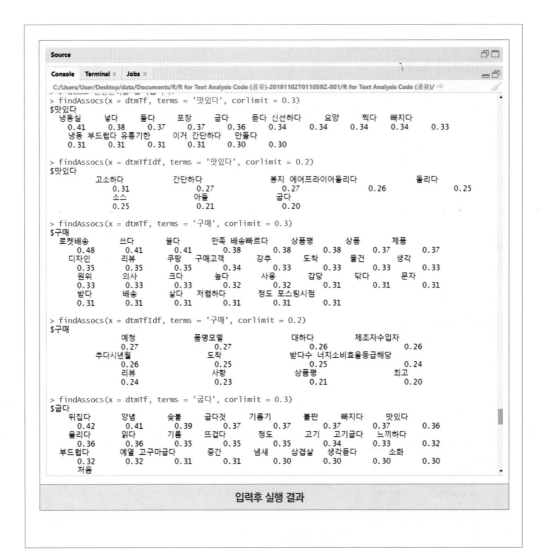

입력후 실행 결과

연관단어 분석

```
# -----------------------------------------------------------
# 연관단어 분석
# -----------------------------------------------------------

# 필요한 패키지를 불러온다.
library(tm)

#
wordDfTf$word[1:20]
wordDfTfIdf$word[1:20]

# dtm로 연관단어를 출력합니다.
findAssocs(x = dtmTf, terms = '맛있다', corlimit = 0.3)
findAssocs(x = dtmTfIdf, terms = '맛있다', corlimit = 0.2)

findAssocs(x = dtmTf, terms = '구매', corlimit = 0.3)
findAssocs(x = dtmTfIdf, terms = '구매', corlimit = 0.2)

findAssocs(x = dtmTf, terms = '굽다', corlimit = 0.3)
findAssocs(x = dtmTfIdf, terms = '굽다', corlimit = 0.2)

findAssocs(x = dtmTf, terms = '쿠팡', corlimit = 0.3)
findAssocs(x = dtmTfIdf, terms = '쿠팡', corlimit = 0.2)

findAssocs(x = dtmTf, terms = '번개장터', corlimit = 0.2)
findAssocs(x = dtmTfIdf, terms = '번개장터', corlimit = 0.2)

findAssocs(x = dtmTf, terms = '고구마', corlimit = 0.3)
findAssocs(x = dtmTfIdf, terms = '고구마', corlimit = 0.2)
```

```r
findAssocs(x = dtmTf, terms = '아이간식', corlimit = 0.2)
findAssocs(x = dtmTfIdf, terms = '아이간식', corlimit = 0.1)


findAssocs(x = dtmTf, terms = '남편', corlimit = 0.2)
findAssocs(x = dtmTfIdf, terms = '남편', corlimit = 0.2)


# 관심단어를 지정합니다.
keyword <- '번개장터'


# 연관단어를 막대그래프로 시각화하기 위해 assocs라는 객체를 생성한다.
assocs <- findAssocs(x = dtmTfIdf, terms = keyword, corlimit = 0.2)


# assocs 객체의 속성을 파악합니다.
class(x = assocs)


# assocs 객체의 첫 번째 원소만 추출하여 assocs에 재할당합니다.
assocs <- assocs[[1]]


# assocs 객체의 길이를 확인합니다.
length(x = assocs)


# 길이가 10 이상이면 최대 10개까지 가져오도록 설정합니다.
n <- min(10, length(x = assocs))
assocs <- assocs[1:n]


# assocs 객체를 상관계수 기준으로 오름차순 정렬한다.
assocs <- sort(x = assocs)


# 색상 팔레트를 새로 생성한다.
cols <- colorRampPalette(colors = c('darkred', 'orange'))(n)


par(family = 'NanumGothic', mar = c(5, 4, 4, 0))
# 막대그래프를 온다.
```

```
bp <- barplot(height = assocs,
         names.arg = names(x = assocs),
         border = FALSE,
         axes = FALSE,
         horiz = TRUE,
         las = 2,
         col = cols,
         xlim = c(0, max(assocs)*1.1),
         main = '연관단어')

# 막대그래프에 상관계수를 추가한다.
text(x = assocs,
    y = bp,
    labels = assocs,
    pos = 4,
    cex = 0.8,
    font = 2)

## End of Document
```

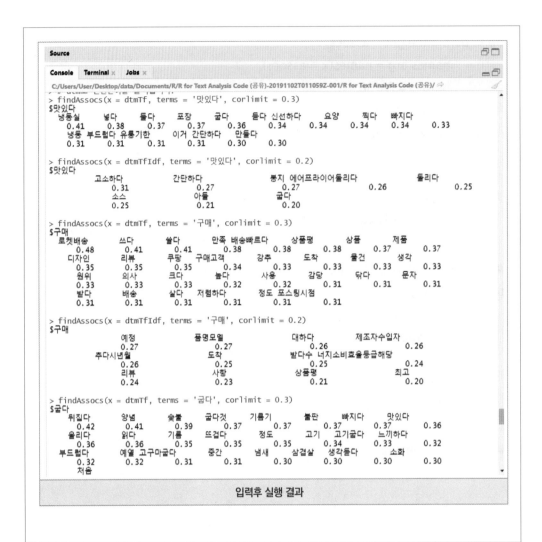

입력후 실행 결과

R을 이용한 웹 크롤링과 텍스트 분석

8.1.3 텍스트 분석을 위한 stringr 연습

R Script

1. 텍스트 분석을 위한 **stringr** 이해

stringr 패키지는 문자 데이터를 다루는 데 필요한 주요 함수를 담고 있다. R 기본 함수로도 충분히 가능하지만, 문제는 파이프 연산자를 사용할 수 없는 경우가 있다. 따라서 본 장의 실행에서 텍스트 데이터 전처리를 위해 **stringr** 패키지를 사용을 이해하는 것이 필요하다. **stringr** 패키지의 주요 함수로는 다음과 같은 작업을 할 수 있다.
  1. 문자열을 하나로 묶음(str_c) 또는 구분자 기준으로 분리(str_split)
  2. 패턴 포함 여부 확인(str_detect), 삭제(str_remove), 교체(str_replace) 및
     추출(str_extract)
  3. 문자열에 패턴이 포함된 횟수 반환(str_count), 문자열을 인덱스로 자르기(str_sub)
  4. 문자열의 양 옆에 있는 공백 제거(str_trim)

Stringr을 이용한 텍스트를 전처리는 텍스트 마이닝에 소요되는 시간을 크게 줄일 수 있다.

<표1> 정규표현식 기본 문법 1

정규표현식	포함되는 패턴	정규표현식	포함되는 패턴
\\w	영소문자, 영대문자, 숫자, _(언더바)	.	모든 문자(공백포함, \r\n 제외)
\\d	숫자	|	앞뒤 문자열들을 'or' 조건으로 지정
\\s	공백, \r\n(개행), \t(탭)	[ ]	[ ] 안 문자들을 'or' 조건으로 지정
\\W	\\w의 반대	[a-z], [A-Z]	영어 소문자, 영어 대문자
\\D	\\d의 반대	[0-9]	숫자
\\S	\\s의 반대	[ㄱ-ㅣ], [가-힣]	한글 자음/모음, 한글 문자
\\p{Hangul}	한글	[^]	대괄호 안 패턴 제외

<表2> 정규표현식 기본 문법 2

정규표현식		포함하는 패턴	정규표현식	포함되는 패턴
탐욕적 수량자	+	앞 패턴이 1~무한대 연속 일치	^	문자열의 시작 위치를 지정
	*	앞 패턴이 0~무한대 연속 일치	$	문자열의 끝 위치를 지정
	?	앞 패턴이 0~1번 일치	\\b	문자열 중 음절의 시작 위치를 지정
	{n}	앞 패턴이 정확하게 n번 연속 일치	\\B	\\b의 반대
	{n,}	앞 패턴이 n~무한대 연속 일치	( )	'( )' 안 문자열을 그룹으로 지정
	{n,m}	앞 패턴이 n~m번 연속 일치(n<m)	\\숫자	그룹의 번호를 가리킴(역참조)
게으른 수량자		탐욕적 수량자 뒤에 '?'를 붙임	A(?=B)	B패턴 앞의 A패턴 지정(전방탐색)
\\메타문자		메타문자 모습 그대로 지정	(?<=A)B	

```
# 텍스트 분석을 위한 stringr 라이브러리 함수
################################################

#stringr 라이브러리 구동
library('stringr')
#위키피디아에서 R을 설명하는 첫 두 단락의 텍스트 데이터
R_wiki <- "R is a programming language and software environment for statistical
computing and graphics supported by the R Foundation for Statistical
Computing. The R language is widely used among statisticians and data miners
for developing statistical software and data analysis. Polls, surveys of data
miners, and studies of scholarly literature databases show that R's popularity
has increased substantially in recent years.
R is a GNU package. The source code for the R software environment is written
primarily in C, Fortran, and R. R is freely available under the GNU General Public
License, and pre-compiled binary versions are provided for various operating
systems. While R has a command line interface, there are several graphical
front-ends available."
#software environment표현을 추출해 보자.
str_extract(R_wiki, "software environment")
```

#software environment표현들을 모두 추출해 보자.

str_extract_all(R_wiki, "software environment")

#unlist 함수를 적용한 결과를 원한다면 simplify 옵션을 사용하자.

str_extract_all(R_wiki, "software environment",simplify=TRUE)

#특수표현을 이용해 첫글자가 대문자로 시작되는 단어들을 찾아보자.

myextract <- str_extract_all(R_wiki, "[[:upper:]]{1}[[:alpha:]]{0,}")

myextract

```
> #stringr 라이브러리 구동
> library('stringr')
> #위키피디아에서 R을 설명하는 첫 두 단락의 텍스트 데이터
> R_wiki <- "R is a programming language and software environment for statistical computing
  and graphics supported by the R Foundation for Statistical Computing. The R language is wid
  ely used among statisticians and data miners for developing statistical software and data an
  alysis. Polls, surveys of data miners, and studies of scholarly literature databases show th
  at R's popularity has increased substantially in recent years.
+ R is a GNU package. The source code for the R software environment is written primarily in
  C, Fortran, and R. R is freely available under the GNU General Public License, and pre-comp
  iled binary versions are provided for various operating systems. while R has a command line
  interface, there are several graphical front-ends available."
> #software environment표현을 추출해 보자.
> str_extract(R_wiki, "software environment")
[1] "software environment"
> #software environment표현들을 모두 추출해 보자.
> str_extract_all(R_wiki, "software environment")
[[1]]
[1] "software environment" "software environment"

> #unlist 함수를 적용한 결과를 원한다면 simplify 옵션을 사용하자.
> str_extract_all(R_wiki, "software environment",simplify=TRUE)
     [,1]                   [,2]
[1,] "software environment" "software environment"

> #특수표현을 이용해 첫글자가 대문자로 시작되는 단어들을 찾아보자.
> myextract <- str_extract_all(R_wiki, "[[:upper:]]{1}[[:alpha:]]{0,}")
> myextract
[[1]]
 [1] "R"         "R"         "Foundation" "Statistical" "Computing"  "The"
 [7] "R"         "Polls"     "R"          "R"           "GNU"        "The"
[13] "R"         "C"         "Fortran"    "R"           "R"          "GNU"
[19] "General"   "Public"    "License"    "while"       "R"

>
```

입력후 실행 결과

#해당되는 단어빈도는 다음과 같다.

table(myextract)

#software environment표현이 등장하는 위치를 추출해 보자.

str_locate(R_wiki, "software environment")

#software environment표현들이 등장하는 위치를 추출해 보자.

str_locate_all(R_wiki, "software environment")

#특수표현을 이용해 첫글자가 대문자로 시작되는 단어들의 위치를 알아보자.

mylocate <- str_locate_all(R_wiki, "[[:upper:]]{1}[[:alpha:]]{0,}")

head(mylocate)

dim(mylocate[[1]])

```
> #해당되는 단어빈도는 다음과 같다.
> table(myextract)
myextract
          C   Computing      Fortran  Foundation     General        GNU     License
          1           1            1           1           1          2           1
      Polls      Public            R Statistical         The      while
          1           1            9           1           2          1
>
> #software environment표현이 등장하는 위치를 추출해 보자.
> str_locate(R_wiki, "software environment")
     start end
[1,]    33  52
> #software environment표현들이 등장하는 위치를 추출해 보자.
> str_locate_all(R_wiki, "software environment")
[[1]]
     start end
[1,]    33  52
[2,]   464 483

>
> #특수표현을 이용해 첫글자가 대문자로 시작되는 단어들의 위치를 알아보자.
> mylocate <- str_locate_all(R_wiki, "[[:upper:]]{1}[[:alpha:]]{0,}")
> head(mylocate)
[[1]]
      start end
 [1,]     1   1
 [2,]   110 110
 [3,]   112 121
 [4,]   127 137
 [5,]   139 147
 [6,]   150 152
 [7,]   154 154
 [8,]   271 275
 [9,]   358 358
[10,]   418 418

[11,]   425 427
[12,]   438 440
[13,]   462 462
[14,]   509 509
[15,]   512 518
[16,]   525 525
[17,]   528 528
[18,]   560 562
[19,]   564 570
[20,]   572 577
[21,]   579 585
[22,]   665 669
[23,]   671 671
```

입력후 실행 결과

#해당되는 단어들의 시작위치/종료위치를 데이터로 정리해 보자.

mydata <- data.frame(mylocate[[1]])

myextract <- str_extract_all(R_wiki, "[[:upper:]]{1}[[:alpha:]]{0,}")

#앞서 추출한 단어들 리스트인 myextract을 변수화 하여 데이터에 포함시키자

mydata$myword <- myextract[[1]]

#다음과 같이 해당 단어의 문자수를 계산할 수도 있다.

mydata$myword.length <- mydata$end - mydata$start + 1

#아래와 같은 형식의 데이터를 얻었다.

head(mydata)

#software environment표현을 software_environment로 바꾸어 보자.

str_replace(R_wiki, "software environment", "software_environment")

```
> dim(mylocate[[1]])
[1] 23  2
>
> #해당되는 단어들의 시작위치/종료위치를 데이터로 정리해 보자.
> mydata <- data.frame(mylocate[[1]])
> myextract <- str_extract_all(R_wiki, "[[:upper:]]{1}[[:alpha:]]{0,}")
> #앞서 추출한 단어들 리스트인 myextract을 변수화 하여 데이터에 포함시키자
> mydata$myword <- myextract[[1]]
> #다음과 같이 해당 단어의 문자수를 계산할 수도 있다.
> mydata$myword.length <- mydata$end - mydata$start + 1
> #아래와 같은 형식의 데이터를 얻었다.
> head(mydata)
  start end     myword myword.length
1     1   1          R             1
2   110 110          R             1
3   112 121 Foundation            10
4   127 137 Statistical            11
5   139 147   Computing             9
6   150 152        The             3
>
> #software environment표현을 software_environment로 바꾸어 보자.
> str_replace(R_wiki, "software environment", "software_environment")
[1] "R is a programming language and software_environment for statistical computing and grap
hics supported by the R Foundation for Statistical Computing. The R language is widely used
among statisticians and data miners for developing statistical software and data analysis.
Polls, surveys of data miners, and studies of scholarly literature databases show that R's
popularity has increased substantially in recent years.\nR is a GNU package. The source cod
e for the R software environment is written primarily in C, Fortran, and R. R is freely avai
lable under the GNU General Public License, and pre-compiled binary versions are provided fo
r various operating systems. while R has a command line interface, there are several graphic
al front-ends available."
>
```

입력후 실행 결과

#software environment표현들을 software_environment로 일괄교체해 보자.

str_replace_all(R_wiki, "software environment", "software_environment")

#다음을 살펴보면 str_replace_all 함수가 어떤 역할을 했는지 알 수 있을 것이다.

temp <- str_replace_all(R_wiki, "software environment", "software_environment")

table(str_extract_all(R_wiki,"software_environment|software|environment"))

table(str_extract_all(temp,"software_environment|software|environment"))

#특별한 의미를 부여하고 싶은 부분을 표시할 때 다음과 같이 해보자.

#R, C는 프로그램 이름이기 때문에 뒤에 _computer.language_라는 표현을 붙여보자.

temp <- str_replace_all(R_wiki, "R\\b", "R_computer.language_")

temp <- str_replace_all(temp, "C\\b", "C_computer.language_")

#_computer.language_라는 표현이 붙은 부분에는 어떤 단어들이 있고, 빈도는 어떤지 살펴보자

table(str_extract_all(temp, "[[:alnum:]]{1}_computer.language_"))

```
> #software environment표현들을 software_environment로 일괄교체해 보자.
> str_replace_all(R_wiki, "software environment", "software_environment")
[1] "R is a programming language and software_environment for statistical computing and grap
hics supported by the R Foundation for Statistical Computing. The R language is widely used
 among statisticians and data miners for developing statistical software and data analysis.
 Polls, surveys of data miners, and studies of scholarly literature databases show that R's
 popularity has increased substantially in recent years.\nR is a GNU package. The source cod
e for the R software_environment is written primarily in C, Fortran, and R. R is freely avai
lable under the GNU General Public License, and pre-compiled binary versions are provided fo
r various operating systems. while R has a command line interface, there are several graphic
al front-ends available."
> #다음을 살펴보면 str_replace_all 함수가 어떤 역할을 했는지 알 수 있을 것이다.
> temp <- str_replace_all(R_wiki, "software environment", "software_environment")
> table(str_extract_all(R_wiki,"software_environment|software|environment"))

environment    software
         2           3
> table(str_extract_all(temp,"software_environment|software|environment"))

          software software_environment
                 1                    2
>
> #특별한 의미를 부여하고 싶은 부분을 표시할 때 다음과 같이 해보자.
> #R, C는 프로그램 이름이기 때문에 뒤에 _computer.language_라는 표현을 붙여보자.
> temp <- str_replace_all(R_wiki, "R\\b", "R_computer.language_")
> temp <- str_replace_all(temp, "C\\b", "C_computer.language_")
> #_computer.language_라는 표현이 붙은 부분에는 어떤 단어들이 있고, 빈도는 어떤지 살펴보자
> table(str_extract_all(temp, "[[:alnum:]]{1}_computer.language_"))

C_computer.language_ R_computer.language_
                   1                    9
>
```

입력후 실행 결과

#str_split 함수는 strsplit와 유사하다.

#우선 텍스트 데이터의 문단을 구분해 보자.

R_wiki_para <- str_split(R_wiki, "\n")

R_wiki_para

#다음으로 문단별로 문장을 구분해 보자.

R_wiki_sent <- str_split(R_wiki_para[[1]], "\\. ")

R_wiki_sent

```
> #str_split 함수는 strsplit와 유사하다.
> #우선 텍스트 데이터의 문단을 구분해 보자.
> R_wiki_para <- str_split(R_wiki, "\n")
> R_wiki_para
[[1]]
[1] "R is a programming language and software environment for statistical computing and grap
hics supported by the R Foundation for Statistical Computing. The R language is widely used
 among statisticians and data miners for developing statistical software and data analysis.
 Polls, surveys of data miners, and studies of scholarly literature databases show that R's
 popularity has increased substantially in recent years."
[2] "R is a GNU package. The source code for the R software environment is written primarily
 in C, Fortran, and R. R is freely available under the GNU General Public License, and pre-c
ompiled binary versions are provided for various operating systems. while R has a command li
ne interface, there are several graphical front-ends available."

>
> #다음으로 문단별로 문장을 구분해 보자.
> R_wiki_sent <- str_split(R_wiki_para[[1]], "\\. ")
> R_wiki_sent
[[1]]
[1] "R is a programming language and software environment for statistical computing and grap
hics supported by the R Foundation for Statistical Computing"
[2] "The R language is widely used among statisticians and data miners for developing statis
tical software and data analysis"
[3] "Polls, surveys of data miners, and studies of scholarly literature databases show that
 R's popularity has increased substantially in recent years."

[[2]]
[1] "R is a GNU package"

[2] "The source code for the R software environment is written primarily in C, Fortran, and
 R"
[3] "R is freely available under the GNU General Public License, and pre-compiled binary ver
sions are provided for various operating systems"

[4] "while R has a command line interface, there are several graphical front-ends availabl
e."

>
```

입력후 실행 결과

#str_split_fixed 함수를 설명하기 위해 4번째와 7번째 문장을 추출해 보자.

my2sentences <- unlist(R_wiki_sent)[c(4,7)]

#각 문장의 단어수를 세어보자.

mylength1 <- length(unlist(str_split(my2sentences[1], " ")))

mylength2 <- length(unlist(str_split(my2sentences[2], " ")))

mylength1; mylength2

myfixed.short <- str_split_fixed(my2sentences, " ", 5)

myfixed.short

#이제 긴 단어수에 맞도록 옵션을 정한 후 str_split_fixed 함수를 적용한 예를 살펴보자

myfixed.long <- str_split_fixed(my2sentences, " ", 13)

myfixed.long

```
> #str_split_fixed 함수를 설명하기 위해 4번째와 7번째 문장을 추출해 보자.
> my2sentences <- unlist(R_wiki_sent)[c(4,7)]
> #각 문장의 단어수를 세어보자.
> mylength1 <- length(unlist(str_split(my2sentences[1], " ")))
> mylength2 <- length(unlist(str_split(my2sentences[2], " ")))
> mylength1; mylength2
[1] 5
[1] 13
>
> myfixed.short <- str_split_fixed(my2sentences, " ", 5)
> myfixed.short
     [,1]    [,2] [,3] [,4]
[1,] "R"     "is" "a"  "GNU"
[2,] "while" "R"  "has" "a"
     [,5]
[1,] "package"
[2,] "command line interface, there are several graphical front-ends available."
>
> #이제 긴 단어수에 맞도록 옵션을 정한 후 str_split_fixed 함수를 적용한 예를 살펴보자
> myfixed.long <- str_split_fixed(my2sentences, " ", 13)
> myfixed.long
     [,1]    [,2] [,3]  [,4] [,5]      [,6]    [,7]        [,8]     [,9]  [,10]
[1,] "R"     "is" "a"   "GNU" "package" ""      ""          ""       ""    ""
[2,] "while" "R"  "has" "a"   "command" "line" "interface," "there" "are" "several"
     [,11]       [,12]       [,13]
[1,] ""          ""          ""
[2,] "graphical" "front-ends" "available."
>
```

입력후 실행 결과

#이제 7개의 문장들 모두를 이용해 문장순서와 각문장의 제시단어 순서정보가 표시된

#행렬을 만들어 보자.

#먼저 각 문장의 단어수를 먼저 계산해 보았다.

#반복계산을 위해 각 문장의 단어수를 계산해서 투입할 수 있는 빈 오브젝트를 만들었다.

length.sentences <- rep(NA,length(unlist(R_wiki_sent)))

length.sentences

#반복계산을 통해 해당 문장 순서에 맞는 단어수를 계산해 투입하였다.

for (i in 1:length(length.sentences)) {

  length.sentences[i] <- length(unlist(str_split(unlist(R_wiki_sent)[i], " ")))

}

#이제 각 문장의 단어수가 어떤지는 다음과 같다.

length.sentences

#최대 단어수가 얼마인지 추출하여 오브젝트로 만들었다.

max.length.sentences <- max(length.sentences)

#최대 단어수를 기준으로 문장X단어 행렬을 구성하였다.

sent.word.matrix <- str_split_fixed(unlist(R_wiki_sent), " ",
max.length.sentences)

mydata <- data.frame(sent.word.matrix)

rownames(mydata) <- paste('sent',1:length(unlist(R_wiki_sent)),sep='.')

colnames(mydata) <- paste('word',1:max.length.sentences,sep='.')

mydata

```
> #이제 7개의 문장들 모두를 이용해 문장순서와 각문장의 제시단어 순서정보가 표시된
> #행렬을 만들어 보자.
> #먼저 각 문장의 단어수를 먼저 계산해 보았다.
> #반복계산을 위해 각 문장의 단어수를 계산해서 투입할 수 있는 빈 오브젝트를 만들었다.
> length.sentences <- rep(NA,length(unlist(R_wiki_sent)))
> length.sentences
[1] NA NA NA NA NA NA NA
> #반복계산을 통해 해당 문장 순서에 맞는 단어수를 계산해 투입하였다.
> for (i in 1:length(length.sentences)) {
+   length.sentences[i] <- length(unlist(str_split(unlist(R_wiki_sent)[i], " ")))
+ }
> #이제 각 문장의 단어수가 어떤지는 다음과 같다.
> length.sentences
[1] 21 18 21  5 16 20 13
> #최대 단어수가 얼마인지 추출하여 오브젝트로 만들었다.
> max.length.sentences <- max(length.sentences)
> #최대 단어수를 기준으로 문장X단어 행렬을 구성하였다.
> sent.word.matrix <- str_split_fixed(unlist(R_wiki_sent), " ", max.length.sentences)
> mydata <- data.frame(sent.word.matrix)
> rownames(mydata) <- paste('sent',1:length(unlist(R_wiki_sent)),sep='.')
> colnames(mydata) <- paste('word',1:max.length.sentences,sep='.')
> mydata
         word.1   word.2   word.3     word.4     word.5  word.6    word.7      word.8
sent.1        R       is        a programming language     and  software environment
sent.2      The        R language                   is   widely      used among statisticians
sent.3   Polls,  surveys       of       data   miners,     and   studies           of
sent.4        R       is        a        GNU  package
sent.5      The   source     code        for      the       R  software environment
sent.6        R       is   freely  available    under     the       GNU      General
sent.7    While        R      has          a  command    line interface,        there

         word.9    word.10    word.11    word.12    word.13    word.14    word.15
sent.1      for statistical computing        and   graphics  supported         by
sent.2      and       data    miners        for developing statistical   software
sent.3 scholarly literature databases       show       that        R's  popularity
sent.4
sent.5       is    written primarily         in          C,   Fortran,        and
sent.6   Public   License,       and pre-compiled   binary   versions        are
sent.7      are    several graphical front-ends available.
         word.16   word.17    word.18   word.19    word.20   word.21
sent.1       the         R Foundation       for Statistical Computing
sent.2       and      data   analysis
sent.3       has increased substantially     in     recent     years.
sent.4
sent.5         R
sent.6  provided       for    various operating   systems
sent.7
>
```

입력후 실행 결과
```
```

```
#인덱싱을 통해 원하는 문장의 단어, 단어들을 쉽게 알 수 있다.
mydata[,1]
mydata[3,1:10]

#'R'라는 표현이 등장하는지 살펴보자.
str_count(R_wiki, "R")
str_count(R_wiki_para[[1]], "R")
str_count(unlist(R_wiki_sent),"R")

#R이라는 단어가 등장한 후에 stat으로 시작하는 단어가 등장하는 빈도는 어떨까?
str_count(unlist(R_wiki_sent), "R.{1,}stat[[:lower:]]{1,}")

#각 문장을 살펴보자.
unlist(R_wiki_sent)[1:2]

#일단 s와 S를 구분할 필요는 없다고 가정해 보자.
str_count(unlist(R_wiki_sent), "R.{1,}(s|S)tat[[:alpha:]]{1,}")
```

```
> #인덱싱을 통해 원하는 문장의 단어, 단어들을 쉽게 알 수 있다.
> mydata[,1]
[1] "R"       "The"     "Polls," "R"        "The"     "R"        "while"
> mydata[3,1:10]
        word.1  word.2  word.3  word.4   word.5  word.6  word.7  word.8    word.9    word.10
sent.3 Polls, surveys    of   data miners,    and studies      of scholarly literature
>
> #'R'라는 표현이 등장하는지 살펴보자.
> str_count(R_wiki, "R")
[1] 9
> str_count(R_wiki_para[[1]], "R")
[1] 4 5
> str_count(unlist(R_wiki_sent),"R")
[1] 2 1 1 1 2 1 1
>
> #R이라는 단어가 등장한 후에 stat으로 시작하는 단어가 등장하는 빈도는 어떨까?
> str_count(unlist(R_wiki_sent), "R.{1,}stat[[:lower:]]{1,}")
[1] 1 1 0 0 0 0 0
>
> #각 문장을 살펴보자.
> unlist(R_wiki_sent)[1:2]
[1] "R is a programming language and software environment for statistical computing and grap
hics supported by the R Foundation for Statistical Computing"
[2] "The R language is widely used among statisticians and data miners for developing statis
tical software and data analysis"
>
> #일단 s와 S를 구분할 필요는 없다고 가정해 보자.
> str_count(unlist(R_wiki_sent), "R.{1,}(s|S)tat[[:alpha:]]{1,}")
[1] 1 1 0 0 0 0 0
>
```

입력후 실행 결과

```
#어떻게 추출되었기에 풀리지 않는 것일까?
str_extract_all(unlist(R_wiki_sent)[1], "R.{1,}(s|S)tat[[:alpha:]]{1,}")

#또한 R과 stat 사이에는 'R'이라는 표현이 절대 들어가면 안된다.
str_count(unlist(R_wiki_sent),
"R[[:lower:][A-Q][S-Z][:digit:][:space:]]{1,}(s|S)tat[[:alpha:]]{1,}")

#보다 간단하게는 다음과 같이 할 수 있다.
str_count(unlist(R_wiki_sent), "R{1}[^R]{1,}(s|S)tat[[:alpha:]]{1,}")

#시작위치와 종료위치를 지정하면 해당 텍스트를 추출해준다.
str_sub(unlist(R_wiki_sent)[1],1,30)

#지정된 표현을 지정된 횟수만큼 반복입력한다.
str_dup("software",3)
rep("software",3)

paste(rep("software",3),collapse=")
str_dup("software",3) == paste(rep("software",3),collapse=")
```

```
> #어떻게 추출되었기에 풀리지 않는 것일까?
> str_extract_all(unlist(R_wiki_sent)[1], "R.{1,}(s|S)tat[[:alpha:]]{1,}")
[[1]]
[1] "R is a programming language and software environment for statistical computing and grap
hics supported by the R Foundation for Statistical"

>
> #또한 R과 stat 사이에는 'R'이라는 표현이 절대 들어가면 안된다.
> str_count(unlist(R_wiki_sent), "R[[:lower:][A-Q][S-Z][:digit:][:space:]]{1,}(s|S)tat[[:alp
ha:]]{1,}")
[1] 2 1 0 0 0 0 0
>
> #보다 간단하게는 다음과 같이 할 수 있다.
> str_count(unlist(R_wiki_sent), "R{1}[^R]{1,}(s|S)tat[[:alpha:]]{1,}")
[1] 2 1 0 0 0 0 0
>
> #시작위치와 종료위치를 지정하면 해당 텍스트를 추출해준다.
> str_sub(unlist(R_wiki_sent)[1],1,30)
[1] "R is a programming language an"
>
> #지정된 표현을 지정된 횟수만큼 반복입력한다.
> str_dup("software",3)
[1] "softwaresoftwaresoftware"
> rep("software",3)
[1] "software" "software" "software"
>
> paste(rep("software",3),collapse='')
[1] "softwaresoftwaresoftware"
> str_dup("software",3) == paste(rep("software",3),collapse='')
[1] TRUE
>
```

입력후 실행 결과

```
#지정된 표현의 글자수(공란포함)를 계산한다.
str_length(unlist(R_wiki_sent))
nchar(unlist(R_wiki_sent))

#다음과 같은 사례가 있다고 가정해보자.
name <- c("Joe","Jack","Jackie","Jefferson")
donation <- c("$1","$111","$11111","$1111111")
mydata <- data.frame(name,donation)
mydata

#총 글자수 15를 기준으로 이름은 왼쪽 정렬을, 기부금은 가운데 정렬을 하였다.
name2 <- str_pad(mydata$name,width=15,side='right',pad=' ')
donation2 <- str_pad(mydata$donation,width=15,side='both',pad='~')
mydata2 <- data.frame(name2,donation2)
mydata2

#Joe의 글자수가 어떻게 달라졌는지 살펴보자.
str_length(mydata$name[1])
str_length(mydata2$name2[1])
```

```
> #지정된 표현의 글자수(공란포함)를 계산한다.
> str_length(unlist(R_wiki_sent))
[1] 147 119 146  18  88 135  87
> nchar(unlist(R_wiki_sent))
[1] 147 119 146  18  88 135  87
>
> #다음과 같은 사례가 있다고 가정해보자.
> name <- c("Joe","Jack","Jackie","Jefferson")
> donation <- c("$1","$111","$11111","$1111111")
> mydata <- data.frame(name,donation)
> mydata
      name donation
1      Joe       $1
2     Jack     $111
3   Jackie   $11111
4 Jefferson $1111111
>
> #총 글자수 15를 기준으로 이름은 왼쪽 정렬을, 기부금은 가운데 정렬을 하였다.
> name2 <- str_pad(mydata$name,width=15,side='right',pad=' ')
> donation2 <- str_pad(mydata$donation,width=15,side='both',pad='~')
> mydata2 <- data.frame(name2,donation2)
> mydata2
```

```
            name2          donation2
1 Joe             ~~~~~$1~~~~~~
2 Jack            ~~~~$111~~~~~
3 Jackie          ~~~$11111~~~~
4 Jefferson       ~~~$1111111~~~
>
> #Joe의 글자수가 어떻게 달라졌는지 살펴보자.
> str_length(mydata$name[1])
[1] 3
> str_length(mydata2$name2[1])
[1] 15
>
```

입력후 실행 결과

#패딩을 없애고 원래 데이터로 돌아가보자.

name3 <- str_trim(mydata2$name2,side='right')

donation3 <- str_trim(str_replace_all(mydata2$donation2,'~',' '),side='both')

mydata3 <- data.frame(name3,donation3)

all(mydata == mydata3)

#R_wiki_sent 오브젝트의 문장들을 다시 다 연결하자.

str_c(unlist(R_wiki_sent),collapse='. ')

str_c(unlist(R_wiki_sent),collapse='. ') == paste(unlist(R_wiki_sent),collapse='. ')

```
> #패딩을 없애고 원래 데이터로 돌아가보자.
> name3 <- str_trim(mydata2$name2,side='right')
> donation3 <- str_trim(str_replace_all(mydata2$donation2,'~',' '),side='both')
> mydata3 <- data.frame(name3,donation3)
> all(mydata == mydata3)
[1] TRUE
>
> #R_wiki_sent 오브젝트의 문장들을 다시 다 연결하자.
> str_c(unlist(R_wiki_sent),collapse='. ')
[1] "R is a programming language and software environment for statistical computing and grap
hics supported by the R Foundation for Statistical Computing. The R language is widely used
 among statisticians and data miners for developing statistical software and data analysis.
 Polls, surveys of data miners, and studies of scholarly literature databases show that R's
 popularity has increased substantially in recent years.. R is a GNU package. The source cod
e for the R software environment is written primarily in C, Fortran, and R. R is freely avai
lable under the GNU General Public License, and pre-compiled binary versions are provided fo
r various operating systems. While R has a command line interface, there are several graphic
al front-ends available."
>
> str_c(unlist(R_wiki_sent),collapse='. ') == paste(unlist(R_wiki_sent),collapse='. ')
[1] TRUE
> |
```

입력후 실행 결과

8.2 텍스트 분석을 위한 전처리 학습

8.2.1 말뭉치 텍스트 데이터 사전처리(형태소 분석)

R Script

```
# 말뭉치 텍스트 데이터 사전처리(형태소 분석)
################################
```

※ 형태소 분석이란?
의미의 최소단위인 형태소(morpheme)이나 단어에 대한 분석은 텍스트를 분석하는 가장 보편적인 방법으로, 문법적 규칙 혹은 확률에 의한 품사 태깅(part of speech tagging), 개체명 인식(named entity recognition), 철자 교정, 단어 식별(tokenization) 기법 등을 이용하여 분석한다.

```
#공란처리(stripping white space) 과정
mytext <- c("software environment","software
environment","software\tenvironment")
mytext

#단어를 ' '으로 구분해보자.
str_split(mytext,' ')

#각 오브젝트별 단어수와 문자수를 세보자.
sapply(str_split(mytext, " "),length)
sapply(str_split(mytext, " "),str_length)
```

```
> # 말뭉치 텍스트 데이터 사전처리
> ###############################
> library(stringr)
>
> #공란처리(stripping white space) 과정
> mytext <- c("software environment","software  environment","software\tenvironme
nt")
> mytext
[1] "software environment"  "software  environment" "software\tenvironment"
>
> #단어를 ' '으로 구분해보자.
> str_split(mytext,' ')
[[1]]
[1] "software"    "environment"

[[2]]
[1] "software"    ""              "environment"

[[3]]
[1] "software\tenvironment"

>
> #각 오브젝트별 단어수와 문자수를 세보자.
> sapply(str_split(mytext, " "),length)
[1] 2 3 1
> sapply(str_split(mytext, " "),str_length)
[[1]]
[1]  8 11

[[2]]
[1]  8  0 11

[[3]]
[1] 20
```

입력후 실행 결과

#공란처리과정을 거친 후에 어떻게 되는지 살펴보자.

mytext.nowhitespace <- str_replace_all(mytext,"[[:space:]]{1,}"," ")

mytext.nowhitespace

#각 오브젝트별 단어수와 문자수를 세보자.

sapply(str_split(mytext.nowhitespace,' '),length)

sapply(str_split(mytext.nowhitespace,' '),str_length)

#대소문자 통일과정

mytext <- "The 45th President of the United States, Donald Trump, states that

he knows how to play trump with the former president"

myword <- unlist(str_extract_all(mytext,boundary("word")))

table(myword)

#Trump 와 States가 고유명사임이 드러나게 _unique_표현을 덧붙였다.

myword <- str_replace(myword,"Trump","Trump_unique_")

myword <- str_replace(myword,"States","States_unique_")

#대문자를 소문자로 전환한 후 빈도표를 도출했다.

table(tolower(myword))

```
> #공란처리과정을 거친 후에 어떻게 되는지 살펴보자.
> mytext.nowhitespace <- str_replace_all(mytext,"[[:space:]]{1,}"," ")
> mytext.nowhitespace
[1] "software environment" "software environment" "software environment"
> #각 오브젝트별 단어수와 문자수를 세보자.
> sapply(str_split(mytext.nowhitespace,' '),length)
[1] 2 2 2
> sapply(str_split(mytext.nowhitespace,' '),str_length)
     [,1] [,2] [,3]
[1,]    8    8    8
[2,]   11   11   11
>
> #대소문자 통일과정
> mytext <- "The 45th President of the United States, Donald Trump, states that h
e knows how to play trump with the former president"
> myword <- unlist(str_extract_all(mytext,boundary("word")))
> table(myword)
myword
     45th    Donald    former        he       how     knows        of
        1         1         1         1         1         1         1
     play president President     states    States      that       the
        1         1         1         1         1         1         2
      The        to     trump     Trump    United      with
        1         1         1         1         1         1
>
> #Trump 와 States가 고유명사임이 드러나게 _unique_표현을 덧붙였다.
> myword <- str_replace(myword,"Trump","Trump_unique_")
> myword <- str_replace(myword,"States","States_unique_")
> #대문자를 소문자로 전환한 후 빈도표를 도출했다.
> table(tolower(myword))

             45th          donald          former              he             how
                1               1               1               1               1
            knows              of            play       president          states
                1               1               1               2               1
   states_unique_            that             the              to           trump
                1               1               3               1               1
    trump_unique_          united            with
                1               1               1
```

입력후 실행 결과

mytext <- c("He is one of statisticians agreeing that R is the No. 1 statistical software.","He is one of statisticians agreeing that R is the No. one statistical software.")

```
str_split(mytext," ")

#숫자자료를 제거하는 방법
mytext2 <- str_split(str_replace_all(mytext,"[[:digit:]]{1,}[[:space:]]{1,}",""),"  ")
str_c(mytext2[[1]],collapse=" ")
str_c(mytext2[[2]],collapse=" ")

#숫자자료임을 표시하고 수치의 구체적인 내용은 고려하지 않는 방법
mytext3 <-
str_split(str_replace_all(mytext,"[[:digit:]]{1,}[[:space:]]{1,}","_number_ ")," ")
str_c(mytext3[[1]],collapse=" ")
str_c(mytext3[[2]],collapse=" ")
```

```
> mytext <- c("He is one of statisticians agreeing that R is the No. 1 statistica
l software.","He is one of statisticians agreeing that R is the No. one statistic
al software.")
> str_split(mytext," ")
[[1]]
 [1] "He"           "is"           "one"          "of"
 [5] "statisticians" "agreeing"     "that"         "R"
 [9] "is"           "the"          "No."          "1"
[13] "statistical"  "software."

[[2]]
 [1] "He"           "is"           "one"          "of"
 [5] "statisticians" "agreeing"     "that"         "R"
 [9] "is"           "the"          "No."          "one"
[13] "statistical"  "software."

>
> #숫자자료를 제거하는 방법
> mytext2 <- str_split(str_replace_all(mytext,"[[:digit:]]{1,}[[:space:]]]
{1,}",""),"  ")
> str_c(mytext2[[1]],collapse=" ")
[1] "He is one of statisticians agreeing that R is the No. statistical software."
> str_c(mytext2[[2]],collapse=" ")
[1] "He is one of statisticians agreeing that R is the No. one statistical softwa
re."
>
> #숫자자료임을 표시하고 수치의 구체적인 내용은 고려하지 않는 방법
> mytext3 <- str_split(str_replace_all(mytext,"[[:digit:]]{1,}[[:space:]]{1,}","_
number_ ")," ")
> str_c(mytext3[[1]],collapse=" ")
[1] "He is one of statisticians agreeing that R is the No. _number_ statistical s
oftware."
> str_c(mytext3[[2]],collapse=" ")
[1] "He is one of statisticians agreeing that R is the No. one statistical softwa
re."
>
```

입력후 실행 결과

#tm 라이브러리에 포함된 영어 불용단어 목록들은 두 가지다.

library('tm')

#짧은 불용단어 목록들에는 총 174개의 단어들이 포함되어 있다.

length(stopwords("en"))

#긴 불용단어 목록들에는 총 571개의 단어들이 포함되어 있다.

length(stopwords("SMART"))

#length() 함수표현을 없애면 어떤 단어들이 불용단어 목록에 포함되었는지 알 수 있다.

stopwords("en")

```
> #tm 라이브러리에 포함된 영어 불용단어 목록들은 두 가지다.
> library('tm')
> #짧은 불용단어 목록들에는 총 174개의 단어들이 포함되어 있다.
> length(stopwords("en"))
[1] 174
> #긴 불용단어 목록들에는 총 571개의 단어들이 포함되어 있다.
> length(stopwords("SMART"))
[1] 571
>
> #length() 함수표현을 없애면 어떤 단어들이 불용단어 목록에 포함되었는지 알 수 있다.
> stopwords("en")
  [1] "i"          "me"         "my"          "myself"      "we"
  [6] "our"        "ours"       "ourselves"   "you"         "your"
 [11] "yours"      "yourself"   "yourselves"  "he"          "him"
 [16] "his"        "himself"    "she"         "her"         "hers"
 [21] "herself"    "it"         "its"         "itself"      "they"
 [26] "them"       "their"      "theirs"      "themselves"  "what"
 [31] "which"      "who"        "whom"        "this"        "that"
 [36] "these"      "those"      "am"          "is"          "are"
 [41] "was"        "were"       "be"          "been"        "being"
 [46] "have"       "has"        "had"         "having"      "do"
 [51] "does"       "did"        "doing"       "would"       "should"
 [56] "could"      "ought"      "i'm"         "you're"      "he's"
 [61] "she's"      "it's"       "we're"       "they're"     "i've"
 [66] "you've"     "we've"      "they've"     "i'd"         "you'd"
 [71] "he'd"       "she'd"      "we'd"        "they'd"      "i'll"
 [76] "you'll"     "he'll"      "she'll"      "we'll"       "they'll"
 [81] "isn't"      "aren't"     "wasn't"      "weren't"     "hasn't"
 [86] "haven't"    "hadn't"     "doesn't"     "don't"       "didn't"
 [91] "won't"      "wouldn't"   "shan't"      "shouldn't"   "can't"
 [96] "cannot"     "couldn't"   "mustn't"     "let's"       "that's"
[101] "who's"      "what's"     "here's"      "there's"     "when's"
[106] "where's"    "why's"      "how's"       "a"           "an"
[111] "the"        "and"        "but"         "if"          "or"
[116] "because"    "as"         "until"       "while"       "of"
[121] "at"         "by"         "for"         "with"        "about"
[126] "against"    "between"    "into"        "through"     "during"
[131] "before"     "after"      "above"       "below"       "to"
[136] "from"       "up"         "down"        "in"          "out"
```

```
[141] "on"        "off"        "over"       "under"      "again"
[146] "further"   "then"       "once"       "here"       "there"
[151] "when"      "where"      "why"        "how"        "all"
[156] "any"       "both"       "each"       "few"        "more"
[161] "most"      "other"      "some"       "such"       "no"
[166] "nor"       "not"        "only"       "own"        "same"
[171] "so"        "than"       "too"        "very"
```

입력후 실행 결과

stopwords("SMART")

```
> stopwords("SMART")
  [1] "a"           "a's"         "able"         "about"
  [5] "above"       "according"   "accordingly"  "across"
  [9] "actually"    "after"       "afterwards"   "again"
 [13] "against"     "ain't"       "all"          "allow"
 [17] "allows"      "almost"      "alone"        "along"
 [21] "already"     "also"        "although"     "always"
 [25] "am"          "among"       "amongst"      "an"
 [29] "and"         "another"     "any"          "anybody"
 [33] "anyhow"      "anyone"      "anything"     "anyway"
 [37] "anyways"     "anywhere"    "apart"        "appear"
 [41] "appreciate"  "appropriate" "are"          "aren't"
 [45] "around"      "as"          "aside"        "ask"
 [49] "asking"      "associated"  "at"           "available"
 [53] "away"        "awfully"     "b"            "be"

[549] "with"       "within"      "without"     "won't"
[553] "wonder"     "would"       "would"       "wouldn't"
[557] "x"          "y"           "yes"         "yet"
[561] "you"        "you'd"       "you'll"      "you're"
[565] "you've"     "your"        "yours"       "yourself"
[569] "yourselves" "z"           "zero"
>
```

입력후 실행 결과

#다음과 같은 약식 어근동일화 프로그램을 만들어 보자.

mystemmer.func <- function(mytextobject,mystemmer,mystemmed){

  mytext <- str_replace_all(mytext,

            "(\\bam)|(\\bare)|(\\bis)|(\\bwas)|(\\bwere)|(\\bbe)","be ")

  mytext

}

#예시 텍스트 데이터

mytext <- c("I am a boy. You are a boy. He might be a boy.")

```
mytext.stem <- mystemmer.func(mytext)

#어근 동일화이전과 이후의 텍스트 데이터의 단어들이 어떻게 다른 빈도표를 갖고 있는지 살펴보자.
table(str_split(mytext," "))
table(str_split(mytext.stem," "))

#아래의 텍스트 데이터에서는 the/The, United, States가 3회 같은 순서로 제시되고 있다.
mytext <- "The United States comprises fifty states. In the United States, each
state has its own laws. However, federal law overrides state law in the United
States."
myword <- unlist(str_extract_all(mytext,boundary("word")))
length(table(myword))
sum(table(myword))

#United, States를 붙어있는 단어, 즉 2-gram, 혹은 bigram이라고 가정하자.
mytext.2gram <- str_replace_all(mytext,"\\bUnited States","United_States")

myword2 <- unlist(str_extract_all(mytext.2gram,boundary("word")))
length(table(myword2))
sum(table(myword2))

#the/The. United, States를 붙어있는 단어, 즉 3-gram, 혹은 trigram이라고 가정하자.
mytext.3gram <- str_replace_all(mytext,"\\b(t|T)he United
States","The_United_States")
myword3 <- unlist(str_extract_all(mytext.3gram,boundary("word")))
length(table(myword3))
sum(table(myword3))
```

```
> #다음과 같은 약식 어근동일화 프로그램을 만들어 보자.
> mystemmer.func <- function(mytextobject,mystemmer,mystemmed){
+    mytext <- str_replace_all(mytext,
+                             "(\\bam )|(\\bare )|(\\bis )|(\\bwas )|(\\bwere )|
(\\bbe )","be ")
+    mytext
+ }
>
> #예시 텍스트 데이터
> mytext <- c("I am a boy. You are a boy. He might be a boy.")
> mytext.stem <- mystemmer.func(mytext)
> #어근 동일화이전과 이후의 텍스트 데이터의 단어들이 어떻게 다른 빈도표를 갖고 있는지 살펴보자.
>
> table(str_split(mytext," "))

    a    am   are    be  boy.    He     I might   You
    3     1     1     1     3     1     1     1     1
> table(str_split(mytext.stem," "))

    a    be  boy.    He     I might   You
    3     3     3     1     1     1     1
>
> #아래의 텍스트 데이터에서는 the/The, United, States가 3회 같은 순서로 제시되고 있다.
> mytext <- "The United States comprises fifty states. In the United States, each
 state has its own laws. However, federal law overrides state law in the United S
tates."
> myword <- unlist(str_extract_all(mytext,boundary("word")))
> length(table(myword))
[1] 19
> sum(table(myword))
[1] 26
> #United, States를 붙어있는 단어, 즉 2-gram, 혹은 bigram이라고 가정하자.
> mytext.2gram <- str_replace_all(mytext,"\\bunited States","United_States")
> myword2 <- unlist(str_extract_all(mytext.2gram,boundary("word")))
> length(table(myword2))
[1] 18
> sum(table(myword2))
[1] 23
```

입력후 실행 결과

#문자열 분석

※ 문자열 분석이란?

텍스트를 어휘적으로 상호 관련 있는 단어들로 나누는 청킹(chunking)을 통해 핵심어구를 추출하거나, 개체명 인식, 관계 추출(relation extraction) 그리고. TF-IDF, 카이제곱 검정, 코사인 유사도 등을 통해 단어의 빈도수 분포에서 중요하지 않은 단어를 걸러내고, 문서의 유사도를 구한다.

#엔그램 도출과정

install.packages('RWeka')

library('RWeka')

bigramTokenizer <- function(x) NGramTokenizer(x, Weka_control(min=2, max=3))

#앞에서 사용한 The United States 사례를 살펴보자.

mytext <- c("The United States comprises fifty states.","In the United States, each state has its own laws.","However, federal law overrides state law in the United States.")

mytemp <- VCorpus(VectorSource(mytext))

ngram.tdm <- TermDocumentMatrix(mytemp, control=list(tokenize=bigramTokenizer))

bigramlist <- apply(ngram.tdm[,],1,sum)

#빈도수가 높은 바이그램부터 살펴보자.

sort(bigramlist,decreasing=TRUE)

```
> bigramTokenizer <- function(x) NGramTokenizer(x, Weka_control(min=2, max=3))
> #앞에서 사용한 The United States 사례를 살펴보자.
> mytext <- c("The United States comprises fifty states.","In the United States,
 each state has its own laws.","However, federal law overrides state law in the U
nited States.")
> mytemp <- VCorpus(VectorSource(mytext))
> ngram.tdm <- TermDocumentMatrix(mytemp, control=list(tokenize=bigramTokenizer))
> bigramlist <- apply(ngram.tdm[,],1,sum)
> #빈도수가 높은 바이그램부터 살펴보자.
> sort(bigramlist,decreasing=TRUE)
            the united        the united states          united states
                     3                        3                      3
                in the            in the united         comprises fifty
                     2                        2                      1
  comprises fifty states               each state          each state has
                     1                        1                      1
             federal law      federal law overrides          fifty states
                     1                        1                      1
                has its            has its own         however federal
                     1                        1                      1
    however federal law                 its own           its own laws
                     1                        1                      1
                 law in              law in the           law overrides
                     1                        1                      1
    law overrides state          overrides state      overrides state law
                     1                        1                      1
               own laws               state has          state has its
                     1                        1                      1
              state law            state law in       states comprises
                     1                        1                      1
  states comprises fifty             states each        states each state
                     1                        1                      1
 united states comprises      united states each
                     1                        1
>
```

입력후 실행 결과

#mycorpus에 적용한 결과는 아래와 같다.

ngram.tdm <- TermDocumentMatrix(mycorpus,

control=list(tokenize=bigramTokenizer))

bigramlist <- apply(ngram.tdm[,],1,sum)

#최상위 10개의 바이그램들을 살펴보자.

sort(bigramlist,decreasing=TRUE)[1:10]

```
> #mycorpus에 적용한 결과는 아래와 같다.
> ngram.tdm <- TermDocumentMatrix(mycorpus, control=list(tokenize=bigramTokenize
r))
> bigramlist <- apply(ngram.tdm[,],1,sum)
> #최상위 10개의 바이그램들을 살펴보자.
> sort(bigramlist,decreasing=TRUE)[1:10]
    mediat effect    privaci infring social comparison       studi examin
            8                8                8                      8
      effect model        hloc belief      polit particip    social network
            7                7                7                      7
    studi investig    theoret practic
            7                7
> |
```

입력후 실행 결과

8.2.2 한국어 텍스트 데이터 처리

R Script

context-list(tokenize=piece)lit()k-mizef

R Script

```
# 한국어 텍스트 데이터 처리
##############################

#R을 이용한 한국어 자연어처리
library('KoNLP')
library('tm')
library('stringr')
#자바의 문제가 있을 수 있으며, 문제발생시 자신의 PC 사양에 맞는 자바를 설치하고 재실행.
#코로나 관련 뉴스 데이터들을 분석해보자.
mytextlocation <- "C:/sample/feb"
mypaper <- VCorpus(DirSource(mytextlocation))
mypaper

mykorean <- mypaper[[19]]$content
mykorean

#간단한 사전처리를 실시하여 보자.
#영문표현들은 모두 삭제하였다(한국어 분석이기 때문에)
mytext <- str_replace_all(mykorean, "[[:lower:]]","")
#괄호를 삭제하였다.
mytext <- str_replace_all(mytext, "\\(","")
mytext <- str_replace_all(mytext, "\\)","")
#따옴표를 삭제하였다.
mytext <- str_replace_all(mytext, ""","")
mytext <- str_replace_all(mytext, ""","")
#가운뎃점을 삭제하였다.
mytext <- str_replace_all(mytext, " · ",", ")
mytext
```

```
> #코로나 관련 뉴스 데이터들을 분석해보자.
> mytextlocation <- "C:/sample/feb"
> mypaper <- VCorpus(DirSource(mytextlocation))
> mypaper
<<VCorpus>>
Metadata:  corpus specific: 0, document level (indexed): 0
Content:  documents: 32
>
> mykorean <- mypaper[[19]]$content
> mykorean
[1] "6대륙 위험 최고 격상 앵커 세계 각국 코로나19 확산세 이탈리아 확진자 9백 이란 6백 육박 유럽 중동 확산세 남미 6대
륙 세계보건기구 코로나19 글로벌 위험도 최고 단계 특파원 파리 양민효 보도 리포트 현지 시각 기준 이탈리아 확진자 888명 2
백 사망자 21명 확진자 북부 지역 휴교령 일주일 연장 마스크 부족 이탈리아 정부 유럽연합 긴급 물량 요청 안드레 보텔리 이탈
리아 시민보호청장 확진자 절반 중상 입원 격리 조치 북극 아이슬란드 중남미 멕시코 확진자 이탈리아 중동 이란 거점 확진자 6
백 아프리카 나이지리아 발병국 세계 개국 감염자 세계 보건 기구 코로나19 글로벌 위험도 최고 단계 격상 마이클 라이언 긴급
대응팀장 위험 최고 상황 지구상 정부 현실 경고 준비 바이러스 대비 지구촌 대륙 바이러스 상륙 상황 전염 사슬 세계 대응 강
조 코로 글로벌 위험도 최고 수위 경종 팬데믹 한국 각국 팬데믹 대비 방역 조치"
>
> #간단한 사전처리를 실시하여 보자.
> #영문표현들은 모두 삭제하였다(한국어 분석이기 때문에)
> mytext <- str_replace_all(mykorean, "[[:lower:]]","")
> #괄호를 삭제하였다.
> mytext <- str_replace_all(mytext, "\\(","")
> mytext <- str_replace_all(mytext, "\\)","")
> #따옴표를 삭제하였다.
> mytext <- str_replace_all(mytext, "'","")
> mytext <- str_replace_all(mytext, "'","")
> #가운뎃점을 삭제하였다.
> mytext <- str_replace_all(mytext, " · ",", ")
[1] "6대륙 위험 최고 격상 앵커 세계 각국 코로나19 확산세 이탈리아 확진자 9백 이란 6백 육박 유럽 중동 확산세 남미 6대
륙 세계보건기구 코로나19 글로벌 위험도 최고 단계 특파원 파리 양민효 보도 리포트 현지 시각 기준 이탈리아 확진자 888명 2
백 사망자 21명 확진자 북부 지역 휴교령 일주일 연장 마스크 부족 이탈리아 정부 유럽연합 긴급 물량 요청 안드레 보텔리 이탈
리아 시민보호청장 확진자 절반 중상 입원 격리 조치 북극 아이슬란드 중남미 멕시코 확진자 이탈리아 중동 이란 거점 확진자 6
백 아프리카 나이지리아 발병국 세계 개국 감염자 세계 보건 기구 코로나19 글로벌 위험도 최고 단계 격상 마이클 라이언 긴급
대응팀장 위험 최고 상황 지구상 정부 현실 경고 준비 바이러스 대비 지구촌 대륙 바이러스 상륙 상황 전염 사슬 세계 대응 강
조 코로 글로벌 위험도 최고 수위 경종 팬데믹 한국 각국 팬데믹 대비 방역 조치"
> |
```

입력후 실행 결과

#의미의 핵심이라고 할 수 있는 명사를 추출하였다.

noun.mytext <- extractNoun(mytext)

noun.mytext

#명사들의 빈도 분석을 해보자.

table(noun.mytext)

```
> #의미의 핵심이라고 할 수 있는 명사를 추출하였다.
> noun.mytext <- extractNoun(mytext)
> noun.mytext
  [1] "6대륙"     "위험"      "최고"      "격상"      "앵커"      "세계"      "각국"
  [8] "코로나19"  "확산세"    "이탈리아"  "확진자"    "9"         "백"        "이"
 [15] "6"         "백"        "육박"      "유럽"      "중동"      "확산세"    "남미"
 [22] "6대륙"     "세계"      "보건기구"  "코로나19"  "글로벌"    "위험"      "최고"
 [29] "단계"      "특파원"    "파리"      "양민"      "효"        "보도"      "리포트"
 [36] "현지"      "시각"      "기준"      "이탈리아"  "확진자"    "888"       "명"
 [43] "2"         "백"        "사망자"    "21"        "명"        "확진자"    "복부"
 [50] "지역"      "휴교령"    "일"        "주일"      "연장"      "마스크"    "부족"
 [57] "이탈리아"  "정부"      "유럽연합"  "긴급"      "물량"      "요청"      "안드레"
 [64] "보텔리"    "이탈리아"  "시민"      "보호"      "청장"      "확진자"    "절반"
 [71] "증상"      "입원"      "격리"      "조치"      "북극"      "아이슬란드" "중남미"
 [78] "멕시코"    "확진자"    "이탈리아"  "중동"      "이"        "거점"      "확진자"
 [85] "6"         "백"        "아프리카"  "나이지리아" "발병"     "국"        "세계"
 [92] "개국"      "감염자"    "세계"      "기구"      "코로나19"  "글로벌"    "위험"
 [99] "최고"      "단계"      "격상"      "마이클"    "라이"      "언"        "긴급"
[106] "대응"      "팀장"      "위험"      "최고"      "상향"      "지구상"    "정부"
[113] "현실"      "경고"      "준비"      "바이러스"  "대비"      "지구"      "촌"
[120] "대륙"      "바이러스"  "상록"      "상황"      "전염"      "사슬"      "세계"
[127] "대응"      "강조"      "코"        "글로벌"    "위험"      "최고"      "수위"
[134] "경종"      "팬데믹"    "한국"      "각국"      "팬데믹"    "대비"      "방역"
[141] "조"
> #명사들의 빈도 분석을 해보자.
> table(noun.mytext)
noun.mytext
        2        21         6      6대륙       888         9      각국    감염자
        1         1         2         2         1         1         2         1
     강조      개국      거점      격리      격상      경고      경종        국
        1         1         1         1         1         1         1         1
   글로벌      기구      기준      긴급 나이지리아      남미      단계      대륙
        3         1         1         2         1         1         2         2
     대비      대응      라이    리포트    마스크    마이클    멕시코        명
        1         1         1         1         1         1         1         2
     물량  바이러스      발병      방역        백  보건기구      보도    보텔리
        2         2         1         1         4         1         1         1
     보호      부족      북극      북부    사망자      사슬      상록      상향
        1         1         1         1         1         1         1         1
     상황      세계      수위      시각      시민 아이슬란드    아프리카    안드레
        1         1         1         1         1         1         1         1
```

#한국어 말뭉치 텍스트 데이터 분석

#숫자표현은 어떤 것들이 사용되었는지 확인

mydigits <- lapply(mypaper, function(x) (str_extract_all(x, "[[:digit:]]{1,}")))

table(unlist(mydigits))

#특수기호는 어떤 것들이 사용되었고, 그 전후의 표현은 어떤가?

mypuncts <- lapply(mypaper, function(x) (str_extract_all(x,

"\\b[[:alpha:]]{1,}[[:punct:]]{1,}[[:alpha:]]{1,}\\b")))

table(unlist(mypuncts))

```
> #한국어 말뭉치 텍스트 데이터 분석
> #숫자표현은 어떤 것들이 사용되었는지 확인
> mydigits <- lapply(mypaper, function(x) (str_extract_all(x, "[[:digit:]]{1,}")))
32건의 경고들이 발견되었습니다 (이를 확인하기 위해서는 warnings()를 이용하시길 바랍니다).
> table(unlist(mydigits))

  000   095     1    10   100   103   105   107    11    12   137    14    15   150    16    17    19   196     2
    5     1    16     1     1     1     1     1     1     1     1     4     2     1     4     4    58     1    15
   20  2000    21   214   217   219    22    23   236    24    25    26    27   277    28    29  2931     3    30
    5     1     3     1     1     1     2     4     1     8     4     1     6     2     4    13     2    15     2
   31    36   361    38   390     4   443   444   459    46   488     5    50   500   509    55   558   579   587
    1     1     1     4     1     1     1     1     1     2     1    10     1     2     1     1     1     1     1
    6    60   600   605    65   657    66    69     7    70   700    79     8    80   800    81    85   856   888
    8     1     1     1     1     2     1     3     1     1     3     2     1     1     3     1     1     1
  889     9    93   931    98   983
    1     1     1     1     1     1
> #특수기호는 어떤 것들이 사용되었고, 그 전후의 표현은 어떤가?
> mypuncts <- lapply(mypaper, function(x) (str_extract_all(x, "\\b[[:alpha:]]{1,}[[:punct:]]{1,}[[:alp
ha:]]{1,}\\b")))
32건의 경고들이 발견되었습니다 (이를 확인하기 위해서는 warnings()를 이용하시길 바랍니다).
> table(unlist(mypuncts))
< table of extent 0 >
> #이번에는 특수기호 사용이 검출되지 않았다.
> |
```

입력후 실행 결과

#숫자표현들 모두 삭제

mycorpus <- tm_map(mypaper, removeNumbers)

#지정된 표현들 교체

mytempfunct <- function(myobject, oldexp, newexp) {

  newobject <- tm_map(myobject,

           content_transformer(function(x,pattern) gsub(pattern,newexp,x)),

oldexp)

  newobject

}

#특수기호들 처리

mycorpus <- mytempfunct(mycorpus, "[[:lower:]]","")

mycorpus <- mytempfunct(mycorpus, "[[:upper:]]","")

mycorpus <- mytempfunct(mycorpus, "\\(", " ")

mycorpus <- mytempfunct(mycorpus, "\\)", " ")

mycorpus <- mytempfunct(mycorpus, """, " ")

mycorpus <- mytempfunct(mycorpus, """, " ")

mycorpus <- mytempfunct(mycorpus, " · ",", ")

mycorpus <- mytempfunct(mycorpus, ".",", ")

mycorpus <- mytempfunct(mycorpus, " · ",", ")

mycorpus <- mytempfunct(mycorpus, "/","")

```
mycorpus <- mytempfunct(mycorpus, "-","")
mycorpus <- mytempfunct(mycorpus, " – ","")
mycorpus <- mytempfunct(mycorpus, "\\?"," ")
```

#공란 처리
```
mycorpus <- tm_map(mycorpus, stripWhitespace)
```

#명사 추출 후 문서를 명사들의 나열로 바꾸어주는 개인맞춤 함수
```
myNounFun <- function(mytext){
  myNounList <- paste(extractNoun(mytext),collapse=' ')
  myNounList
}
```

```
myNounCorpus <- mycorpus
for (i in 1:length(mycorpus)) {
  myNounCorpus[[i]]$content <- myNounFun(mycorpus[[i]]$content)
}
```

```
> #숫자표현들 모두 삭제
> mycorpus <- tm_map(mypaper, removeNumbers)
>
> #지정된 표현들 교체
> mytempfunct <- function(myobject, oldexp, newexp) {
+   newobject <- tm_map(myobject,
+                    content_transformer(function(x,pattern) gsub(pattern,newexp,x)), oldexp)
+   newobject
+ }
> #특수기호들 처리
> mycorpus <- mytempfunct(mycorpus, "[[:lower:]]","")
> mycorpus <- mytempfunct(mycorpus, "[[:upper:]]","")
> mycorpus <- mytempfunct(mycorpus, "\\(","  ")
> mycorpus <- mytempfunct(mycorpus, "\\)","  ")
> mycorpus <- mytempfunct(mycorpus, "'","  ")
> mycorpus <- mytempfunct(mycorpus, "'","  ")
> mycorpus <- mytempfunct(mycorpus, " . ","  ")
> mycorpus <- mytempfunct(mycorpus, "."," ")
> mycorpus <- mytempfunct(mycorpus, " · "," ")
> mycorpus <- mytempfunct(mycorpus, "/","")
> mycorpus <- mytempfunct(mycorpus, "-","")
> mycorpus <- mytempfunct(mycorpus, " - ","")
> mycorpus <- mytempfunct(mycorpus, "\\?"," ")
>
> #공란 처리
> mycorpus <- tm_map(mycorpus, stripWhitespace)
>
> #명사 추출 후 문서를 명사들의 나열로 바꾸어주는 개인맞춤 함수
> myNounFun <- function(mytext){
+   myNounList <- paste(extractNoun(mytext),collapse='  ')
+   myNounList
+ }
>
> myNounCorpus <- mycorpus
> for (i in 1:length(mycorpus)) {
+   myNounCorpus[[i]]$content <- myNounFun(mycorpus[[i]]$content)
+ }
> 
```

입력후 실행 결과

```
#전체 말뭉치 단어를 확인해 보자.
table(unlist(lapply(myNounCorpus,function(x)
str_extract_all(x,boundary("word")))))
```

```
> #전체 말뭉치 단어를 확인해 보자.
> table(unlist(lapply(myNounCorpus,function(x) str_extract_all(x,boundary("word")))))
       가격              가구              가능            가능성             가동
         1                1                5                2                1
       가명              가상              가정              가족             가중
         1                1                1               12                1
       가지              가짜              가천              가치             각국
         4                3                1                1                1
       각급              각론              각자              각종               간
         3                1                1                1                2
     간질환            간호사              감당              감독             감사
         1                1                1                1                1
       감소              감시              감염          감염경로           감염자
         1                2               24                1                2
     감염증              감축                갑              강구             강남
        14                1                9                1                6
 강남구보건소            강남역              강사              강원           강원도
         1                2                1                3                4
     강온회              강외              강조              강타             강화
         1                1                9                1                1
         개              개국              개막          개별검사             개소
         1                3                1                1                1
─────────────────────── 입력후 실행 결과 ───────────────────────
```

```
#DTM을 구축
dtm.k <- DocumentTermMatrix(myNounCorpus)
dtm.k
colnames(dtm.k[,])
```

```
> #DTM을 구축
> dtm.k <- DocumentTermMatrix(myNounCorpus)
> dtm.k
<<DocumentTermMatrix (documents: 32, terms: 369)>>
Non-/sparse entries: 524/11284
Sparsity            : 96%
Maximal term length: 9
Weighting           : term frequency (tf)
> colnames(dtm.k[,])
  [1] "가능성"          "간질환"          "간호사"          "감염경로"
  [5] "감염자"          "감염증"          "강남구보건소"    "강남역"
  [9] "강원도"          "강온회"          "개별검사"        "객관적"
 [13] "검사결과"        "검사비"          "경기침체"        "경북도"
 [17] "경북연수원"      "경북지역"        "경산시"          "고덕시장"
 [21] "고속버스"        "공급처"          "공동발표문"      "공무원"
 [25] "공중보건의"      "관재식"          "관공서"          "관광객"
 [29] "관련자"          "관리본부"        "광범위"          "광진구"
 [33] "교수님"          "교육감"          "교육생"          "교육청"
 [37] "구월동"          "국가안보법"      "국가재정"        "국무총리"
 [41] "국제도시"        "권고안"          "권준욱"          "균형발전"
 [45] "근로자"          "글로벌"          "급속도"          "긍정적"
 [49] "기부금"          "기차역"          "긴급돌봄"        "긴장감"
─────────────────────── 입력후 실행 결과 ───────────────────────
```

8.2.3 품사 분석

R Script

```
# 품사(Part-Of-Speech)분석
############################

#POS분석을 위한 라이브러리들 구동
library ('NLP')
library ('openNLP')
library ('tm')
library ('stringr')


#예시로 R을 소개하는 위키피디아 두 문단의 텍스트에 대해 POS분석을 실시하자
R.wiki <- "R is a programming language and software environment for statistical
computing and graphics supported by the R Foundation for Statistical
Computing. The R language is widely used among statisticians and data miners
for developing statistical software and data analysis. Polls, surveys of data
miners, and studies of scholarly literature databases show that R's popularity
has increased substantially in recent years.
R is a GNU package. The source code for the R software environment is written
primarily in C, Fortran, and R. R is freely available under the GNU General Public
License, and pre-compiled binary versions are provided for various operating
systems. While R has a command line interface, there are several graphical
front-ends available."

#위의 예시 텍스트를 문장단위로 주석(annotation) 처리
R.wiki.sent <- annotate(R.wiki,Maxent_Sent_Token_Annotator())
R.wiki.sent
#위의 문장단위로 주석처리된 것에 추가적으로 단어단위로 주석처리
R.wiki.word <- annotate(R.wiki,Maxent_Word_Token_Annotator(),
                R.wiki.sent)
R.wiki.word
```

R을 이용한 웹 크롤링과 텍스트 분석

```
> #예시로 R을 소개하는 위키피디아 두 문단의 텍스트에 대해 POS분석을 실시하자
> R.wiki <- "R is a programming language and software environment for statistical computing and graphics supported
  by the R Foundation for Statistical Computing. The R language is widely used among statisticians and data miners
  for developing statistical software and data analysis. Polls, surveys of data miners, and studies of scholarly li
  terature databases show that R's popularity has increased substantially in recent years.
+ R is a GNU package. The source code for the R software environment is written primarily in C, Fortran, and R. R
  is freely available under the GNU General Public License, and pre-compiled binary versions are provided for vario
  us operating systems. while R has a command line interface, there are several graphical front-ends available."
> #위의 예시 텍스트를 문장단위로 주석(annotation) 처리
> R.wiki.sent <- annotate(R.wiki,Maxent_Sent_Token_Annotator())
> R.wiki.sent
 id type     start end features
  1 sentence     1 148
  2 sentence   150 269
  3 sentence   271 416
  4 sentence   418 436
  5 sentence   438 663
  6 sentence   665 751
> #위의 문장단위로 주석처리된 것에 추가적으로 단어단위로 주석처리
> R.wiki.word <- annotate(R.wiki,Maxent_word_Token_Annotator(),
+                         R.wiki.sent)
> R.wiki.word
 id type     start end features
  1 sentence     1 148 constituents=<<integer,22>>
  2 sentence   150 269 constituents=<<integer,19>>
  3 sentence   271 416 constituents=<<integer,25>>
  4 sentence   418 436 constituents=<<integer,6>>
  5 sentence   438 663 constituents=<<integer,40>>
  6 sentence   665 751 constituents=<<integer,15>>
  7 word         1   1
  8 word         3   4
  9 word         6   6
 10 word         8  18
 11 word        20  27
 12 word        29  31
 13 word        33  40
 14 word        42  52
```
입력후 실행 결과

#각 단어별 품사분석을 실시(POS-tagging)

POStag <- annotate(R.wiki,Maxent_POS_Tag_Annotator(),R.wiki.word)

POStag

```
> #각 단어별 품사분석을 실시(POS-tagging)
> POStag <- annotate(R.wiki,Maxent_POS_Tag_Annotator(),R.wiki.word)
> POStag
 id type     start end features
  1 sentence     1 148 constituents=<<integer,22>>
  2 sentence   150 269 constituents=<<integer,19>>
  3 sentence   271 416 constituents=<<integer,25>>
  4 sentence   418 436 constituents=<<integer,6>>
  5 sentence   438 663 constituents=<<integer,40>>
  6 sentence   665 751 constituents=<<integer,15>>
  7 word         1   1 POS=NN
  8 word         3   4 POS=VBZ
  9 word         6   6 POS=DT
 10 word         8  18 POS=NN
 11 word        20  27 POS=NN
 12 word        29  31 POS=CC
 13 word        33  40 POS=NN
 14 word        42  52 POS=NN
 15 word        54  56 POS=IN
 16 word        58  68 POS=JJ
 17 word        70  78 POS=NN
 18 word        80  82 POS=CC
 19 word        84  91 POS=NNS
 20 word        93 101 POS=VBN
 21 word       103 104 POS=IN
 22 word       106 108 POS=DT
 23 word       110 110 POS=NN
 24 word       112 121 POS=NNP
 25 word       123 125 POS=IN
 26 word       127 137 POS=NNP
 27 word       139 147 POS=NNP
 28 word       148 148 POS=.
```
입력후 실행 결과

```
#여기서 POS-tagging 된 단어의 갯수를 구해보자.
word.start <- 1 + length(R.wiki.sent)
word.end <- length(R.wiki.word)
all.POS.tagged <- unlist(POStag$features[word.start:word.end])
all.POS.tagged


#POS분석된 단어
table(all.POS.tagged)
sum(table(all.POS.tagged))
#문장기호는 몇 개가 사용되었나?
my.PUNCT <- str_detect('[[:punct:]]',all.POS.tagged)
sum(my.PUNCT)
#여기서 NN이라고 표지된 단어의 개수를 구해보자.
my.NN <- str_detect("NN",all.POS.tagged)
sum(my.NN)
```

```
> #여기서 POS-tagging 된 단어의 갯수를 구해보자.
> word.start <- 1 + length(R.wiki.sent)
> word.end <- length(R.wiki.word)
> all.POS.tagged <- unlist(POStag$features[word.start:word.end])
> all.POS.tagged
   POS    POS    POS    POS    POS    POS    POS    POS    POS    POS    POS    POS    POS    POS    POS    POS    POS    POS
  "NN"  "VBZ"   "DT"   "NN"   "NN"   "CC"   "NN"   "NN"   "IN"   "JJ"   "NN"   "CC"  "NNS"  "VBN"   "IN"   "DT"   "NN"  "NNP"
   POS    POS    POS    POS    POS    POS    POS    POS    POS    POS    POS    POS    POS    POS    POS    POS    POS    POS
  "IN"  "NNP"  "NNP"    "."   "DT"   "NN"   "NN"  "VBZ"   "RB"  "VBN"   "IN"  "NNS"   "CC"  "NNS"  "NNS"   "IN"  "VBG"   "JJ"
   POS    POS    POS    POS    POS    POS    POS    POS    POS    POS    POS    POS    POS    POS    POS    POS    POS    POS
  "NN"   "CC"  "NNS"   "NN"    "."  "NNS"    ","  "NNS"   "IN"  "NNS"  "NNS"    ","   "CC"  "NNS"   "IN"   "JJ"   "NN"  "NNS"
   POS    POS    POS    POS    POS    POS    POS    POS    POS    POS    POS    POS    POS    POS    POS    POS    POS    POS
  "VBP"   "IN"   "NN"  "POS"   "NN"  "VBZ"  "VBN"   "RB"   "IN"   "JJ"  "NNS"    "."   "NN"  "VBZ"   "DT"  "NNP"   "NN"    "."
   POS    POS    POS    POS    POS    POS    POS    POS    POS    POS    POS    POS    POS    POS    POS    POS    POS    POS
  "DT"   "NN"   "NN"   "IN"   "DT"   "NN"   "NN"   "NN"  "VBZ"  "VBN"   "RB"   "IN"  "NNP"    ","  "NNP"    ","   "CC"  "NNP"
   POS    POS    POS    POS    POS    POS    POS    POS    POS    POS    POS    POS    POS    POS    POS    POS    POS    POS
  "NN"  "VBZ"   "RB"   "JJ"   "IN"   "DT"  "NNP"  "NNP"  "NNP"  "NNP"    ","   "CC"   "JJ"   "JJ"  "NNS"  "VBP"  "VBN"   "IN"
   POS    POS    POS    POS    POS    POS    POS    POS    POS    POS    POS    POS    POS    POS    POS    POS    POS    POS
  "JJ"  "VBG"  "NNS"    "."   "IN"   "NN"  "VBZ"   "DT"   "NN"   "NN"   "NN"    ","   "EX"  "VBP"   "JJ"   "JJ"  "NNS"   "JJ"
   POS
   "."
> #POS분석된 단어
> table(all.POS.tagged)
all.POS.tagged
  ,   .  CC  DT  EX  IN  JJ  NN NNP NNS POS  RB VBG VBN VBP VBZ
  6   6   7   8   1  14  11  14  11  26  11  15   1   4   2   5   3   7
> sum(table(all.POS.tagged))
[1] 127
> #문장기호는 몇 개가 사용되었나?
> my.PUNCT <- str_detect('[[:punct:]]',all.POS.tagged)
> sum(my.PUNCT)
[1] 6
> #여기서 NN이라고 표지된 단어의 개수를 구해보자.
> my.NN <- str_detect("NN",all.POS.tagged)
> sum(my.NN)
[1] 32
```

입력후 실행 결과

#다음과 같이 표현하면 NN, NNS, NNP, NNPS로 표지된 단어 개수를 구할 수 있다.

my.NN <- str_detect("NN{1,}",all.POS.tagged)

sum(my.NN)

#한국어 텍스트의 POS분석

#다른 라이브러리에 앞서 KoNLP 라이브러리를 먼저 실행할 것!

library ('KoNLP')

library ('tm')

library ('stringr')

#말뭉치 텍스트 데이터를 불러오기

my.text.location <- "C:/sample/feb"

mypaper <- VCorpus(DirSource(my.text.location))

mytext <- mypaper[[19]]$content

mytext

#품사구분 9개

mypaper19.pos09 <- SimplePos09(mytext)

mypaper19.pos09

```
> #말뭉치 텍스트 데이터를 불러오기
> my.text.location <- "C:/sample/feb"
> mypaper  <- VCorpus(DirSource(my.text.location))
> mytext <- mypaper[[19]]$content
> mytext
[1] "6대륙 위험 최고 격상 앵커 세계 각국 코로나19 확산세 이탈리아 확진자 9백 이란 6백 육박 유럽 중동 확산세 남미 6
대륙 세계보건기구 코로나19 글로벌 위험도 최고 단계 특파원 파리 양민효 보도 리포트 현지 시각 기준 이탈리아 확진자 888
명 2백 사망자 21명 확진자 북부 지역 휴교령 일주일 연장 마스크 부족 이탈리아 정부 유럽연합 긴급 물량 요청 안드레 보렐
리 이탈리아 시민보호청장 확진자 절반 중상 입원 격리 조치 북국 아이슬란드 중남미 멕시코 확진자 이탈리아 중동 이란 거점
확진자 6백 아프리카 나이지리아 발병국 세계 개국 감염자 세계 보건 기구 코로나19 글로벌 위험도 최고 단계 격상 마이클
라이언 긴급대응팀장 위험 최고 상황 지구상 정부 현실 경고 준비 바이러스 대비 지구촌 대륙 바이러스 상륙 상황 전염 사실
세계 대응 강조 코르 글로벌 위험도 최고 수위 경중 팬데믹 한국 각국 팬데믹 대비 방역 조치"
>
> #품사구분 9개
> mypaper19.pos09 <- SimplePos09(mytext)
> mypaper19.pos09
$`6대륙`
[1] "6대륙/N"

$위험
[1] "위험/N"
```

입력후 실행 결과

```
#품사구분 22개
mypaper19.pos22 <- SimplePos22(mytext)
mypaper19.pos22
```

```
> #품사구분 22개
> mypaper19.pos22 <- SimplePos22(mytext)
> mypaper19.pos22
$`6대륙`
[1] "6대륙/NC"

$위험
[1] "위험/NC"

$최고
[1] "최고/NC"

$격상
[1] "격상/NC"

$앵커
[1] "앵커/NC"

$세계
[1] "세계/NC"

$각국
[1] "각국/NC"

$코로나19
[1] "코로나19/NC"
```

입력후 실행 결과

```
#아래와 같은 방식을 사용해 22개 품사구분에서 보통명사(NC)만 추출하자.
mypaper19.pos22.pp <- mypaper19.pos22
mytextlength <- length(mypaper19.pos22)
for (i in 1:mytextlength) {
  mylocation <- regexpr(pattern ='/NC+',mypaper19.pos22[i])
  mypaper19.pos22.pp[i] <- substr(mypaper19.pos22[i], 1, mylocation[[1]][1]-1)
  mypaper19.pos22.pp[i] <-
gsub("[[:alnum:]]/[[:upper:]]{1,}\\+","",mypaper19.pos22.pp[i])
}
mypaper19.pos22.pp
```

```
> #아래와 같은 방식을 사용해 22개 품사구분에서 보통명사(NC)만 추출하자.
> mypaper19.pos22.pp <- mypaper19.pos22
> mytextlength <- length(mypaper19.pos22)
> for (i in 1:mytextlength) {
+   mylocation <- regexpr(pattern ='/NC+',mypaper19.pos22[i])
+   mypaper19.pos22.pp[i] <- substr(mypaper19.pos22[i], 1, mylocation[[1]][1]-1)
+   mypaper19.pos22.pp[i] <- gsub("[[:alnum:]]/[[:upper:]]{1,}\\+","",mypaper19.pos22.pp[i])
+ }
> mypaper19.pos22.pp
$`6대륙`
[1] "6대륙"

$위험
[1] "위험"

$최고
[1] "최고"

$격상
[1] "격상"

$앵커
[1] "앵커"
```

입력후 실행 결과

mypaper19.pos22.pp <- unlist(mypaper19.pos22.pp)

mypaper19.pos22.pp <- mypaper19.pos22.pp[nchar(mypaper19.pos22.pp)>0]

mypaper19.pos22.pp

```
> mypaper19.pos22.pp <- unlist(mypaper19.pos22.pp)
> mypaper19.pos22.pp <- mypaper19.pos22.pp[nchar(mypaper19.pos22.pp)>0]
> mypaper19.pos22.pp
      6대륙          위험          최고          격상          앵커          세계
     "6대륙"        "위험"        "최고"        "격상"        "앵커"        "세계"
       각국        코로나19        확산세        이탈리아        확진자          육박
      "각국"      "코로나19"      "확산세"      "이탈리아"      "확진자"        "육박"
       유럽          중동          확산세          남미          6대륙      세계보건기구
      "유럽"        "중동"        "확산세"        "남미"        "6대륙"    "세계보건기구"
    코로나19        글로벌        위험도          최고          단계          특파원
   "코로나19"      "글로벌"        "위험"        "최고"        "단계"        "특파원"
       파리          양민효          보도          리포트          현지          시각
      "파리"        "양민효"        "보도"        "리포트"        "현지"        "시각"
       기준        이탈리아        확진자        사망자        확진자          북부
      "기준"      "이탈리아"      "확진자"        "사망자"      "확진자"        "북부"
       지역        휴교령          연장          마스크          부족        이탈리아
      "지역"        "휴교령"        "연장"        "마스크"        "부족"      "이탈리아"
       정부        유럽연합          긴급          물량          요청          안드레
      "정부"      "유럽연합"        "긴급"        "물량"        "요청"        "안드레"
      보첼리        이탈리아    시민보호청장        확진자          절반          중상
     "보첼리"      "이탈리아"    "시민보호청장"      "확진자"        "절반"        "중상"
```

입력후 실행 결과

sum(table(mypaper19.pos22.pp))

```
#위의 과정을 개인맞춤형 함수로 설정하자.
my.NC.func <- function(mytext) {
  myobject <- SimplePos22(mytext)
  new.myobject <- mytext
  mytextlength <- length(myobject)
  mylocation <- regexpr(pattern ='/NC+',myobject)
  for (i in 1:mytextlength) {
    mylocation <- regexpr(pattern ='/NC+',myobject[i])
    new.myobject[i] <- substr(myobject[i], 1, mylocation[[1]][1]-1)
    new.myobject[i] <- gsub("[[:alnum:]]/[[:upper:]]{1,}\\+","",new.myobject[i])
  }
  new.myobject <- unlist(new.myobject)
  new.myobject <- new.myobject[nchar(new.myobject)>0]
  new.myobject
}

my.NC.func(mypaper[[1]]$content)
```

```
> #위의 과정을 개인맞춤형 함수로 설정하자.
> my.NC.func <- function(mytext) {
+   myobject <- SimplePos22(mytext)
+   new.myobject <- mytext
+   mytextlength <- length(myobject)
+   mylocation <- regexpr(pattern ='/NC+',myobject)
+   for (i in 1:mytextlength) {
+     mylocation <- regexpr(pattern ='/NC+',myobject[i])
+     new.myobject[i] <- substr(myobject[i], 1, mylocation[[1]][1]-1)
+     new.myobject[i] <- gsub("[[:alnum:]]/[[:upper:]]{1,}\\+","",new.myobject[i])
+   }
+   new.myobject <- unlist(new.myobject)
+   new.myobject <- new.myobject[nchar(new.myobject)>0]
+   new.myobject
+ }
>
> my.NC.func(mypaper[[1]]$content)
 [1] "방식"       "마스크"           "공급"         "정부"
 [5] "마스크"     "공급"             "방식"         "국민들"
 [9] "틈만"       "주말"             "공급"         "마트"
[13] "약국"       "마스크"           "구경"         "중앙재난안전대책본부"
[17] "본부장"     "정세균"           "국무총리"     "식품의약안전처"
[21] "마스크"     "생산"             "공적"         "유통경로"
[25] "순차적"     "공급"             "현실"         "정부"
[29] "농림"       "농협하나로마트"   "전국"         "서울"
[33] "경기"       "제외"             "마스크"       "공급"
[37] "김현수"     "장관"             "현장"         "정부"
```

입력후 실행 결과

```
sum(table(my.NC.func(mypaper[[1]]$content)))
```

```
#전체 기사에 대해서 적용해 보자.
size.noun <- rep(NA,19)
for (j in 1:19){
  size.noun[j] <- sum(table(my.NC.func(mypaper[[j]]$content)))
}
size.noun
```

※ (동시)출현 단어 분석이란?

단어들 사이의 의미상의 관계성을 파악하기 위해 일정한 문맥 내에서 두 단어가 동시출현하는 빈도를 구한 후, 다양한 통계적 방법을 활용하여 유의미한 단어쌍을 추출해 낼 수 있다.

```
#최고빈도의, 최저빈도의 보통명사 등장수를 갖는 뉴스 기사는?
size.noun <- data.frame(1:19,size.noun)
colnames(size.noun) <- c('abstract.no','no.noun')
size.noun[order(size.noun$no.noun),]
```

```
> size.noun <- rep(NA,19)
> for (j in 1:19){
+   size.noun[j] <- sum(table(my.NC.func(mypaper[[j]]$content)))
+ }
> size.noun
 [1] 157  72 178 127 156  58 137  67 148  48 182 119 109  91  89 103  10  78 115
>
>
> #최고빈도의, 최저빈도의 보통명사 등장수를 갖는 뉴스 기사는?
> size.noun <- data.frame(1:19,size.noun)
> colnames(size.noun) <- c('abstract.no','no.noun')
> size.noun[order(size.noun$no.noun),]
   abstract.no no.noun
17          17      10
10          10      48
6            6      58
8            8      67
2            2      72
18          18      78
15          15      89
14          14      91
16          16     103
13          13     109
19          19     115
12          12     119
4            4     127
7            7     137
9            9     148
5            5     156
1            1     157
3            3     178
11          11     182
> |
```

입력후 실행 결과

8.3 뉴스 데이터수집과 분석

R Script

#1. 텍스트 분석 예제를 위한 뉴스 데이터 수집하기#

###################################

#본 예제의 분석용으로, 한국언론재단의 뉴스아카이브 "빅카인즈"(Bigkinds)에서 #코로나19 바이러스 관련 뉴스 데이터를 수집하였다.

#분석 기간은 2020년 1월 1일부터 5월 31일까지 이다.

#뉴스 수집 검색어는 "코로나 19", "COVID 19", "corona", "우한폐렴" 등이다.

한국언론재단 뉴스 아카이브 '빅카인즈'의 코로나19 바이러스 관련 뉴스 검색결과

#수집된 뉴스 데이터들을 "데이터 다운로드"를 통해 엑셀파일로 저장한다.

데이터 다운로드를 통해 엑셀파일로 검색결과를 저장

#다음은 수집한 데이터를 분석하기 쉽게 전처리하는 코드이다.

```
library('rJava')
library('KoNLP')
library('tidytext')
library('dplyr')
library('wordcloud2')
library('readxl')
library('xlsx')
library('htmlwidgets')
#엑셀파일 불러오기
```

빅카인즈에서 수집한 뉴스를 엑셀파일로 저장한 모습

news <- read_excel('C:/sample/저장한엑셀파일이름.xlsx',

            sheet = "sheet",

            range = "B1:O8815",

            col_names = TRUE,

            col_types = 'guess',

            na = "NA")

#sheet : 시트 이름 / range : 가져올 데이터의 엑셀 범주

#수집된 news 변수에 있는 뉴스데이터중 필요한 셀만 기간별로 분류해 넣기

news0<-news[c('일자','언론사', '제목', '키워드')]

news0

```
> news <- read_excel('C:/sample/저장한엑셀파일이름.xlsx',
+                     sheet = "sheet",
+                     range = "B1:O8815",
+                     col_names = TRUE,
+                     col_types = 'guess',
+                     na = "NA")
> news0<-news[c('일자','언론사', '제목', '키워드')]
> news0
# A tibble: 8,814 x 4
    일자    언론사   제목                              키워드
   <chr>    <chr>    <chr>                             <chr>
 1 202001~ 경향신문~ 중 '우한 폐렴 확진' 62명 달해 '춘제 대이동~ 폐렴,확진,대이동,춘제,시
작,확산,하루,17명,해외,~
 2 202001~ 한겨레    중국 '우한 폐렴' 하루에 17명 확진 춘절 대이~ 중국,폐렴,하루,확진,춘절,대
이동,비상,우한,중국,후~
 3 202001~ 경향신문~ '중국 우한 폐렴' 국내 첫 발생, 위기경보 '주~ 중국,폐렴,발생,위기,경보,
주의,입국,중국,국적,여성~
 4 202001~ 경향신문~ [사설]'우한 폐렴' 환자 국내 확인, 확산 안되~ 폐렴,환자,확인,환자,확산,
방역,우한,중국,인천공항,~
```

입력후 실행결과

#기존 데이터에서 필요한 일자, 언론사, 제목, 키워드 열만 따로 분리했다.

```
#뉴스 데이터를 월별로 분리하기 위한 변수 만들기
news_jan<-data.frame()
news_feb<-data.frame()
news_mar<-data.frame()
news_apr<-data.frame()
news_may<-data.frame()

#날짜별로 뉴스 데이터를 분류하기
for(i in 1:8814){
  if(as.numeric(news[i, '일자']) >= 20200101 & 20200131 >= as.numeric(news[i,
'일자'])) {
    news_jan <-rbind(news_jan, news[i, c('일자', '언론사','제목','키워드')])
  }
  else if (as.numeric(news[i, '일자']) >= 20200201 & 20200231 >=
as.numeric(news[i, '일자'])) {
    news_feb <-rbind(news_feb, news[i, c('일자', '언론사','제목','키워드')])
  }
  else if (as.numeric(news[i, '일자']) >= 20200301 & 20200331 >=
as.numeric(news[i, '일자'])) {
    news_mar <-rbind(news_mar, news[i, c('일자', '언론사','제목','키워드')])
  }
  else if (as.numeric(news[i, '일자']) >= 20200401 & 20200430 >=
as.numeric(news[i, '일자'])) {
    news_apr <-rbind(news_apr, news[i, c('일자', '언론사','제목','키워드')])
  }
  else if (as.numeric(news[i, '일자']) >= 20200501 & 20200531 >=
as.numeric(news[i, '일자'])) {
    news_may <-rbind(news_may, news[i, c('일자', '언론사','제목','키워드')])
  }
}
#각 월별로 분류한 변수의 내용에서, 분석에 필요한 키워드 열만 분리한다.
news_jan_body<-news_jan[c('키워드')]
news_feb_body<-news_feb[c('키워드')]
```

```
news_mar_body<-news_mar[c('키워드')]
news_apr_body<-news_apr[c('키워드')]
news_may_body<-news_may[c('키워드')]
```

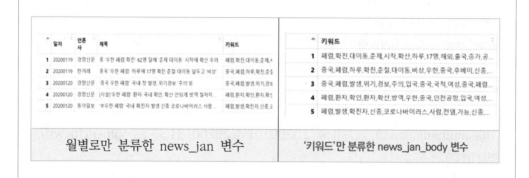

| | 월별로만 분류한 news_jan 변수 | '키워드'만 분류한 news_jan_body 변수 |

R을 이용한 웹 크롤링과 텍스트 분석

8.4 텍스트 분석 및
결과 제시

텍스트 분석결과는 분석 과정에서 얻어진 최종 키워드들에 대해서 '빈도', '분류', '클러스터링', 'LDA' 감정분석 등의 기법을 이용하여 유용한 정보를 도출해 내는 과정이다. '빈도'는 키워드가 무엇인지에 대한 정보를 도출해 내고, '분류'는 앞서 추출된 텍스트의 내용에 따라 문서들을 프레임또는 유형별 범주화 시켜주는 과정이다. 예를 들면 추출한 뉴스 텍스트가 문화, 스포츠, 정치, 사회 분야인지 등으로 분류하는 것이다. '클러스터링'은 문서에 포함되어 있는 추출된 단어들을 유사도에 따라 여러 K개의 텍스트 집단으로 군집화 시켜주는 과정이다. '분류링크'는 어떤 특정한 키워드를 중심으로 또 다른 키워드들 간의 관계를 파악하는 방법이다.

8.4.1 텍스트 분석과 기술통계

R Script

```
#R을 이용한 한국어 자연어처리
library('KoNLP')
library('tm')
library('stringr')


#다시 dtm을 만드는 과정 (이전에 시행한 실습예제와 동일)
mytextlocation <- "C:/sample/feb"
mypaper <- VCorpus(DirSource(mytextlocation))
mypaper
noun.mytext <- extractNoun(mytext)
noun.mytext
myNounFun <- function(mytext){
  myNounList <- paste(extractNoun(mytext),collapse=' ')
```

```
  myNounList
}
myNounCorpus <- mycorpus
for (i in 1:length(mycorpus)) {
  myNounCorpus[[i]]$content <- myNounFun(mycorpus[[i]]$content)
}
dtm.k <- DocumentTermMatrix(myNounCorpus)
dtm.k


word.freq <- apply(dtm.k[,],2,sum)
sort.word.freq <- sort(word.freq,decreasing=TRUE)
cumsum.word.freq <- cumsum(sort.word.freq)



#다음과 같이 하면 전체합이 1이 되는 비율을 계산할 수 있다.
prop.word.freq <-
cumsum.word.freq/cumsum.word.freq[length(cumsum.word.freq)]

#단어빈도에 대한 간단한 분석
plot(1:length(word.freq),prop.word.freq,type='l',
    xlab='단어의 발현빈도',ylab='누적비율',
    main="",axes=FALSE)
axis(1,at=round(24.3*(0:10)),labels=paste(10*(0:10),"%",sep=""))
axis(2,at=0.20*(0:5),labels=paste(20*(0:5),"%",sep=""))
for (i in 1:9) {
  text(2.43*10*i,0.05+prop.word.freq[2.43*10*i],
      labels=paste(round(100*prop.word.freq[2.43*10*i]),"%",sep=""))
  points(2.43*10*i,prop.word.freq[2.43*10*i],pch=19)
}
```

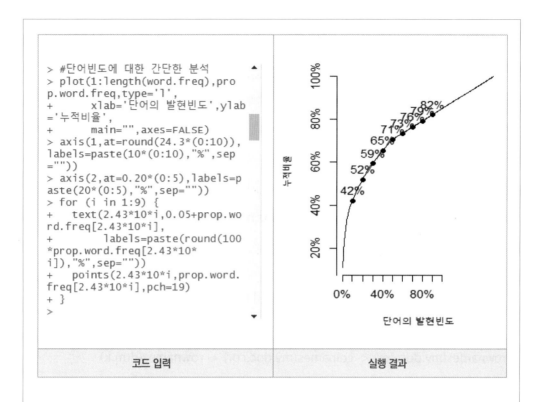

| 코드 입력 | 실행 결과 |

```
pal <- brewer.pal(4, "Dark2")
wordcloud(names(word.freq),freq=word.freq,scale=c(4,0.05),
      rot.per=0.0,min.freq=5,random.order=FALSE,col=pal)
```

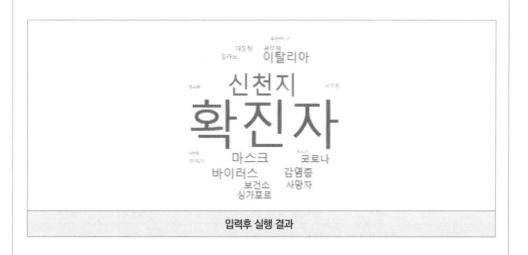

입력후 실행 결과

```
#코로나 뉴스 기사들에 대해 문서간 유사도를 계산해보자.

my.assoc.func <- function(mydtm,term1,term2){
  myvar1 <- as.vector(mydtm[,term1])
  myvar2 <- as.vector(mydtm[,term2])
  cor.test(myvar1,myvar2)
}

length.doc <- length(rownames(dtm.k))
my.doc.cor <- matrix(NA,nrow=length.doc,ncol=length.doc)
for (i in 1:length.doc) {
 for (j in 1:length.doc) {
   my.doc.cor[i,j] <-
my.assoc.func(t(dtm.k),rownames(dtm.k)[i],rownames(dtm.k)[j])$est
 }
}
rownames(my.doc.cor) <- colnames(my.doc.cor) <- rownames(dtm.k)

#상관계수의 히스토그램은 다음과 같다.
hist(my.doc.cor[lower.tri(my.doc.cor)],breaks=30,
    col='lightblue',xlim=c(-0.1,0.6),xlab="상관계수",
    main="코로나 뉴스기사들 사이의 상관계수 분포")
```

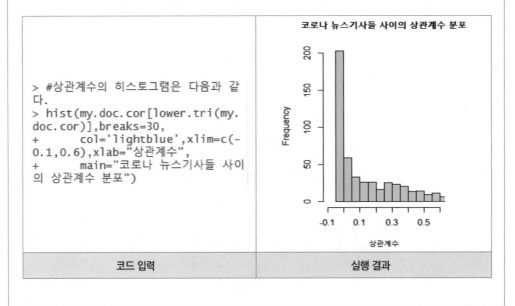

| 코드 입력 | 실행 결과 |

340   R을 이용한 웹 크롤링과 텍스트 분석

# 가장 마지막 기사와 다른 문서들간 맺고 있는 상관관계를 살펴보자.
round(my.doc.cor[,nrow(my.doc.cor)],2)
summary(my.doc.cor[lower.tri(my.doc.cor)])

```
> # 가장 마지막 기사와 다른 문서들간 맺고 있는 상관관계를 살펴보자.
> round(my.doc.cor[,nrow(my.doc.cor)],2)
 feb(1).txt feb(10).txt feb(11).txt feb(12).txt feb(13).txt feb(14).txt feb(15).txt
      -0.02        0.26        0.06        0.03        0.11        0.02        0.25
feb(16).txt feb(17).txt feb(18).txt feb(19).txt  feb(2).txt feb(20).txt feb(21).txt
       0.13       -0.02        0.15       -0.03        0.30       -0.02        0.07
feb(22).txt feb(23).txt feb(24).txt feb(25).txt feb(26).txt feb(27).txt feb(28).txt
       0.00        0.15        0.20       -0.02        0.18        0.17        0.08
feb(29).txt  feb(3).txt feb(30).txt feb(31).txt feb(32).txt  feb(4).txt  feb(5).txt
       0.17        0.30       -0.03        0.05        0.10        0.23        0.18
 feb(6).txt  feb(7).txt  feb(8).txt  feb(9).txt
       0.05        0.17       -0.02        1.00
> summary(my.doc.cor[lower.tri(my.doc.cor)])
    Min.  1st Qu.   Median     Mean  3rd Qu.     Max.
-0.04868 -0.02468  0.03672  0.13625  0.26481  0.94589
>
```

입력후 실행 결과

#군집의 개수를 컴퓨터에 맡긴뒤 임의로 분석을 실시하면 다음과 같다.
dist.dtm.k <- dist(dtm.k)
myclusters <- hclust(dist.dtm.k,method="ward.D2")
#군집분석결과를 그래프로 그리면 아래와 같다.
plot(myclusters)

```
> #군집의 개수를 컴퓨터에 맡긴뒤 임의로 분석을 실시하면 다음과 같다.
> dist.dtm.k <- dist(dtm.k)
> myclusters <- hclust(dist.dtm.k,method="ward.D2")
> #군집분석결과를 그래프로 그리면 아래와 같다.
> plot(myclusters)
```

코드 입력

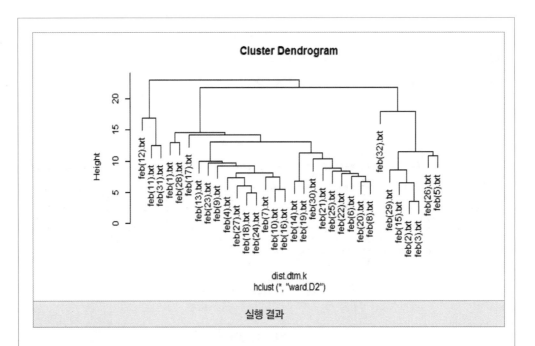

```
library('dendextend')
#문서들을 군집화 할시, 합리적인 개수로 군집화하는 것은 쉽지 않다.
#여기서는 8개로 군집을 분류한다.
mygroup <- cutree(myclusters,k=5)
table(mygroup)
mygroup <- cutree(myclusters,k=8)
table(mygroup)
mygroup <- cutree(myclusters,k=10)
table(mygroup)

dend <- as.dendrogram(myclusters)
myk <- 8
dend <- dend %>%
  color_branches(k = myk) %>%
  color_labels(dend, k=myk) %>%
  set("branches_lwd", 2) %>%
  set("branches_lty", 1)
plot(dend,main="Clustering documents",ylab="Height",
    ylim=c(0,25))
```

```
> library('dendextend')
> #문서들을 군집화 할시, 합리적인 개수로 군집화하는 것은 쉽지 않다.
> #여기서는 8개로 군집을 분류한다.
> mygroup <- cutree(myclusters,k=5)
> table(mygroup)
mygroup
 1  2  3  4  5
22  2  1  6  1
> mygroup <- cutree(myclusters,k=8)
> table(mygroup)
mygroup
 1  2  3  4  5  6  7  8
 2 10  2  1  9  6  1  1
> mygroup <- cutree(myclusters,k=10)
> table(mygroup)
mygroup
 1  2  3  4  5  6  7  8  9 10
 1 10  1  1  9  6  1  1  1  1
>
> dend <- as.dendrogram(myclusters)
> myk <- 8
> dend <- dend %>%
+    color_branches(k = myk) %>%
+    color_labels(dend, k=myk) %>%
+    set("branches_lwd", 2) %>%
+    set("branches_lty", 1)
> plot(dend,main="Clustering documents",ylab="Height",
+       ylim=c(0,25))
> |
```

코드 입력

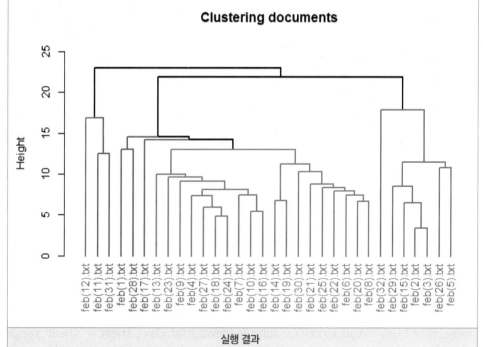

실행 결과

#추가예제 – 단어빈도와 Tf-Idf 분석

#본 예제에서는 코로나 관련 뉴스기사를 수집해 본문을 대상으로 추출한 키워드를 예제 데이터로 활용하였다. (제공되는 sample 압축파일을 사용)

#예제에 필요한 라이브러리 설치
library('rJava')
library('KoNLP')
library('tidytext')
library('dplyr')
library('wordcloud2')
library('readxl')
library('xlsx')
library('htmlwidgets')

	키 워 드 ▾	
2	류허,6%,성장,워싱턴,AFP,뉴스1,우동명,도널드,트럼프,미국,대통령,15일,현지시간,워싱턴,백악관,서명,무역,합의안
3	폐렴,확진,대이동,춘제,시작,확산,하루,17명,해외,출국,증가,공항들,비상,중국,후베이,湖北,우한,武漢,신종,코로,바이
4	중국,폐렴,하루,확진,춘절,대이동,비상,우한,중국,후베이,신종,코로,바이러스,감염,폐렴,환자,하루,17명,이외,중국,
5	폐렴환자,급증,미스터리,홍콩,AP,뉴시스,4일,현지시간,홍콩,홍콩,국제공항,입국장,보건,관계자,입국,승객,중국중앙
6	중국,폐렴,발생,위기,경보,주의,입국,중국,국적,여성,중국,폐렴,확진자,발생,보건당국,수준,감염병,위기,경보,관심,
7	신종,코로,발원지,바이러스,폐렴,중국,위치,중부,지역,교통,중심지,신해혁명,장소,인천공항,뉴시스,고범준,중국,폐
8	인천,신종,폐렴,발생,확진자,보건당국,가동,시간,대책,신종,코로나바이러스,우한,武漢,폐렴,확진자,확인,확진,환자
9	코로,바이러스,폐렴,확산,중국,동아시아,코로나바이러스,중국발,신종,폐렴,일명,폐렴,중국,확산세,폐렴,후베이성,
10	폐렴,환자,확인,환자,확산,방역,우한,중국,인천공항,입국,여성,중국,국적,폐렴,감염,질병관리본부,공식,한국,폐렴,
11	코로나,환자,200명,정보,공개,미적,앵커,시작,중국,우한,환자,9일,확진,환자,한동안,주말,19일,17명,136명,추가,수도,
12	코로나,확진,감염경보,주의,상향,중국,국적,여성,입국,고열,근육통,증상,앵커,중국,우한,시작,신종,코로나바이러스
13	폐렴,신종,바이러스,감염,확진,확인,위기단계,관심,주의,앵커,중국,폐렴,확진자,확인,입국,중국,국적,여성,격리,치
14	폐렴,발생,확진자,신종,코로나바이러스,사람,전염,가능,신종,코로,바이러스,사람,전염,가능,확진자,비행기,180여,
15	중국,폐렴,확진자,발생,위기단계,관심,주의,앵커,중국,폐렴,확진자,발생,입국,중국,국적,여성,격리,치료,경보,감염

예제 데이터 구성

# 제공되는 sample 압축파일을 아래의 경로와 같이 위치시킨 후, 분석을 실시할 수 있도록 한다.
# 파일 불러오기
news_jan_body<-read_excel('C:/sample/news_jan.xlsx', sheet = "sheet",range = "A1:A20", col_names = TRUE, col_types = 'guess', na = "NA")
news_feb_body<-read_excel('C:/sample/news_feb.xlsx', sheet = "sheet",range = "A1:A20", col_names = TRUE, col_types = 'guess', na = "NA")
news_mar_body<-read_excel('C:/sample/news_mar.xlsx', sheet = "sheet",range = "A1:A20", col_names = TRUE, col_types = 'guess', na = "NA")

```
> #파일 불러오기
>
> news_jan_body<-read_excel('C:/sample/news_jan.xlsx', sheet = "sheet",range = "A1:A20", col_names = TRU
E, col_types = 'guess', na = "NA")
> news_feb_body<-read_excel('C:/sample/news_feb.xlsx', sheet = "sheet",range = "A1:A20", col_names = TRU
E, col_types = 'guess', na = "NA")
> news_mar_body<-read_excel('C:/sample/news_mar.xlsx', sheet = "sheet",range = "A1:A20", col_names = TRU
E, col_types = 'guess', na = "NA")
>
> #키워드파일의  텍스트 대상 전처리 하기 (쉼표를 제거)
> news_jan_body2<-mutate(news_jan_body, 키워드 = gsub(",", " ", 키워드))
> news_feb_body2<-mutate(news_feb_body, 키워드 = gsub(",", " ", 키워드))
> news_mar_body2<-mutate(news_mar_body, 키워드 = gsub(",", " ", 키워드))
```

입력후 실행 결과

#키워드파일의 텍스트 대상 전처리 하기 (쉼표를 제거)

news_jan_body2<-mutate(news_jan_body, 키워드 = gsub(",", " ", 키워드))

news_feb_body2<-mutate(news_feb_body, 키워드 = gsub(",", " ", 키워드))

news_mar_body2<-mutate(news_mar_body, 키워드 = gsub(",", " ", 키워드))

#월별 뉴스 키워드 데이터 대상으로 **tf-idf** 분석하기.

여기부터 파이프 연산자를 활용한다.

news_jan_body2 %>%

 # 각 뉴스 본문에 **id**값을 순서대로 붙임.

 mutate(id=as.numeric(1:n())) %>%

 # id가 붙은 각 뉴스 본문별로 형태소분석을 해줌.

 unnest_tokens(ndone, 키워드, token = SimplePos22) %>%

 # id와 형태소분석된 ndone열을 선택.

 select(id, ndone) %>%

 # 명사만 추출.

 filter(grepl("/n", ndone)) %>%

 # filter(grepl("/n|/v(V|a)", ndone)) %>%

 # 뒤에 붙은 형태소기호 제거.

 mutate(ndone= gsub("/.*$","",ndone)) %>%

 # 뒤에 붙은 불용어 제거.

 mutate(ndone= gsub("[~!@#$%&*()_+=?<>]","",ndone)) %>%

 # 한글자 이하 의미를 알수없는 용어 제거.

```
  filter(nchar(ndone)> 1) %>%
  # id 별로 그룹화
  group_by(id) %>%
  # 그리고 남은 ndone(뉴스별 형태소분석을 끝낸 열)의 개수를 세서,
  count(ndone) ->
  ## 이 모든 작업을 tfidf_jan 이라는 변수에 저장한다.
  tfidf_jan
#################
# 이렇게 하면 본문의 내용은 id라는 동일한 값으로 교체되며, 명사만 남게된다.
# 또한, 불용어, 1글자짜리가 제거된 형태소 분석이 된다.
#################
# 다시 파이프연산자 활용. 이번에는 tfidf_jan을 대상으로 한다.
tfidf_jan %>%
  #bind_tf_idf 함수를 활용. tf, idf, tf-idf를 각각 계산한다.
  bind_tf_idf(ndone, id, n) %>%
  #계산 결과를 대상으로, tf-idf값을 기준으로 내림차순 정렬
  arrange(desc(tf_idf)) ->
  #이 모든 작업을 tfidf_jan 이라는 변수에 저장(덮어쓰기)한다.
  tfidf_jan
tfidf_jan


#분석결과를 엑셀로 저장한다.
#저장에 용이하기 위하여, 분석결과 구성 인코딩을 cp949로 맞춘다.
tfidf_jan<-as.matrix(tfidf_jan, encoding='cp949')
write.xlsx(tfidf_jan, "C:/sample/output/news_jan_tfidf.xlsx")
```

#2월달 뉴스 키워드 대상으로도 동일하게 실시한다.

여기부터 파이프 연산자를 활용한다. news_jan_body2를 대상으로 하여 ~ 라는 뜻이다.

```
news_feb_body2 %>%
  # 각 뉴스 본문에 id값을 순서대로 붙임.
  mutate(id=as.numeric(1:n())) %>%
  # id가 붙은 각 뉴스 본문별로 형태소분석을 해줌.
  unnest_tokens(ndone, 키워드, token = SimplePos22) %>%
  # id와 형태소분석된 ndone열을 선택.
  select(id, ndone) %>%
  # 명사만 추출.
  filter(grepl("/n", ndone)) %>%
  # filter(grepl("/n|/v(V|a)", ndone)) %>%
  # 뒤에 붙은 형태소기호 제거.
  mutate(ndone= gsub("/.*$","",ndone)) %>%
  # 뒤에 붙은 불용어 제거.
  mutate(ndone= gsub("[~!@#$%&*()_+=?<>]","",ndone)) %>%
  # 한글자 이하 의미를 알수없는 용어 제거.
  filter(nchar(ndone)> 1) %>%
  # id 별로 그룹화
  group_by(id) %>%
  # 그리고 남은 ndone(뉴스별 형태소분석을 끝낸 열)의 개수를 세서,
  count(ndone) ->
```

이 모든 작업을 **tfidf_feb** 이라는 변수에 저장한다.

　tfidf_feb

#################

\# 이렇게 하면 본문의 내용은 **id**라는 동일한 값으로 교체되며, 명사만 남게된다.

\# 또한, 불용어, 1글자짜리가 제거된 형태소 분석이 된다.

################

\# 다시 파이프연산자 활용. 이번에는 **tfidf_feb**을 대상으로 한다.

tfidf_feb %>%

　#bind_tf_idf 함수를 활용. tf, idf, tf-idf를 각각 계산한다.

　bind_tf_idf(ndone, id, n) %>%

　#계산 결과를 대상으로, **tf-idf**값을 기준으로 내림차순 정렬

　arrange(desc(tf_idf)) ->

　#이 모든 작업을 **tfidf_jan** 이라는 변수에 저장(덮어쓰기)한다.

　tfidf_feb

tfidf_feb

#분석결과를 엑셀로 저장한다.

#저장에 용이하기 위하여, 분석결과 구성 인코딩을 cp949로 맞춘다.

tfidf_feb<-as.matrix(tfidf_feb, encoding='cp949')

write.xlsx(as.matrix(tfidf_feb), "C:/sample/output/news_feb_tfidf.xlsx")

	입력후 실행 결과		분석결과 엑셀 데이터 저장

입력후 실행 결과 테이블:

```
+  #이 모든 작업을 tfidf_jan 이라는 변수에 저장(덮어쓰기)한다.
+  tfidf_feb
> tfidf_feb
# A tibble: 1,495 x 6
# Groups:   id [19]
   id ndone       n    tf   idf tf_idf
 <dbl> <chr>   <int> <dbl> <dbl>  <dbl>
1    12 싱가포르   12 0.0936  2.94  0.276
2    14 대통령      6 0.109   2.25  0.246
3     9 미국        8 0.0792  2.94  0.233
4    11 외국       13 0.0738  2.94  0.217
5    14 뉴욕타임스  4 0.0722  2.94  0.214
6     8 개학       10 0.0813  2.25  0.183
7     5 중증       11 0.0618  2.94  0.182
8    18 시흥시      3 0.0612  2.94  0.180
9     9 주한미군    6 0.0590  2.94  0.175
10   19 대표        9 0.0517  2.94  0.152
# ... with 1,485 more rows
> #분석결과를 엑셀로 저장한다.
> #저장에 용이하기 위하여, 분석결과 구성 인코딩을 맞춘다.
> tfidf_feb<-as.matrix(tfidf_feb, encoding='cp949')
> write.xlsx(as.matrix(tfidf_feb), "C:/sample/output/news_feb_tfidf.xlsx")
```

분석결과 엑셀 데이터 저장:

	id	ndone	n	tf	idf	tf_idf
1	12	싱가포르	12	0.0937500	2.9444390	0.276041154
2	14	대통령	6	0.1090909	2.2512918	0.245595469
3	9	미군	8	0.0792079	2.9444390	0.233222889
4	11	외국	13	0.0738636	2.9444390	0.217486970
5	14	뉴욕타임	4	0.0727272	2.9444390	0.214141017
6	8	개학	10	0.0813008	2.2512918	0.183031854
7	5	중증	11	0.0617977	2.9444390	0.181959712
8	18	시흥시	3	0.0612244	2.9444390	0.180271774
9	9	주한미군	6	0.0594059	2.9444390	0.174917167
10	19	대표	9	0.0517241	2.9444390	0.152298568
11	8	연기	8	0.0650406	2.2512918	0.146425483

#3월달 뉴스 키워드 대상으로도 동일하게 실시한다.

\# 여기부터 파이프 연산자를 활용한다. news_mar_body2를 대상으로 하여 ~ 라는 뜻이다.

news_mar_body2 %>%

```
# 각 뉴스 본문에 id값을 순서대로 붙임.
mutate(id=as.numeric(1:n())) %>%
# id가 붙은 각 뉴스 본문별로 형태소분석을 해줌.
unnest_tokens(ndone, 키워드, token = SimplePos22) %>%
# id와 형태소분석된 ndone열을 선택.
select(id, ndone) %>%
# 명사만 추출.
filter(grepl("/n", ndone)) %>%
# filter(grepl("/n|/v(V|a)", ndone)) %>%
# 뒤에 붙은 형태소기호 제거.
mutate(ndone= gsub("/.*$","",ndone)) %>%
# 뒤에 붙은 불용어 제거.
mutate(ndone= gsub("[~!@#$%&*()_+=?<>]","",ndone)) %>%
# 한글자 이하 의미를 알수없는 용어 제거.
filter(nchar(ndone)> 1) %>%
# id 별로 그룹화
group_by(id) %>%
# 그리고 남은 ndone(뉴스별 형태소분석을 끝낸 열)의 개수를 세서,
count(ndone) ->
## 이 모든 작업을 tfidf_mar 이라는 변수에 저장한다.
tfidf_mar
#################
# 이렇게 하면 본문의 내용은 id라는 동일한 값으로 교체되며, 명사만 남게된다.
# 또한, 불용어, 1글자짜리가 제거된 형태소 분석이 된다.
################
# 다시 파이프연산자 활용. 이번에는 tfidf_jan을 대상으로 한다.
tfidf_mar %>%
  #bind_tf_idf 함수를 활용. tf, idf, tf-idf를 각각 계산한다.
  bind_tf_idf(ndone, id, n) %>%
  #계산 결과를 대상으로, tf-idf값을 기준으로 내림차순 정렬
  arrange(desc(tf_idf)) ->
  #이 모든 작업을 tfidf_mar 이라는 변수에 저장(덮어쓰기)한다.
  tfidf_mar
```

tfidf_mar

#분석결과를 엑셀로 저장한다.

#저장에 용이하기 위하여, 분석결과 구성 인코딩을 cp949로 맞춘다.

tfidf_mar<-as.matrix(tfidf_mar, encoding='cp949')

write.xlsx(as.matrix(tfidf_mar), "C:/sample/output/news_mar_tfidf.xlsx")

	lid	ndone	n	tf	idf	tf_idf
1	18	입업	7	0.1296296	2.9444390	0.3816865343
2	18	장비	8	0.1481481	2.2512918	0.3335247109
3	18	산림 청	4	0.0740740	2.9444390	0.2181065910
4	7	박혜진	7	0.0578512	2.9444390	0.1703394451
5	18	기 계	4	0.0740740	2.2512918	0.1667623555
6	3	업 종	8	0.0522875	2.9444390	0.1539575937
7	6	빅히트	8	0.0500000	2.9444390	0.1472219490
8	7	리 그	6	0.0495867	2.9444390	0.1460052386
9	19	이 태원	15	0.0485436	2.9444390	0.1429339310
10	12	경 남	17	0.0476190	2.9444390	0.1402113800
11	9	광고	4	0.0470588	2.9444390	0.1385618343

입력후 실행 결과	분석결과 엑셀 데이터 저장

#빈도 기반 워드클라우드 분석하기

#토큰화 하기

news_jan_tm<-unnest_tokens(tbl= news_jan_body2, output = 토큰화, input = 키워드, token=SimplePos22)

#텍스트 전처리

news_jan_tm<-filter(news_jan_tm, grepl("/n", 토큰화))

news_jan_tm<-mutate(news_jan_tm, 토큰화 = gsub("/.*$", "", 토큰화))

news_jan_tm<-mutate(news_jan_tm, 토큰화 = gsub("[~!.@#$%&*()_+=?<>0-9]", "", 토큰화))

news_jan_tm<-news_jan_tm[c('토큰화')]

#전처리-토큰화된 1월달 뉴스 키워드를 대상으로 빈도 분석 실시

count_jan <- count(news_jan_tm, 토큰화, sort=T)

#분석결과를 엑셀파일로 저장한다.

write.xlsx(as.matrix(count_jan), "C:/sample/output/count_news_jan.xlsx")

#빈도를 기반으로 워드클라우드를 그린다.

wordcloud2(count_jan, size=1.5)

```
#워드클라우드를 html 파일로 저장한다.
saveWidget(wordcloud2(count_jan, size=3, minSize =
3),"c:/sample/output/word_jan.html",selfcontained = F)
```

분석결과 엑셀데이터 저장	빈도 기반 워드클라우드

```
#(2월달)빈도 기반 워드클라우드 분석하기
#토큰화 하기
news_feb_tm<-unnest_tokens(tbl= news_feb_body2, output = 토큰화, input =
키워드, token=SimplePos22)
#텍스트 전처리
news_feb_tm<-filter(news_feb_tm, grepl("/n", 토큰화))
news_feb_tm<-mutate(news_feb_tm, 토큰화 = gsub("/.*$", "", 토큰화))
news_feb_tm<-mutate(news_feb_tm, 토큰화 = gsub("[~!.@#$%&*()_+=?<>0-9]", "",
토큰화))
news_feb_tm<-news_feb_tm[c('토큰화')]
#전처리-토큰화된 1월달 뉴스 키워드를 대상으로 빈도 분석 실시
count_feb <- count(news_feb_tm, 토큰화, sort=T)
#분석결과를 엑셀파일로 저장한다.
write.xlsx(as.matrix(count_feb), "C:/sample/output/count_news_feb.xlsx")

#빈도를 기반으로 워드클라우드를 그린다.
wordcloud2(count_feb, size=1.5)
#워드클라우드를 html 파일로 저장한다.
saveWidget(wordcloud2(count_feb, size=3, minSize =
```

3),"c:/sample/output/word_feb.html",selfcontained = F)

분석결과 엑셀데이터 저장	빈도 기반 워드클라우드

#(3월달)빈도 기반 워드클라우드 분석하기

#토큰화 하기

news_mar_tm<-unnest_tokens(tbl= news_mar_body2, output = 토큰화, input = 키워드, token=SimplePos22)

#텍스트 전처리

news_mar_tm<-filter(news_mar_tm, grepl("/n", 토큰화))

news_mar_tm<-mutate(news_mar_tm, 토큰화 = gsub("/.*$", "", 토큰화))

news_mar_tm<-mutate(news_mar_tm, 토큰화 = gsub("[~!.@#$%&*()_+=?<>0-9]", "", 토큰화))

news_mar_tm<-news_mar_tm[c('토큰화')]

#전처리-토큰화된 1월달 뉴스 키워드를 대상으로 빈도 분석 실시

count_mar <- count(news_mar_tm, 토큰화, sort=T)

#분석결과를 엑셀파일로 저장한다.

write.xlsx(as.matrix(count_mar), "C:/sample/output/count_news_mar.xlsx")

#빈도를 기반으로 워드클라우드를 그린다.

wordcloud2(count_mar, size=1.5)

#워드클라우드를 html 파일로 저장한다.

saveWidget(wordcloud2(count_mar, size=3, minSize = 3),"c:/sample/output/word_mar.html",selfcontained = F)

분석결과 엑셀데이터 저장	빈도 기반 워드클라우드

8.4.2 토픽모델링

R Script

\# 토픽모델링

※ 토픽모델링이란?

구조화되지 않은 대량의 텍스트로부터 숨겨져 있는 주제 구조를 발견하고 카테고리화 하기 위한 통계적 추론 알고리즘으로, LDA(Latent Dirichlet Allocation) 모델이 주로 활용된다. 각각의 창발적인 (emergent) 주제를 각 행에 배열되는 단어들의 확률분포를 통해 표현한다.

```
library('rJava')
library('tm')
library('KoNLP')
library('tidytext')
library('dplyr')
library('wordcloud2')
library('readxl')
library('xlsx')
library('htmlwidgets')
```

```
library(topicmodels)
library(LDAvis)
library(ggplot2)
library(stringi)
library(stringr)
library(servr)
```
#앞의 예제와 마찬가지로 코로나 관련 예제 데이터를 분석에 활용한다.
#파일 불러오기
```
news_jan_body<-read_excel('C:/sample/news_jan.xlsx', sheet = "sheet",range =
"A1:A20", col_names = TRUE, col_types = 'guess', na = "NA")
news_feb_body<-read_excel('C:/sample/news_feb.xlsx', sheet = "sheet",range =
"A1:A20", col_names = TRUE, col_types = 'guess', na = "NA")
news_mar_body<-read_excel('C:/sample/news_mar.xlsx', sheet = "sheet",range
= "A1:A20", col_names = TRUE, col_types = 'guess', na = "NA")
```

코퍼스 만들기
코퍼스(말뭉치)는 텍스트 분석의 최소단위로, 형태소의 개발식 명칭이다.
```
news_jan_body_line<-as.matrix(news_jan_body)
news_jan_body_line<-gsub(",", " ", news_jan_body_line)
news_jan_corpus<-Corpus(VectorSource(news_jan_body_line))
news_feb_body_line<-as.matrix(news_feb_body)
news_feb_body_line<-gsub(",", " ", news_feb_body_line)
news_feb_corpus<-Corpus(VectorSource(news_feb_body_line))
news_mar_body_line<-as.matrix(news_mar_body)
news_mar_body_line<-gsub(",", " ", news_mar_body_line)
news_mar_corpus<-Corpus(VectorSource(news_mar_body_line))
```

코퍼스 기반으로 DTM(Document-Term-Matrix) 만든다. 이후 UTF-8로 인코딩.
```
news_jan_dtm2 <- DocumentTermMatrix(news_jan_corpus,
control=list(removePunctuation=TRUE, removeNumbers=TRUE,
wordLengths=c(4, 40), weighting=weightTf))
Encoding(news_jan_dtm2$dimnames$Terms) = 'UTF-8'
news_feb_dtm2 <- DocumentTermMatrix(news_feb_corpus,
```

```
control=list(removePunctuation=TRUE, removeNumbers=TRUE,
wordLengths=c(4, 40), weighting=weightTf))
Encoding(news_feb_dtm2$dimnames$Terms) = 'UTF-8'
news_mar_dtm2 <- DocumentTermMatrix(news_mar_corpus,
control=list(removePunctuation=TRUE, removeNumbers=TRUE,
wordLengths=c(4, 40), weighting=weightTf))
Encoding(news_mar_dtm2$dimnames$Terms) = 'UTF-8'
```

#만들어진 DTM을 엑셀파일로 저장후 확인해보자.

```
write.xlsx(as.matrix(news_jan_dtm2), "c:/sample/output/news_jan_dtm2.xlsx")
```

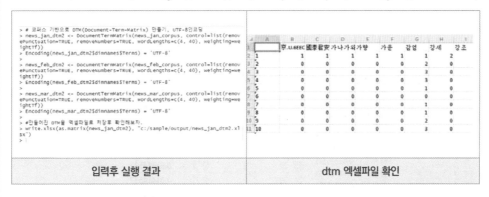

입력후 실행 결과	dtm 엑셀파일 확인

```
write.xlsx(as.matrix(news_feb_dtm2), "c:/sample/output/news_feb_dtm2.xlsx")
write.xlsx(as.matrix(news_mar_dtm2),
"c:/sample/output/news_mar_dtm2.xlsx")
```

토픽 개수 12개 기준으로 LDA 토픽모델링을 실행한다.

```
news_jan_lda<- LDA(news_jan_dtm2, k=12, seed=1234)
```

#2월, 3월의 경우 동일한 코드의 jan을 feb, mar로 수정하면 가능하다. (생략)

#각 토픽 집단의 출현확률(Beta값)이 높은 단어 상위 10개 그래프를 만든다.

```
news_0_body_topics <- tidy(news_jan_lda, matrix="beta")
news_0_body_terms <- news_0_body_topics %>%
 group_by(topic) %>%
 top_n(10, beta) %>%
 ungroup() %>%
 arrange(topic, -beta)
```

```
news_0_body_terms %>%
  mutate(term=reorder(term, beta)) %>%
  ggplot(aes(term, beta, fill=factor(topic))) +
  geom_col(show.legend=FALSE) +
  facet_wrap(~ topic, scales="free") +
  coord_flip() +
  theme(axis.text.y=element_text("Arial"))
ggsave("C:/sample/output/news_jan_lda.png", scale = 0.9)
write.xlsx(as.matrix(news_0_body_terms),
"C:/sample/output/newslda_jan_10.xlsx")
#2월, 3월의 경우 동일한 코드의 jan을 feb, mar로 수정하면 가능하다. (생략)
```

	A	B topic	C term	D beta				
1		topic	term	beta	17	16	2	중국	0.06707028
2	1	1	환자	0.04788732	18	17	2	폐렴	0.02759909
3	2	1	중국	0.03943662	19	18	2	일본	0.02516681
4	3	1	바이러스	0.03661972	20	19	2	이날	0.01932094
5	4	1	폐렴	0.03380282	21	20	2	상하이	0.01697444
6	5	1	발생	0.01971831	22	21	2	미국	0.01414537
7	6	1	코로	0.01690141	23	22	2	상장	0.01414537
8	7	1	하루	0.01690141	24	23	2	증시	0.01414537
9	8	1	감염	0.01408451	25	24	2	지수	0.01414537
10	9	1	상하이	0.01408451
11	10	1	우한	0.01408451

	A	B	C	D
28	27	3	중국	0.03412073
29	28	3	사람	0.02362205
30	29	3	폐렴	0.02099738
31	30	3	우한시	0.02099738
32	31	3	상황	0.01837270
33	32	3	환자	0.01837270
34	33	3	a씨	0.01837270
35	34	3	바이러스	0.01312336
36	35	3	발생	0.01312336
37	36	3	증상	0.01312336
38	37	3	지역	0.01312336

1월 12개 토픽 기준 LDA 결과, 각 토픽군 별 상위 15개 단어의 베타값 정보

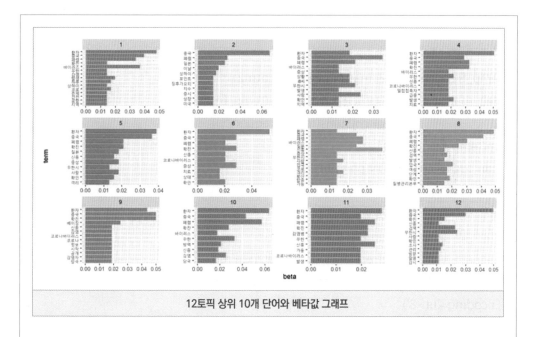

12토픽 상위 10개 단어와 베타값 그래프

```
# 1월달 2차원 원형 그래프로 만들기
# iter=G=> 깁슨모델링 연산 표본갯수, alpha => 연산 가중치 값
K <- 12
G <- 5000
alpha <- 0.02
#
fit <- LDA(news_jan_dtm2, k=K, method='Gibbs', control=list(iter=G,
alpha=alpha))
phi <- posterior(fit)$terms %>% as.matrix
theta <- posterior(fit)$topics %>% as.matrix
vocab <- colnames(phi)
doc_length <- c()
#
for(i in 1:length(news_jan_corpus)) {
  #
  doc_length <- doc_length[doc_length > 0]
  #
  temp <- paste(news_jan_corpus[[i]]$content, collapse=" ")
  doc_length <- c(doc_length, stri_count(temp, regex='\\S+'))
```

```
}
#
temp_frequency <- as.matrix(news_jan_dtm2)
freq_matrix <- data.frame(ST=colnames(temp_frequency),
                Freq=colSums(temp_frequency))
rm(temp_frequency)
json_lda <- createJSON(phi=phi,
              theta=theta,
              vocab=vocab,
              doc.length=doc_length,
              term.frequency=freq_matrix$Freq)
serVis(json_lda, out.dir='C:/sample/output/corona_jan', open.browser=TRUE,
Encoding='utf-8')
```
#2월, 3월의 경우 동일한 코드의 jan을 feb, mar로 수정하면 가능하다. (생략)

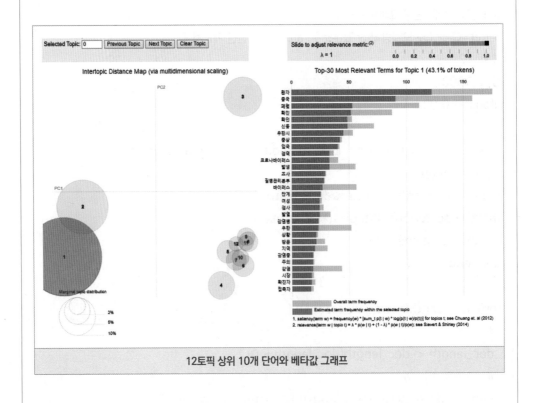

12토픽 상위 10개 단어와 베타값 그래프

R을 이용한 웹 크롤링과 텍스트 분석

8.4.3 감정분석

R Script

감정분석

※ 감정분석이란?

감성 사전을 기반으로 분석 대상이 되는 전체 텍스트의 감성 비율을 정량화하는 기법이다. 통상적으로 긍정, 중립, 부정 등의 '평가어' 분석이 감성분석으로 이해되나 이는 실제론 기쁨, 우울, 화남 등 심리학적인 감성 카테고리에 기반한 정량화의 한 특수한 사례이다.

###
실행시 패키지가 설치되어 있지 않을 경우 다음과 같은 질문이 나타남.

```
1 package is needed for this model and is not installed. (ranger). would you like to try to inst
all it now?
1: yes
2: no
```

입력후 실행 결과

숫자 '1' 입력 후, 다시 실행

#감정어휘 사전을 활용한 텍스트 감정분석
library(tidytext)
library(tidyr)

#AFINN 감정어휘 사전 호출
get_sentiments("afinn")

```
> #감정어휘 사전을 활용한 텍스트 감정분석
> library(tidytext)
> library(tidyr)
> library(caret)
> #AFINN 감정어휘 사전 호출
> get_sentiments("afinn")
# A tibble: 2,477 x 2
   word        value
   <chr>       <dbl>
 1 abandon        -2
 2 abandoned      -2
 3 abandons       -2
 4 abducted       -2
 5 abduction      -2
 6 abductions     -2
 7 abhor          -3
 8 abhorred       -3
 9 abhorrent      -3
10 abhors         -3
# ... with 2,467 more rows
>
>
```

입력후 실행 결과

#감정어휘 사전은 별도로 저장하여 사용도 가능함

AFINN <- data.frame(get_sentiments("afinn"))

summary(AFINN)

hist(AFINN$score,breaks=20,xlim=c(-6,6),col='blue',

    xlab='sentiment score in AFINN',

    main='')

#빙류의 opinion lexicon 사전 호출

get_sentiments("bing")

```
> #감정어휘 사전은 별도로 저장하여 사용도 가능함
> AFINN <- data.frame(get_sentiments("afinn"))
> summary(AFINN)
     word                value
 Length:2477        Min.   :-5.0000
 Class :character   1st Qu.:-2.0000
 Mode  :character   Median :-2.0000
                    Mean   :-0.5894
                    3rd Qu.: 2.0000
                    Max.   : 5.0000
> head(AFINN)
       word value
1    abandon    -2
2  abandoned    -2
3   abandons    -2
4    abducted    -2
5   abduction    -2
6  abductions    -2
>
> hist(AFINN$value, breaks=20, xlim=c(-6,6), col='blue',
+     xlab='sentiment score in AFINN',
+     main='')
> help(hist)
>
> #빙류의 opinion lexicon 사전 호출
> get_sentiments("bing")
# A tibble: 6,786 x 2
   word          sentiment
   <chr>         <chr>
 1 2-faces       negative
 2 abnormal      negative
 3 abolish       negative
 4 abominable    negative
 5 abominably    negative
 6 abominate     negative
 7 abomination   negative
 8 abort         negative
 9 aborted       negative
10 aborts        negative
```

입력후 실행 결과

#EmoLex 사전 호출
get_sentiments("nrc")

#opinion lexicon, EmoLex 사전 저장 후 기초통계 분석
oplex <- data.frame(get_sentiments("bing"))
table(oplex$sentiment)

emolex <- data.frame(get_sentiments("nrc"))
table(emolex$sentiment)
emolex$word[emolex$sentiment=='anger']

```
> #EmoLex 사전 호출
> get_sentiments("nrc")
# A tibble: 13,901 x 2
   word         sentiment
   <chr>        <chr>
 1 abacus       trust
 2 abandon      fear
 3 abandon      negative
 4 abandon      sadness
 5 abandoned    anger
 6 abandoned    fear
 7 abandoned    negative
 8 abandoned    sadness
 9 abandonment  anger
10 abandonment  fear
# ... with 13,891 more rows
>
> #opinion lexicon, EmoLex 사전 저장 후 기초통계 분석
> oplex <- data.frame(get_sentiments("bing"))
> table(oplex$sentiment)

negative positive
    4781     2005
>
> emolex <- data.frame(get_sentiments("nrc"))
> table(emolex$sentiment)

        anger anticipation      disgust         fear      joy    negative
         1247          839         1058         1476      689        3324
      positive      sadness     surprise        trust
          2312         1191          534         1231
> emolex$word[emolex$sentiment=='anger']
   [1] "abandoned"      "abandonment"    "abhor"          "abhorrent"
   [5] "abolish"        "abomination"    "abuse"          "accursed"
   [9] "accusation"     "accused"        "accuser"        "accusing"
  [13] "actionable"     "adder"          "adversary"      "adverse"
  [17] "adversity"      "advocacy"       "affront"        "aftermath"
  [21] "aggravated"     "aggravating"    "aggravation"    "aggression"

 [985] "scourge"        "scrapie"        "scream"         "screaming"
 [989] "screwed"        "sectarian"      "sedition"       "segregate"
 [993] "selfish"        "senseless"      "sentence"       "separatist"
 [997] "shackle"        "shaky"          "sham"           "sharpen"
[ reached getOption("max.print") -- omitted 247 entries ]
>
```

입력후 실행 결과

텍스트 데이터 호출

library('tm')

library('stringr')

library('dplyr')

#https://github.com/victorneo/Twitter-Sentimental-Analysis

#에서 다운로드 받은 데이터를 사용. 아래의 경로에 설치한다.

setwd("c:/data/Twitter-Sentimental-Analysis-master/")

```
h.train <- readLines("happy.txt")
#전체 데이터 생성
my.text.location <- tibble(text=h.train) %>%
  mutate(id=str_c("train_happy_",row_number()))


my.text.location <- as.matrix(my.text.location)


mypaper  <- my.text.location


mytxt <- c(rep(NA),24)
for (i in 1:24) {
  mytxt[i] <- as.character(mypaper[[i]][1])
}


#tidytext 형태의 데이터 구성
my.df.text <- data_frame(paper.id=1:24, doc=mytxt)
#총 24개의 가로줄과 2개의 세로줄로 구성된 행렬로 셋팅
my.df.text
```

```
> # 텍스트 데이터 호출
> library('tm')
> library('stringr')
> library('dplyr')
>
> #https://github.com/victorneo/Twitter-Sentimental-Analysis
> #에서 다운로드 받은 데이터를 사용
> setwd("c:/data/Twitter-Sentimental-Analysis-master/")
> h.train <- readLines("happy.txt")
> #전체 데이터 생성
> my.text.location <- tibble(text=h.train) %>%
+   mutate(id=str_c("train_happy_",row_number()))
>
> my.text.location <- as.matrix(my.text.location)
>
> mypaper  <- my.text.location
>
> mytxt <- c(rep(NA),24)
> for (i in 1:24) {
+   mytxt[i] <- as.character(mypaper[[i]][1])
+ }
>
> #tidytext 형태의 데이터 구성
> my.df.text <- data_frame(paper.id=1:24, doc=mytxt)
> #총 24개의 가로줄과 2개의 세로줄로 구성된 행렬로 셋팅
> my.df.text
# A tibble: 24 x 2
   paper.id doc
      <int> <chr>
 1        1 "I am LOVIN my Life right about now! I'm loving the people~
 2        2 "Happy St.Patrick's Day! wasn't always easy to celebrate i~
 3        3 "no one understands how happy i am right now. (':"
 4        4 "AGH. DELETE DELETE DELETE. I JUST MEANT HAPPY. I AM NOT A~
 5        5 "she feels as happy as i am. and i am happy to say that we~
 6        6 "I am so happy, it's kind of unbelievable."
 7        7 "Ignorance is bliss and i need that shyt...I am happy. Tha~
 8        8 "WMYB on the radio and i am one happy person(: #thinkingpo~
 9        9 "realize you fucking twat. I'm not dragging in a sad way. ~
10       10 "because of you  i am happy"
# ... with 14 more rows
```

입력후 실행 결과

#이제 문서-단어로 구성된 행렬을 구성

#unnest_tokens() 함수는 주어진 tidytext 오브젝트의 text 변수를 word로 구분한다는 의미

#%>%는 파이프라고 불리며 해당 작업을 부여한다는 것 의미

my.df.text.word <- my.df.text %>%

  unnest_tokens(word,doc)

my.df.text.word

#inner_join() 함수를 사용하면 결과를 쉽게 얻을 수 있다.

myresult.sa <- my.df.text.word %>%

  inner_join(get_sentiments("bing")) %>%

  count(word,paper.id,sentiment) %>%

  spread(sentiment,n,fill=0)

myresult.sa

```
> my.df.text.word <- my.df.text %>%
+   unnest_tokens(word,doc)
> my.df.text.word
# A tibble: 383 x 2
   paper.id word
      <int> <chr>
 1        1 i
 2        1 am
 3        1 lovin
 4        1 my
 5        1 life
 6        1 right
 7        1 about
 8        1 now
 9        1 i'm
10        1 loving
# ... with 373 more rows
>
> #inner_join() 함수를 사용하면 결과를 쉽게 얻을 수 있다.
> myresult.sa <- my.df.text.word %>%
+   inner_join(get_sentiments("bing")) %>%
+   count(word,paper.id,sentiment) %>%
+   spread(sentiment,n,fill=0)
Joining, by = "word"
> myresult.sa
# A tibble: 51 x 4
   word       paper.id negative positive
   <chr>         <int>    <dbl>    <dbl>
 1 amazing         13        0        1
 2 best             1        0        1
 3 best             5        0        1
 4 best            14        0        1
 5 bliss            7        0        1
 6 bliss           20        0        1
 7 break            5        1        0
 8 celebrate        2        0        1
 9 dragging         9        1        0
10 easy             2        0        1
# ... with 41 more rows
> |
```

입력후 실행 결과

```
#각주

myresult.sa <- my.df.text.word %>% inner_join(get_sentiments("bing"))

myresult.sa

myresult.sa <- myresult.sa %>% count(word,paper.id,sentiment)

myresult.sa
```

```
> #각주
> myresult.sa <- my.df.text.word %>% inner_join(get_sentiments("bing"))
Joining, by = "word"
> myresult.sa
# A tibble: 52 x 3
   paper.id word       sentiment
      <int> <chr>      <chr>
 1        1 right      positive
 2        1 loving     positive
 3        1 happy      positive
 4        1 striving   positive
 5        1 best       positive
 6        2 happy      positive
 7        2 easy       positive
 8        2 celebrate  positive
 9        3 happy      positive
10        3 right      positive
# ... with 42 more rows
> myresult.sa <- myresult.sa %>% count(word,paper.id,sentiment)
> myresult.sa
# A tibble: 51 x 4
   word        paper.id sentiment      n
   <chr>          <int> <chr>      <int>
 1 amazing           13 positive       1
 2 best               1 positive       1
 3 best               5 positive       1
 4 best              14 positive       1
 5 bliss              7 positive       1
 6 bliss             20 positive       1
 7 break              5 negative       1
 8 celebrate          2 positive       1
 9 dragging           9 negative       1
10 easy               2 positive       1
# ... with 41 more rows
```

입력후 실행 결과

```
myresult.sa <- myresult.sa %>% spread(sentiment,n,fill=0)

myresult.sa


#문서별로 긍정단어와 부정단어를 합쳐보자.

#긍정적 감정어휘와 부정적 감정어휘의 차이값도 구하였다.

myagg <- summarise(group_by(myresult.sa, paper.id),
```

```
        pos.sum = sum(positive),

        neg.sum = sum(negative),

        pos.sent = pos.sum-neg.sum)
```
myagg

```
> #문서별로 긍정단어와 부정단어를 합쳐보자.
> #긍정적 감정어휘와 부정적 감정어휘의 차이값도 구하였다.
> myagg <- summarise(group_by(myresult.sa, paper.id),
+                    pos.sum = sum(positive),
+                    neg.sum = sum(negative),
+                    pos.sent = pos.sum-neg.sum)
`summarise()` ungrouping output (override with `.groups` argument)
> myagg
# A tibble: 24 x 4
   paper.id pos.sum neg.sum pos.sent
      <int>   <dbl>   <dbl>    <dbl>
 1        1       5       0        5
 2        2       3       0        3
 3        3       2       0        2
 4        4       1       0        1
 5        5       3       1        2
 6        6       1       1        0
 7        7       2       2        0
 8        8       1       0        1
 9        9       1       3       -2
10       10       1       0        1
# ... with 14 more rows
> |
```

입력후 실행 결과

#그래프로 표현해보자.

library('ggplot2')

myagg.long$cate[myagg.long$category==1] <- 'Positive words'

myagg.long$cate[myagg.long$category==2] <- 'Negative words'

myagg.long$cate[myagg.long$category==3] <- 'Positivity score'

ggplot(data=myagg.long,aes(x=pub.year,y=value)) +

  geom_bar(stat="identity")+

  labs(x='Publication year',y='value')+

  scale_x_continuous(limits=c(2009,2015))+

  facet_grid(cate~.)

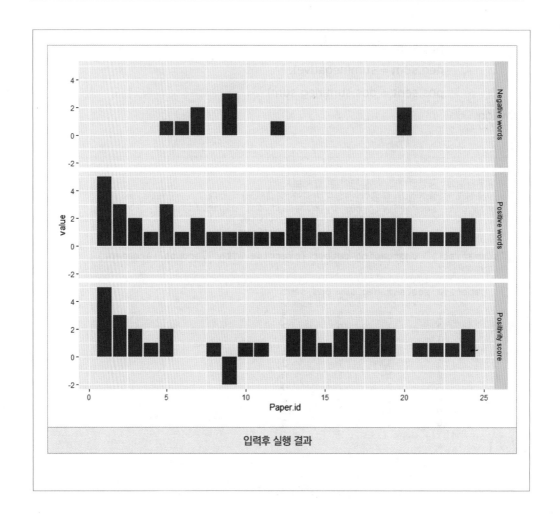

입력후 실행 결과

R을 이용한 웹 크롤링과 텍스트 분석

8.5 기계학습을 통한
텍스트 분석

R Script

#지도 기계학습(머신러닝)을 이용한 감정분석

※ 기계학습(머신러닝) 이란?

최근 '인공지능'이라는 마케팅 용어를 통해 텍스트 분석에서 활용되는 머신러닝 기법을 설명하는 경우들이 있으나, 엄밀히 얘기하면 머신러닝의 여러 기법들 역시 대부분 학계에서 이미 수십년간 알려진 것들이다. SVM(Support Vector Machine), 의사결정트리(Decision Tree), 랜덤 포레스트(Random Forest) 등이 대표적이고, 최근에는 딥 러닝(Deep Learning) 기법이 활용되고 있다.

예를 들면 텍스트 분류(Text Classification)는 텍스트를 입력으로 받아, 텍스트가 어떤 종류의 범주(Class)에 속하는지를 구분하는 작업을 구합니다. 가령, 스팸 메일 분류를 하고자 한다고 하자. 스팸 메일 분류는 일반 메일과 스팸 메일이라는 두 개의 범주를 정해놓고 입력받은 텍스트를 두 개의 클래스 중 하나로 분류하는 작업이 될 것이다.

텍스트 분류에서 분류해야할 범주가 두 가지라면 이진 분류(Binary Classification)라고 하며, 세 가지 이상이라면 다중 클래스 분류(Multi-Class Classification)라고 한다. 일반 메일과 스팸 메일 두 개의 범주를 가진 스팸 메일 분류는 이진 분류에 해당한다.

스팸 메일 분류 외에도 영화 리뷰와 같은 텍스트를 입력 받아서 이 리뷰가 긍정 리뷰인지 부정 리뷰인지를 분류하는 '감성 분석', 입력 받은 텍스트로부터 사용자의 의도를 질문, 명령, 거절 등과 같은 클래스로 분류하는 '의도 분석'과 같은 분류 문제들이 있다.

# RTextTools 패키지 개발자들이 업데이트를 중지한 상태임.
# 대체물로 caret 패키지를 실습.
library("caret")
#https://github.com/victorneo/Twitter-Sentimental-Analysis
#에서 다운로드 받은 데이터를 사용. 아래의 경로에 설치한다.
setwd("c:/data/Twitter-Sentimental-Analysis-master/")
#각 데이터를 저장

```
h.train <- readLines("happy.txt")
s.train <- readLines("sad.txt")
h.test <- readLines("happy_test.txt")
s.test <- readLines("sad_test.txt")

#전체 데이터 생성
Htrain <- tibble(text=h.train) %>%
  mutate(id=str_c("train_happy_",row_number()))
Htrain
Strain <- tibble(text=s.train) %>%
  mutate(id=str_c("train_sad_",row_number()))
Htest <- tibble(text=h.test) %>%
  mutate(id=str_c("test_happy_",row_number()))
Stest <- tibble(text=s.test) %>%
  mutate(id=str_c("test_sad_",row_number()))
```

```
> #지도 기계학습을 이용한 감정분석
> # RTextTools 패키지 개발자들이 업데이트를 중지한 상태임.
> # 대체물로 caret 패키지를 실습.
> library("caret")
> #https://github.com/victorneo/Twitter-Sentimental-Analysis
> #에서 다운로드 받은 데이터를 사용
> setwd("c:/data/Twitter-Sentimental-Analysis-master/")
> #각 데이터를 저장
> h.train <- readLines("happy.txt")
> s.train <- readLines("sad.txt")
> h.test <- readLines("happy_test.txt")
> s.test <- readLines("sad_test.txt")
> #전체 데이터 생성
> Htrain <- tibble(text=h.train) %>%
+   mutate(id=str_c("train_happy_",row_number()))
> Htrain
# A tibble: 80 x 2
   text                                                                id
   <chr>                                                               <chr>
 1 "I am LOVIN my Life right about now! I'm loving the people God is p~ train_happy~
 2 "Happy St.Patrick's Day! wasn't always easy to celebrate it "       train_happy~
 3 "no one understands how happy i am right now. (':"                   train_happy~
 4 "AGH. DELETE DELETE DELETE. I JUST MEANT HAPPY. I AM NOT A STRIPPER~ train_happy~
 5 "she feels as happy as i am. and i am happy to say that we r both b~ train_happy~
 6 "I am so happy, it's kind of unbelievable."                         train_happy~
 7 "Ignorance is bliss and i need that shyt...I am happy. Thats just t~ train_happy~
 8 "WMYB on the radio and i am one happy person(: #thinkingpositive"    train_happy~
 9 "realize you fucking twat. I'm not dragging in a sad way. I am actu~ train_happy~
10 "because of you  i am happy"                                        train_happy~
# ... with 70 more rows
> Strain <- tibble(text=s.train) %>%
+   mutate(id=str_c("train_sad_",row_number()))
> Htest <- tibble(text=h.test) %>%
+   mutate(id=str_c("test_happy_",row_number()))
> Stest <- tibble(text=s.test) %>%
+   mutate(id=str_c("test_sad_",row_number()))
> |
```

입력후 실행 결과

```
#네 가지 데이터 합치기
dt <- bind_rows(Htrain,Strain,Htest,Stest) %>%
  mutate(
    type=str_remove_all(str_extract(id,"[[:alpha:]]{3,}_"),"_"),
    status=str_remove_all(str_extract(id,"_[[:alpha:]]{3,}_"),"_")
  )
dt
```

```
#타이디텍스트 맥락에서 텍스트 사전처리
dt_pp <- dt %>%
  #사전처리: 문장부호 제거, 숫자제거, 대소문자 통합, 불용문자제거, 불필요공란 제거, 어근동일화
  mutate(
    text = str_remove_all(text, "[[:punct:]]{1,}"),
    text = str_remove_all(text, "[[:digit:]]{1,}"),
    text = str_squish(text)
  ) %>%
  unnest_tokens(word,text,"words",to_lower=TRUE) %>%
  anti_join(stop_words,by='word') %>%
  mutate(word = SnowballC::wordStem(word))
dt_pp
```

```
> #네 가지 데이터 합치기
> dt <- bind_rows(Htrain,Strain,Htest,Stest) %>%
+   mutate(
+     type=str_remove_all(str_extract(id,"[[:alpha:]]{3,}_"),"_"),
+     status=str_remove_all(str_extract(id,"_[[:alpha:]]{3,}_"),"_")
+   )
> dt
# A tibble: 180 x 4
   text                                                       id         type  status
   <chr>                                                      <chr>      <chr> <chr>
 1 "I am LOVIN my Life right about now! I'm loving the peo~   train_happ~ train happy
 2 "Happy St.Patrick's Day! wasn't always easy to celebrat~  train_happ~ train happy
 3 "no one understands how happy i am right now. (':"         train_happ~ train happy
 4 "AGH. DELETE DELETE DELETE. I JUST MEANT HAPPY. I AM NO~   train_happ~ train happy
 5 "she feels as happy as i am. and i am happy to say that~  train_happ~ train happy
 6 "I am so happy, it's kind of unbelievable."                train_happ~ train happy
 7 "Ignorance is bliss and i need that shyt...I am happy. ~   train_happ~ train happy
 8 "WMYB on the radio and i am one happy person(: #thinkin~   train_happ~ train happy
 9 "realize you fucking twat. I'm not dragging in a sad wa~   train_happ~ train happy
10 "because of you  i am happy"                               train_happ~ train happy
# ... with 170 more rows
```

```
> #타이디텍스트 맥락에서 텍스트 사전처리
> dt_pp <- dt %>%
+   #사전처리: 문장부호 제거, 숫자제거, 대소문자 통합, 불용문자제거, 불필요공란 제거, 어근동일화
+   mutate(
+     text = str_remove_all(text, "[[:punct:]]{1,}"),
+     text = str_remove_all(text, "[[:digit:]]{1,}"),
+     text = str_squish(text)
+   ) %>%
+   unnest_tokens(word,text,"words",to_lower=TRUE) %>%
+   anti_join(stop_words,by='word') %>%
+   mutate(word = SnowballC::wordStem(word))
> dt_pp
# A tibble: 1,094 x 4
   id            type   status word
   <chr>         <chr>  <chr>  <chr>
 1 train_happy_1 train  happy  lovin
 2 train_happy_1 train  happy  life
 3 train_happy_1 train  happy  im

 4 train_happy_1 train  happy  love
 5 train_happy_1 train  happy  peopl
 6 train_happy_1 train  happy  god
 7 train_happy_1 train  happy  place
 8 train_happy_1 train  happy  life
 9 train_happy_1 train  happy  happyampfocus
10 train_happy_1 train  happy  strive
# ... with 1,084 more rows
>
```

입력후 실행 결과

#훈련데이터의 라벨 생성

label_train <- factor(dt$status[dt$type=="train"])

#테스트 데이터의 라벨 생성

label_test <- factor(dt$status[dt$type=="test"])

#훈련데이터의 DTM 생성

dt_train_dtm <- dt_pp %>% filter(type=="train") %>%

　#문서*단어별 빈도 구하기

　count(id, word) %>%

　#DTM 생성

　cast_dtm(document=id, term=word, value=n)

dt_train_dtm

dt_train_dtm <- as.matrix(dt_train_dtm)

#테스트데이터에만 등장하는 단어는 배제된 테스트데이터 DTM 생성

dt_test_dtm <- dt_pp %>% filter(type=="test") %>%

　full_join(dt_pp %>% filter(type=="train") %>% select(word),by="word") %>%

　count(id, word) %>%

```
  cast_dtm(document=id, term=word, value=n)
#21번째가 NA임에 주목
rownames(dt_test_dtm)
dt_test_dtm <- as.matrix(dt_test_dtm)[1:20,]
```

```
> #훈련데이터의 라벨 생성
> label_train <- factor(dt$status[dt$type=="train"])
> #테스트 데이터의 라벨 생성
> label_test <- factor(dt$status[dt$type=="test"])
>
> #훈련데이터의 DTM 생성
> dt_train_dtm <- dt_pp %>% filter(type=="train") %>%
+    #문서*단어별 빈도 구하기
+    count(id, word) %>%
+    #DTM 생성
+    cast_dtm(document=id, term=word, value=n)
> dt_train_dtm
<<DocumentTermMatrix (documents: 160, terms: 514)>>
Non-/sparse entries: 913/81327
Sparsity          : 99%
Maximal term length: 21
Weighting         : term frequency (tf)
> dt_train_dtm <- as.matrix(dt_train_dtm)
> #테스트데이터에만 등장하는 단어는 배제된 테스트데이터 DTM 생성
> dt_test_dtm <- dt_pp %>% filter(type=="test") %>%
+    full_join(dt_pp %>% filter(type=="train") %>% select(word),by="word") %>%
+    count(id, word) %>%
+    cast_dtm(document=id, term=word, value=n)
> #21번째가 NA임에 주목
> rownames(dt_test_dtm)
 [1] "test_happy_1"  "test_happy_10" "test_happy_2"  "test_happy_3"  "test_happy_4"
 [6] "test_happy_5"  "test_happy_6"  "test_happy_7"  "test_happy_8"  "test_happy_9"
[11] "test_sad_1"    "test_sad_10"   "test_sad_2"    "test_sad_3"    "test_sad_4"
[16] "test_sad_5"    "test_sad_6"    "test_sad_7"    "test_sad_8"    "test_sad_9"
[21] NA
> dt_test_dtm <- as.matrix(dt_test_dtm)[1:20,]
>
```

입력후 실행 결과

```
#Classification tree
#기계훈련
set.seed(20191121) #지정하지 않으면 결과가 조금 다를 수 있음
tree_train <- train(x = dt_train_dtm,
            y = label_train,
            method="rpart")
pred_tree_train <- predict(tree_train)
table(pred_tree_train,label_train)
```

#테스트 데이터에 적용

pred_tree_test <- predict(tree_train,newdata=dt_test_dtm)

table(pred_tree_test,label_test) #happy를 기준범주로

#각주: sad를 기준범주로

table(fct_rev(pred_tree_test),fct_rev(label_test))

```
> #Classification tree
> #기계훈련
> set.seed(20191121) #지정하지 않으면 결과가 조금 다를 수 있음
> tree_train <- train(x = dt_train_dtm,
+                     y = label_train,
+                     method="rpart")
> pred_tree_train <- predict(tree_train)
> table(pred_tree_train,label_train)
               label_train
pred_tree_train happy sad
         happy    78   4
         sad       2  76
> #테스트 데이터에 적용
> pred_tree_test <- predict(tree_train,newdata=dt_test_dtm)
> table(pred_tree_test,label_test)  #happy를 기준범주로
              label_test
pred_tree_test happy sad
         happy    10   1
         sad       0   9
>
> #각주: sad를 기준범주로
> table(fct_rev(pred_tree_test),fct_rev(label_test))

        sad happy
  sad     9     0
  happy   1    10
>
```

입력후 실행 결과

confusionMatrix(table(pred_tree_test,label_test))

```
> confusionMatrix(table(pred_tree_test,label_test))
Confusion Matrix and Statistics

              label_test
pred_tree_test happy sad
         happy    10   1
         sad       0   9

               Accuracy : 0.95
                 95% CI : (0.7513, 0.9987)
    No Information Rate : 0.5
    P-Value [Acc > NIR] : 2.003e-05

                  Kappa : 0.9
```

R을 이용한 웹 크롤링과 텍스트 분석

```
Mcnemar's Test P-Value : 1

            Sensitivity : 1.0000
            Specificity : 0.9000
         Pos Pred Value : 0.9091
         Neg Pred Value : 1.0000
             Prevalence : 0.5000
         Detection Rate : 0.5000
   Detection Prevalence : 0.5500
      Balanced Accuracy : 0.9500

       'Positive' Class : happy
```

confusionMatrix(table(fct_rev(pred_tree_test),fct_rev(label_test)))

```
> confusionMatrix(table(fct_rev(pred_tree_test),fct_rev(label_test)))
Confusion Matrix and Statistics

        sad happy
  sad     9    0
  happy   1   10

               Accuracy : 0.95
                 95% CI : (0.7513, 0.9987)
    No Information Rate : 0.5
    P-Value [Acc > NIR] : 2.003e-05

                  Kappa : 0.9

 Mcnemar's Test P-Value : 1

            Sensitivity : 0.9000
            Specificity : 1.0000
         Pos Pred Value : 1.0000
         Neg Pred Value : 0.9091
             Prevalence : 0.5000
         Detection Rate : 0.4500
   Detection Prevalence : 0.4500
      Balanced Accuracy : 0.9500

       'Positive' Class : sad

>
```

precision(table(pred_tree_test,label_test))

recall(table(pred_tree_test,label_test))

F_meas(table(pred_tree_test,label_test))

specificity(table(pred_tree_test,label_test))

```
#개인함수를 설정하였다.
quality_index_classification <- function(mytable,myround){
  index_accuracy <- sum(diag(mytable))/sum(mytable)
  index_kappa <- kappa(mytable)$coef
  index_recall <- recall(mytable)
  index_precision <- precision(mytable)
  index_fscore <- F_meas(mytable)
  index_specificity <- specificity(mytable)
  index_name <- c("accuracy","kappa","precision","recall","f-score","specificity")
  index_score <- round(c(index_accuracy,index_kappa,
                  index_precision,index_recall,
                  index_fscore,index_specificity),myround)
  data.frame(index_name,index_score)
}
#happy 기준범주
tab_happy <- table(pred_tree_test,label_test)
quality_index_classification(tab_happy,3)
```

```
> precision(table(pred_tree_test,label_test))
[1] 0.9090909
> recall(table(pred_tree_test,label_test))
[1] 1
> F_meas(table(pred_tree_test,label_test))
[1] 0.952381
> specificity(table(pred_tree_test,label_test))
[1] 0.9
>
> #개인함수를 설정하였다.
> quality_index_classification <- function(mytable,myround){
+   index_accuracy <- sum(diag(mytable))/sum(mytable)
+   index_kappa <- kappa(mytable)$coef
+   index_recall <- recall(mytable)
+   index_precision <- precision(mytable)
+   index_fscore <- F_meas(mytable)
+   index_specificity <- specificity(mytable)
+   index_name <- c("accuracy","kappa","precision","recall","f-score","specificity")
+   index_score <- round(c(index_accuracy,index_kappa,
+                   index_precision,index_recall,
+                   index_fscore,index_specificity),myround)
+   data.frame(index_name,index_score)
+ }
> #happy 기준범주
> tab_happy <- table(pred_tree_test,label_test)
> quality_index_classification(tab_happy,3)
   index_name index_score
1    accuracy       0.950
2       kappa       0.900
3   precision       0.909
4      recall       1.000
5     f-score       0.952
6 specificity       0.900
```

입력후 실행 결과

```
#sad 기준범주
tab_sad <- table(fct_rev(pred_tree_test),fct_rev(label_test))
quality_index_classification(tab_sad,3)


#Random forest
#기계훈련
set.seed(20191121) #지정하지 않으면 결과가 조금 다를 수 있음
RF_train <-  train(x = dt_train_dtm,
                y = label_train,
                method = "ranger",
#random forest 알고리즘 중 상당히 빠름
                num.trees = 200)
table(predict(RF_train), label_train)
#테스트 데이터에 적용
pred_RF_test <- predict(RF_train,newdata=dt_test_dtm)
tab_happy <- table(pred_RF_test,label_test)
tab_happy
#happy 기준범주
quality_index_classification(tab_happy,3)
#sad 기준범주
tab_sad <- table(fct_rev(pred_RF_test),fct_rev(label_test))
quality_index_classification(tab_sad,3)
```

```
> #sad 기순범수
> tab_sad <- table(fct_rev(pred_tree_test),fct_rev(label_test))
> quality_index_classification(tab_sad,3)
   index_name index_score
1    accuracy       0.950
2       kappa       0.900
3   precision       1.000
4      recall       0.900
5     f-score       0.947
6 specificity       1.000
>
> #Random forest
> #기계훈련
> set.seed(20191121) #지정하지 않으면 결과가 조금 다를 수 있음
> RF_train <-  train(x = dt_train_dtm,
+                    y = label_train,
+                    method = "ranger",    #random forest 알고리즘 중 상당히 빠름
+                    num.trees = 200)
```

```
> table(predict(RF_train), label_train)
        label_train
         happy sad
  happy   79    0
  sad      1   80
> #테스트 데이터에 적용
> pred_RF_test <- predict(RF_train,newdata=dt_test_dtm)
> tab_happy <- table(pred_RF_test,label_test)
> tab_happy
             label_test
pred_RF_test happy sad
       happy   10   1
       sad      0   9
> #happy 기준범주
> quality_index_classification(tab_happy,3)
    index_name index_score
1     accuracy       0.950
2        kappa       0.900
3    precision       0.909
4       recall       1.000
5      f-score       0.952
6  specificity       0.900

> #sad 기준범주
> tab_sad <- table(fct_rev(pred_RF_test),fct_rev(label_test))
> quality_index_classification(tab_sad,3)
    index_name index_score
1     accuracy       0.950
2        kappa       0.900
3    precision       1.000
4       recall       0.900
5      f-score       0.947
6  specificity       1.000
>
```

입력후 실행 결과

#Neural Network

#기계훈련

set.seed(20191121) #지정하지 않으면 결과가 조금 다를 수 있음

NN_train <- train(x = dt_train_dtm,

           y = label_train,

           method = "nnet")

table(predict(NN_train), label_train)

#테스트 데이터에 적용

pred_NN_test <- predict(NN_train,newdata=dt_test_dtm)

tab_happy <- table(pred_NN_test,label_test)

tab_happy

#happy 기준범주

quality_index_classification(tab_happy,3)

#sad 기준범주

tab_sad <- table(fct_rev(pred_NN_test),fct_rev(label_test))

quality_index_classification(tab_sad,3)

```
> #Neural Network
> #기계훈련
> set.seed(20191121) #지정하지 않으면 결과가 조금 다를 수 있음
> NN_train <-  train(x = dt_train_dtm,
+                    y = label_train,
+                    method = "nnet")
# weights:  517
initial  value 120.988662
iter  10 value 0.002496
final  value 0.000080
converged
# weights:  517
initial  value 118.296230
iter  10 value 17.372387
iter  20 value 14.455327
iter  30 value 14.443058
iter  40 value 14.442941
final  value 14.442935
converged
iter  20 value 15.939358
iter  30 value 15.872366
final  value 15.872359
converged
50건 이상의 경고들을 발견되었습니다 (이들 중 처음 50건을 확인하기 위해서는 warnings()를 이용하시길
바랍니다).
> table(predict(NN_train), label_train)
        label_train
         happy sad
  happy     79   0
  sad        1  80
> #테스트 데이터에 적용
> pred_NN_test <- predict(NN_train,newdata=dt_test_dtm)
> tab_happy <- table(pred_NN_test,label_test)
> tab_happy
            label_test
pred_NN_test happy sad
      happy     10   1
      sad        0   9
> #happy 기준범주
> quality_index_classification(tab_happy,3)
   index_name index_score
1    accuracy       0.950
2       kappa       0.900
3   precision       0.909
4      recall       1.000
5     f-score       0.952
6 specificity       0.900
> #sad 기준범주
> tab_sad <- table(fct_rev(pred_NN_test),fct_rev(label_test))
> quality_index_classification(tab_sad,3)
   index_name index_score
1    accuracy       0.950
2       kappa       0.900
3   precision       1.000
4      recall       0.900
5     f-score       0.947
6 specificity       1.000
> |
```

입력후 실행 결과

참고문헌

백영민 (2015). R를 이용한 사회과학데이터 분석. 서울: 커뮤니케이션북스

박정섭 (2015). R을 이용한 공학통계. 자유아카데미

박진수(2019). R로배우는 텍스트 마이닝 서울: 제이펍

빅데이터러닝센터 (2020). R for Statistics: 기초통계분석. 서울: 빅데이터러닝센터

빅데이터러닝센터 (2020). R for Business Insight: 마케터를 위한 웹크롤링.서울: 빅데이터
러닝센터

빅데이터러닝센터 (2020). R for Text Analysis: 웹크롤링과 텍스트마이닝. 서울: 빅데이터러
닝센터

빅데이터러닝센터 (2020). R고 싶은 데이터 탐색 및 시각화. 서울: 빅데이터러닝센터

유충현 (2015). R을 활용한 데이터 시각화. 서울: 인사이트

임동훈 (2015). R을 이용한 빅데이터 분석. 서울: 자유아카데미

차영준 외 (2015). R을 이용한 통계학 입문. 서울: 자유아카데미

한국디지털정책학회 빅데이터전력연구회 (2015). R을 활용한 빅데이터 분석. 와우패스

참고문헌 및 추천자료

가렛 그롤먼드 (2015). 손에 잡히는 R 프로그래밍. 한빛미디어

강기훈 외 (2015). 수리통계학: R을 이용한 실습. 자유아카데미

강상욱 (2014). EXCEL, SPSS, R로 배우는 통계학 입문. 자유아카데미

강정흥 외 (2014). 통계학의 이해와 활용: Excel과 R을 이용한. 교우사

고석범 (2014). R과 Knitr를 활용한 데이터 연동형 문서 만들기. 에이콘출판사

고석범 (2017). R shiny 프로그래밍 가이드. 한나래아카데미

김경태 외 (2015). 빅데이터 활용서 1. 시대에듀

김경태 외 (2015). 빅데이터 활용서 2. 시대에듀

김달호 (2013). R과 WinGUGS를 이용한 베이지안 통계학. 자유아카데미

김동회 외 (2015). R을 활용한 통계학. 자유아카데미

김영우 (2017). Do it! 쉽게 배우는 R 데이터 분석 : 데이터 분석 프로젝트 전과정 수록. 이지스
    퍼블리싱

김준호 외 (2011). 사회과학을 위한 통계와 분석. 그린

김재희 (2011). R 다변량 통계분석. 교우사

김재희 (2012). R을 이용한 통계 프로그래밍 기초. 자유아카데미

김재희 (2014). R을 이용한 통계적 실험설계와 분석. 자유아카데미

김진성 (2020). 빅 데이터 분석을 위한 R 프로그래밍: 자료분석과 전처리. 통계분석, 기계학습.
    가메

곽기영 (2017). 소셜 네트워크 분석. 청람

곽기영 (2018). R을 이용한 웹 데이터 수집, 시각화 웹 스크레이핑과 데이터분석. 청람

곽기영 (2019). R을 이용한 통계데이터 분석. 청람

노만 매트로프 (2012). 빅데이터 분석 도구 R 프로그래밍. 에이콘출판사

노맹석 외 (2016). 기초통계학: R을 이용한 통계분석. 자유아카데미

루마크 (2013) RStudio 따라잡기, Mark van der Loo, 서울: 에이콘출판사

래리 페이스 (2013). R 프로그래밍 기초 & 활용. 길벗

마이크 크롤리 (2014). The R Book. 에이콘출판사

마크 P. J. 판 데르 루 외 (2013). Rstudio 따라잡기. 에이콘출판사

문건웅 (2015). 웹에서 클릭만으로 하는 R통계분석. 한나래

문건웅 (2015). 의학논문 작성을 위한 R통계와 그래프. 한나래아카데미

박동련 (2013). R과 통계분석. 자유아카데미

박인용, 김건섭 (2019). 사회 과학 연구를 위한 R 프로그래밍. 부크크(Bookk)

박정섭 (2015). R을 이용한 공학통계. 자유아카데미

박진수(2019). R로배우는 텍스트 마이닝 서울 : 제이펍

박찬성, 우현종, 김희석 (2015). 통계와 R을 함께 배우는 R까기2: R 입문용. 느린생각

박창이 (2013). 데이터마이닝. 교우사

보레트 란츠 (2014). R을 활용한 기계 학습. 에이콘출판사

비그니쉬 플라자파티 (2016). R과 하둡을 이용한 빅데이터 분석. 에이콘출판사

백영민 (2015). R를 이용한 사회과학데이터 분석. 커뮤니케이션북스

배현웅 외 (2013). R과 함께하는 판별분석과 로지스틱 회귀분석. 교우사

빅데이터러닝센터 (2020). R for Statistics: 기초통계분석. 서울: 빅데이터러닝센터

빅데이터러닝센터 (2020). R for Business Insight: 마케터를 위한 웹크롤링.서울: 빅데이터러닝센터

빅데이터러닝센터 (2020). R for Text Analysis: 웹크롤링과 텍스트마이닝.서울: 빅데이터러닝센터

빅데이터러닝센터 (2020). R고 싶은 데이터 탐색 및 시각화.서울: 빅데이터러닝센터

사카마키 류지 외 (2015). 비즈니스 활용 사례로 배우는 데이터 분석 R. 한빛미디어

서민구 (2014). R을 이용한 데이터 처리 & 실무. 길벗

서진수 (2014). R까기. 느린생각

서진수 (2015). R라뷰. 더알음

성균관대학교 응용통계연구소 (2017) R을 활용한 통계분석 서울:성균관대학교 응용통계연구소 2017년 동계특강

손영숙, 전성현 (2018). R 프로그래밍 및 그래픽스 실습. 자유아카데미

송태민 외 (2016). R을 활용한 소셜 빅데이터 연구방법론. 한나래

송문섭 외 (2015). 비모수통계학. 자유아카데미

슈테판그리스 (2013). 언어학자를 위한 통계학. 고려대학교출판사

양경숙, 김미경 (2007). R 입문 및 기초 프로그래밍. 자유아카데미

유충현 외 (2013). R을 이용한 통계학의 이해. 자유아카데미

이광옥, 조영주, 임희경, 유소월 (2019). 빅데이터 R로 보기. 연두에디션

이현열 (2019). R을 이용한 퀀트 투자 포트폴리오 만들기: 데이터 크롤링 및 분석, 퀀트 전략을 활용한 투자 종목 선정까지!. 제이펍

임동훈 (2013). R을 이용한 통계학. 자유아카데미

임동훈 (2015). R을 이용한 빅데이터 분석. 자유아카데미

임종섭 (2020). 뉴스 프레임과 의제의 자동 추출과 해석 모형, 서울: 서강대학교출판부.

오만숙 (2012). 베이지안 통계추론. 자유아카데미

유충현 (2015). R을 활용한 데이터 시각화. 인사이트

윈스턴 챙 (2013). R Graphics Cookbook. 인사이트

장기천, 강병진 (2015). R언어로 짜는 금융프로그래밍. 서울경제경영

장상수 (2019). 수치분석과 시뮬레이션 R프로그래밍. 느린생각

장 성 시안 (2014). 데이터 해석 입문. 프리렉

전희원 (2014). R로 하는 데이터 시각화. 한빛미디어

정건섭 외 (2014). 행정통계분석. 대영문화사

조민호 (2016). 빅데이터 분석을 위한 R 프로그래밍. 정보문화사

존 브라운 외 (2015). R을 활용한 통계 프로그래밍 입문. 자유아카데미

재리드 랜더 (2015). 데이터 분석으로 배우는 알짜 R 테크닉. 인사이트

차영준 외 (2015). R을 이용한 통계학 입문. 자유아카데미

차영준, 박진표 (2019). R 통계 프로그래밍의 이해. 자유아카데미

최경화 외 (2013). R-COMMANDER를 이용한 통계분석. 단국대학교출판사

최현희, 최영랑 (2017). R과 데이터 사이언스 : 비즈니스 시각으로 본 R의 실전 활용법. 지앤선

토마스 밀러 (2014). 예측 분석 모델링 실무 기법. 에이콘출판사

폴 티터 (2012). R Cookbook. 인사이트

프라반잔 나라야나차르 타따르 (2014). R 통계 프로그래밍 입문. 에이콘출판사

한국디지털정책학회 빅데이터전력연구회 (2015). R을 활용한 빅데이터 분석. 와우패스

한희선 (2015). R과 SPSS(버전22)를 이용한 데이터 분석. 구민사

허명회 외 (2015). 고급 데이터 분석. 데이터솔루션

허명회 (2017). R 프로그래밍. 자유아카데미

홍성용 (2016). 초보 데이터과학자(Data Scientist)를 위한 알찬 R프로그래밍. 내하출판사

후나오 노부오 (2014). R로 배우는 데이터 분석 기본기 데이터 시각화. 한빛미디어

https://support.rstudio.com/hc/en-us/articles/200549016-Customizing-RStudio
http://www.lucypark.kr/blog/2012/05/31/r-console-language-configuration/
https://support.rstudio.com/hc/en-us/articles/200549016-Customizing-RStudio

INDEX

색인

권상희(성균관대 미디어커뮤니케이션 학과 교수)

텍스트 분석, AI 미디어와 이론, 사이버커뮤니케이션, 텔레커뮤니케이션, 커뮤니케이션이론을 주로 연구하고 있다. 서울대학교 언론정보학과에서 학사, 캘리포니아주립대 Radio-Television-Film학과에서 석사, 남 일리노이대에서 Mass Communication & Media Arts로 박사를 마쳤다. (주)삼성전자 홍보실과 아칸사스 주립대 신문방송학과에 조교수로 재직했으며, 캠브리지대에서 연구년을 보냈다. 역서로 〈노드엑셀을 이용한 소셜네트워크분석〉〈사이버커뮤니케이션이론〉, 〈아나운싱: 디지털시대방송커뮤니케이션〉와 저서로 〈커뮤니케이션 통계분석론〉〈컨버전스와 미디어의 세계〉, 〈디지털미디어와 사회〉주요 연구로 AI 발달 연구, 빅(big)데이터 프레임, 창조경제 보도의제 설정, 소셜 뷰잉, 상호작용차원연구, 미디어적소연구, 인터넷 미디어 뉴스형식 연구, 인터넷 발달 보도 프레임 연구, 뉴 할리우드 영화의 포스트모더니즘 연구, 인터넷 광고 효과 모형, 온라인 저널리즘 기사구성방식 비교, 생명공학 보도경향 연구 등이 있다. 소통학회 회장역임, 현 인터넷융합학회 회장과 AI와 미디어 포럼 운영을 하고 있다. skweon@skku.edu.

미디어커뮤니케이션학과

주소 100-750 서울특별시 종로구 명륜동 53
전화 (02)760-0392(대) 팩스 (02)760-0390
홈페이지 www.skku.edu